JN304026

少年非行の行動科学

学際的アプローチと実践への応用

小林寿一 編著

北大路書房

はじめに

　今世紀に入ってから，わが国では凶悪・粗暴な少年事件が相次いで発生し，これを受けて，少年非行に対する社会的対応が大きく議論され，少年法が二度にわたって改正された。このような社会状況に呼応するように，人間科学に関わる学科等で少年非行を扱う科目が数多く開講されるようになっている。そうした科目では，主に臨床心理学がベースとなった非行臨床の書籍がテキストや参考図書に使われているが，非行臨床に関わる書籍の多くでは，非行の原因や対策の説明において社会的要因等が十分に盛り込まれておらず，多少バランスを欠いたものとなっているように思われる。その結果として，少年非行の原因と対策について，臨床心理学だけでなく，発達心理学，社会心理学，コミュニティ心理学，組織心理学等の知見，ならびに犯罪社会学や生物学等の隣接領域の知見を加えた，より学際的な行動科学の概説書が必要とされている。本書は，そうしたニーズに応えて企画されたものである。

　本書は，第１部の基礎編と第２部の実践編から構成されている。

　第１部の基礎編は，編者が所属研究室の同僚２名の協力を得ながら，非行が発生するプロセス等について，心理学を中心としながらも社会学や生物学等の最新知見も盛り込んで，学際的なアプローチで解説を行っている。

　具体的には，１章では，少年非行の定義とその動向について，２章では，少年非行に関連する要因や説明理論について説明している。３章では，わが国で行われた研究の具体例として，凶悪・粗暴な非行の前兆と背景に関する研究知見を紹介している。さらに，４章では，少年非行の諸相として，非行集団と女子非行について論じており，最後に被害から加害に転化するプロセスについて知見を紹介している。

　少年非行の発生には多くの要因が複雑に関連しており，十分に解明されていない部分も少なくないが，編者としては，現時点で重要と思われる知見を整理して紹介するよう努力した。その際に，進んだ欧米の理論や研究知見を説明するだけでなく，わが国の研究知見も関連づけて紹介し，わが国で実施すべき調

査研究の今後の課題にも言及した。さらに，研究知見の紹介にあたっては，それが非行対策にどのような示唆をもたらしているかについてもふれるようにした。それは，少年非行に関わる行動科学的研究は，最終的に非行対策に役立ってこそ意味があると考えるからである。

　第2部の実践編では，非行防止や非行少年の処遇に関わる実践について，行動科学の視点から説明がなされている。最初の5章1節「地域社会における非行防止活動」は，編者自身が執筆しており，自らが関わった調査研究の結果に基づいて，地域を基盤とする非行防止活動の効果的な態様について論じている。

　5章2節から7章までは，大学で心理学等を専攻した者が，警察・家庭裁判所・少年鑑別所・少年院・少年刑務所・保護観察所の各機関において，少年非行にどう対応しているか，その際，行動科学の知識や技能をどのように活用しているかについて説明をしている。最後の8章では，かつて少年院等に勤務し，現在は大学で犯罪学を教える者が，少年非行対策でエビデンスをどう活用すべきかについて解説している。

　非行防止や非行少年の処遇の実践においては，行動科学の知識や技能の活用を優先するのではなく，対象となる少年の福利を増進させ，同時に社会の安全を図るために最善を尽くすことが重要である。そうした少年法等に規定された目的を達成するするために行動科学の研究は行われ，発展することが期待されており，本書の実践編もそうした観点から読まれることを期待している。なお，実践編の各執筆者は，勤務する機関の役割や取り扱う少年の特質が異なるため，少年非行や非行少年に対する理解が微妙に異なっている。それぞれの立場で行動科学がどのように活用されているかを読み取ってもらいたい。

　なお，本書の各章では，各執筆者が所属する公的機関の活動等を説明しているが，あくまでも私見であり，文責は各執筆者個人にあることをお断りしておきたい。

　最後に，本書の刊行にあたり，編者として多くの方々にお礼を申し上げたい。まず，分担執筆者の方々であるが，多忙を極めるなか，貴重な時間を割いて素晴らしい原稿を寄せてくださった。特に，吉村雅世さんは原稿の執筆だけでなく，本書の企画段階から相談に乗っていただき，分担執筆者を何人も紹介してくださった。

また，編者の調査研究をこれまで支援してくださった，職場の上司ならびに同僚の方々にも感謝したい。特に同じ研究室に所属し，執筆を分担してくださった宮寺さん，岡邊さんと，図表の作成を手伝ってくださった久原恵理子さんに感謝したい。さらに，本書の編集を担当してくださった北大路書房の奥野浩之氏にも心よりお礼を申し上げたい。奥野さんから粘り強い激励をいただけなかったならば，本書は完成しなかったに違いない。

2008 年 3 月

小林寿一

目 次

　　　　はじめに　i

第1部　基礎編

1章　少年非行の定義と動向　2

　1節　少年非行の定義と少年事件手続きの概略　2

　　1　少年非行とは　2

　　2　非行少年に対する手続きの流れ　3

　　●コラム①　児童相談所　6

　　●コラム②　児童自立支援施設　7

　2節　少年非行の動向　8

　　1　警察統計　8

　　2　非行自己申告調査　14

　　●コラム③　警察統計と犯罪白書　18

　　●コラム④　非行統計の日米比較　19

2章　少年非行の原因と説明理論　20

　1節　少年非行の関連要因・危険因子　20

　　1　横断的調査結果：非行原因に関する総合的調査研究　21

　　2　縦断的調査結果：米国保健福祉省調査報告書を中心に　25

　　●コラム⑤　行為障害　31

　　●コラム⑥　発達障害と非行　32

　　3　非行関連要因のまとめ　34

　2節　少年非行の説明理論　35

　　1　基本的枠組み　35

　　2　非行理論の新動向：発達犯罪学を中心に　39

　　3　非行理論のまとめ　51

3章　凶悪・粗暴な非行の前兆と背景　52

　1節　「人を死に至らしめる犯罪」の少年被疑者に関する調査　52

　　1　問題の所在　52

2　方法　54

　　3　背景要因　54

　　4　前兆的行動　57

　　5　まとめ　59

　　　●コラム⑦　少年による殺人：欧米の知見から　60

　2節　粗暴傾向の少年相談事例に関する調査　63

　　1　調査の目的　63

　　2　方法　63

　　3　粗暴・逸脱傾向と被虐待経験　64

　　4　粗暴性改善のプロセス　67

　　5　まとめ　70

4章　少年非行の諸相　73

　1節　非行集団　73

　　1　非行集団とは　73

　　2　日本における非行集団の現状　74

　　3　非行集団に関する行動科学的研究の代表例　76

　　4　科学警察研究所の調査に基づく知見　79

　　5　今後の課題　83

　　　●コラム⑧　非行集団抵抗教育訓練　84

　2節　女子非行　85

　　1　女子非行の発生状況と動向　85

　　2　思春期発達と女子非行　87

　　3　出会い系サイトの利用　96

　　4　まとめ　101

　3節　被害から加害への転化　101

　　1　暴力の連鎖　101

　　2　被害が与える影響　103

　　3　被害と加害の双方向性　106

    4　被害から加害への転化に関する理論的背景　108
    5　保護因子　112
    6　おわりに　112

第2部　実践編

5章　非行を未然に防止する活動　116

1節　地域社会における非行防止活動　116
    1　非行防止の分類　116
    2　地域の非行防止活動とは　117
    3　非行防止活動の実施概要　118
    4　非行防止活動を活性化するプロセス　119
    5　非行防止活動の効果的な態様　123
    6　まとめ　129

2節　警察における少年相談　131
    1　少年サポートセンターにおける非行防止および健全育成活動　131
    2　少年相談の概要　132
    3　少年相談における少年および家族への支援　136
    4　おわりに　145
        ●コラム⑨　修復的司法　146

6章　少年事件の法的手続き　148

1節　家庭裁判所における対応　148
    1　家庭裁判所とは　148
    2　家庭裁判所における少年事件手続き　149
    3　家裁調査官による社会調査の実際　151
    4　非行理解の方法　159
    5　保護的措置の多様化　161
    6　おわりに　162

2節　少年鑑別所における対応　164

1　少年鑑別所とは　164

　　2　「鑑別」とは　165

　　3　「鑑別」の方法　167

　　4　少年鑑別所での対応における「視点」　174

　　5　収容して鑑別を行う意義　175

　　　●コラム⑩　非行のリスク・アセスメント　176

7章　非行少年の処遇　179

1節　少年院における対応　179

　　1　少年院とは　179

　　2　少年院における教育の特色　184

　　3　少年院における処遇技法とその実施　188

　　4　おわりに　193

　　　●コラム⑪　SST（ソーシャル・スキルズ・トレーニング）　194

2節　少年刑務所における対応　196

　　1　少年刑務所とは　196

　　2　少年新受刑者の収容状況と特徴　197

　　3　少年受刑者処遇の枠組みの変遷　197

　　4　成人受刑者に対する処遇　199

　　5　川越少年刑務所における少年受刑者処遇の枠組み　206

　　6　川越少年刑務所における少年受刑者処遇の実際　208

　　7　まとめに代えて　211

3節　保護観察所における対応　211

　　1　保護観察とは　211

　　2　保護観察の概要　212

　　3　保護観察という枠組みの心理的な意味：保護観察処遇の前提として　214

　　4　保護観察処遇の実際その1：保護観察の担い手という観点から　215

　　5　保護観察処遇の実際その2：保護観察対象少年の類型という観点から　220

　　6　保護観察処遇の新たな潮流　223

7 おわりに 224

8章 少年非行対策におけるエビデンスの活用 226
 1 はじめに 226
 2 エビデンスの産出 227
 3 今後の方向性：エビデンスの活用 233
 4 おわりに 237

引用・参考文献 239
事項索引 247
人名索引 251

第1部 基礎編

1章 少年非行の定義と動向

1節 少年非行の定義と少年事件手続きの概略

　最初に少年非行とは何を意味しているのか，また非行を行った少年が公的機関に発見されて検挙・補導された場合にどのような手続きで取り扱われるのかを概説したい。なお，本書で少年という場合，特に断らない限り，男子と女子の両方を含めたものであることをあらかじめお断りしておきたい。

❶……少年非行とは

　少年非行の中心的な定義は少年法（第3条①）に規定されており，以下の3つが該当する。

① 14歳（刑事責任年齢）以上20歳未満の少年による犯罪行為。
② 14歳未満の少年による触法行為（刑罰法令に触れるが，刑事責任に達しないため刑事責任を問われない行為をいう）。
③ 20歳未満の少年のぐ犯。以下に示す4つのうちいずれかの事由があって，その性格または環境に照らして，将来，罪を犯し，または刑罰法令に触れる行為をするおそれがあると認められる行状。
　・保護者の正当な監督に服しない性癖のあること。
　・正当の理由がなく家庭に寄り付かないこと。
　・犯罪性のある人もしくは不道徳な人と交際し，またはいかがわしい場所に出入りすること。
　・自己または他人の特性を害する行為をする性癖のあること。

　少年法では，上記①〜③の行為・行状のある少年をそれぞれ，犯罪少年，触法少年，ぐ犯少年と規定しており，この3つの総称が非行少年である。

少年法に規定されたこうした非行に加えて，警察では，非行（上記①〜③の行為・行状）に至る前段階の行為として喫煙，深夜徘徊，家出，怠学等を不良行為と呼んで，街頭補導といった補導活動の対象としており，こうした行為も広義には少年非行に含まれると一般に理解されている。

　さらに，学校で行われる暴力行為・いじめといった生徒指導上の問題行動や，家庭内暴力も広義には少年非行に含まれるものと理解されており，少年非行に関わる官庁統計でもその動向が記載されている。

　こうした非行の動向および実態については後で検討することにしたい。

❷……非行少年に対する手続きの流れ

　少年法に規定された非行少年が公的機関で取り扱われる手続きを図示すると図1－1のとおりとなるが，取り扱い数の多い犯罪少年を中心に説明を行う。

　まず，犯罪少年であるが，警察等は犯罪少年を検挙した場合，必要な捜査を行った上でその事件を検察官に送致する。検察官は受理した事件について捜査を行った上，少年に犯罪の嫌疑を認める場合，あるいは犯罪の嫌疑が不明の場合でも家庭裁判所の審判に付すべき事由があるときは，処遇意見をつけて事件を家庭裁判所に送致する。したがって，わが国では犯罪行為を行ったと考えられる14歳以上の少年はすべて家庭裁判所に送致されてそこで判断を仰ぐこととなっている（全件送致主義）。

　事件の送致を受けた家庭裁判所は，家庭裁判所調査官に命じて，当該少年とその保護者等について必要な調査を行う。また家庭裁判所は，審判を行うために必要があると認めた場合，観護措置の決定を行って，少年を少年鑑別所に送致し，資質鑑別を求めている。なお，2006年の概数によれば，家庭裁判所が処理した人員に対して，少年鑑別所に入所した者の割合は1割弱である。

　さて家庭裁判所は，少年鑑別所を経由した少年を含めて，送致されてきた少年についてその処分を決定する。図1－1をみると，家庭裁判所からの出口として右側に示したように，審判不開始（審判そのものを開始しない）と不処分（処分なし）となる場合があり，この2つで家庭裁判所で処理される人員の7割強を占めている。この両者は，以後特別の処遇を受けることはないが，その多くは調査の過程で「保護的措置」と呼ばれる働きかけを受けている（詳細は6章

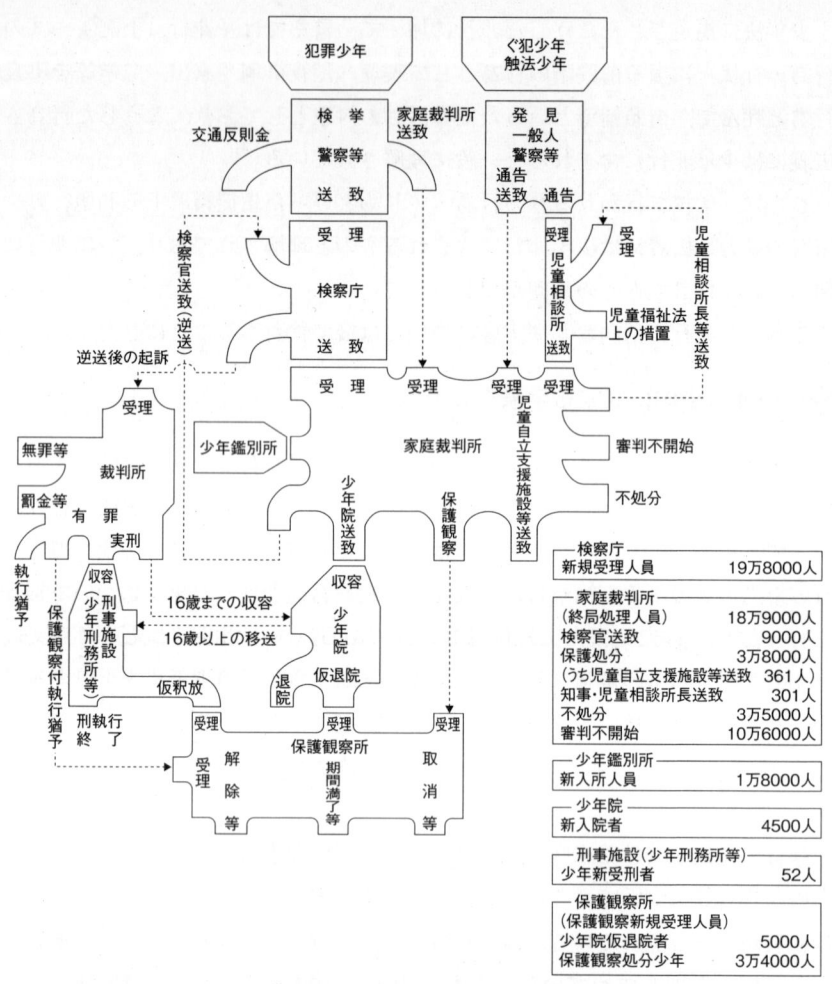

図1－1 非行少年に対する手続きの流れ
（法務省法務総合研究所，2007の4－2－1－1図）
2006年における数値であり，「児童自立支援施設等送致」「知事・児童相談所長送致」および「少年新受刑者」以外は概数である。

検察庁	
新規受理人員	19万8000人

家庭裁判所	
（終局処理人員）	18万9000人
検察官送致	9000人
保護処分	3万8000人
（うち児童自立支援施設等送致	361人）
知事・児童相談所長送致	301人
不処分	3万5000人
審判不開始	10万6000人

少年鑑別所	
新入所人員	1万8000人

少年院	
新入院者	4500人

刑事施設（少年刑務所等）	
少年新受刑者	52人

保護観察所	
（保護観察新規受理人員）	
少年院仮退院者	5000人
保護観察処分少年	3万4000人

1節を参照されたい）。

　一方，本格的な働きかけが必要な少年には，家庭裁判所の決定として保護処分が言い渡されるが，犯罪少年に対する保護処分としては，主に保護観察と少年院送致がある。

保護観察の対象少年は，原則として，20歳に達するまで保護観察官および保護司から改善更生のための働きかけを受けることになる。2006年の概数で保護処分として保護観察を言い渡された少年は約3万4000人である。
　少年院については，初等，中等，特別，医療の区別があり，対象者の個別的必要性に応じた矯正教育が行われる。2006年の概数で少年院送致を言い渡された少年は4500人である。
　さらに，家庭裁判所からの出口として，人を死に至らしめた等の重大な非行を行った犯罪少年については検察官に送致（逆送）されて刑事処分を受ける者もいる。刑事処分として少年刑務所に収容される者がおり，2006年中の少年新受刑者は52人であった。
　触法少年と14歳未満のぐ犯少年については，児童福祉法上の措置が優先され，児童相談所の判断で，家庭裁判所に審判に付すのが適当な事案（例えば比較的重大な事案を行った少年）のみを家庭裁判所に送致している。送致を受けた家庭裁判所は，審判を経て，保護処分を決定する。触法少年に対する主な保護処分は児童自立支援施設等送致である（児童相談所と児童自立支援施設についてはコラムを参照されたい）。なお，2007年の少年法改正によって触法少年が少年院送致の保護処分を受ける可能性も生じており，今後の動向に注目したい。14歳以上のぐ犯少年については，14歳以上18歳の場合は発見者の判断で家庭裁判所か児童相談所に通告され，18歳以上のぐ犯少年は家庭裁判所に通告されることになっている。

　本節では，非行少年が公的機関によって取り扱われる手続きを概説したが，家庭裁判所，少年鑑別所，少年院，少年刑務所，保護観察所の各機関での対応（主に犯罪少年に対する対応）については，本書の実践編で詳しく説明されているのでそちらを参照してほしい。とりあえず，ここで理解してもらいたいのは，少年鑑別所以降の各機関が取り扱うのは，法的手続きで取り扱われる非行少年の一部であり，特に少年院や少年刑務所に送致される少年は選りすぐられたごく少数ということである。結果として，各機関で取り扱う非行少年の特質は大きく異なるわけであり，各機関で勤務する職員の非行少年に関わる経験や理解にも自ずと違いが生じてくると考えられる。

column ①
児童相談所

児童相談所は，児童福祉の理念を実現し，子どもの基本的な権利を保障することを目的に，都道府県および政令指定都市に設置が義務づけられ，全国で187か所にある。その任務として，18歳未満の子どもを対象に，成長過程で生ずる問題について，子どもや家族からの相談に応じている。児童相談所には，ケースワーカーの児童福祉司，心理専門職の児童心理司や児童精神科医といった専門職員が配置されている。

児童相談所の相談活動の一類型として「非行相談」があり，通常の家庭からの相談に加えて，警察や家庭裁判所から通告や送致という形で開始されるものも含まれる。この非行相談は，「ぐ犯等相談」と「触法行為等相談」に大別される。ぐ犯等相談は，虚言癖，金品持出，浪費癖，家出，浮浪，暴力，性的逸脱等のぐ犯行為，問題行動のある児童に関する相談，警察署からぐ犯少年として通告のあった児童等に関する相談である。一方，触法行為等相談は，触法少年（刑罰法令に触れる行為をなした14歳未満の少年）として警察から通告のあった児童，犯罪少年として家庭裁判所から送致のあった児童等に関する相談である。

非行相談の各事案について，児童相談所は，社会診断，心理・医学診断，行動診断を行い，各診断結果を総合して，在宅処遇か施設処遇の援助内容を決定する。児童の非行性が進んでいる場合や，家庭環境や保護者の養育機能に大きな問題点がみられる場合は，児童福祉施設（児童自立支援施設・児童養護施設等）への入所が選択される。本人や家庭の問題が施設収容を選択するほど深刻でない場合は，在宅処遇が選択され，他機関への紹介や数回の助言・訓戒等の短期間の指導から，児童や親子での通所や家庭訪問で児童へのカウンセリングや親への援助を行う継続的指導まで，状況に応じて対応が行われる。

2005年発表の調査結果（東京都福祉保健局，2005）から，非行相談の効果的な態様を挙げると次のとおりとなる。職員の効果的な指導内容として，子どもに対しては，「生活指導」（非行によって乱れた生活リズムや家庭での生活習慣に関する指導）が有効とされ，保護者には，子どもとの関わりの見直しを図る「親子関係指導」が有効とされた。保護者によってはあきらめ感が強く，効果が出ないと放任の態度や虐待に転化する場合もみられ，長期的な視野に立って関係改善に臨んでもらえるように指導が行われている。

column ②
児童自立支援施設

児童自立支援施設は,「不良行為をなし,又はなすおそれのある児童及び家庭環境その他の環境上の理由により生活指導等を要する児童を入所させ,又は保護者の下から通わせて,個々の児童の状況に応じて必要な指導を行い,その自立を支援する施設」(児童福祉法第44条)である。全国で58施設(国立2,都道府県立50,市立4,社会福祉法人2)あり,入所者の多くは中学生で,全国で1900名ほどが在籍している。

児童自立支援施設に対する児童の送致には2通りあり,1つは児童相談所の決定によるもので,もう1つは家庭裁判所の決定によるものである。前者では,保護者の同意が必要であるが,後者は法的強制力が伴い,保護者の同意は必要でない。児童自立支援施設は基本的に開放施設であるが,国立の2施設(男子の武蔵野学院と女子のきぬ川学院)は閉鎖施設を持っている。重大な非行を行い,本人の問題性が大きく,より専門的な対応が必要な触法少年は,国立施設に送致されることが多い。閉鎖施設をもつ国立施設では,非行性の進んだ児童を鍵のかかる居室に収容すること(強制措置)もできるが,家庭裁判所の決定(日数の上限を含む)が必要である。

児童自立支援施設(前身の感化院や教護院を含む)に送致される児童のほとんどは,非常に劣悪な家庭環境に育った者であり,良好な家庭環境の下で「育て直し」を行い,他人や大人に対する「基本的信頼感」を育む必要がある。そのために,児童自立支援施設では長年,1組の夫婦が児童と生活をともにして寮舎を運営する「小舎夫婦制」を基本としてきた。つまり,生活の目標を持てずに入所してくる子どもに対し,夫婦である職員がともに生活するなかで手本を見せて教え,ともに取り組み,その成果を確認する一連のプロセスを通じて,子どもへの援助を行ってきた。しかしながら,「小舎夫婦制」を維持することは難しくなってきており,寄宿舎制や職員交代制に変更する施設が増えている。

収容児童に対する指導内容としては,生活指導・学習指導および職業指導が行われ,学習指導は学校教育法による学習指導要領に準じて行われる。従来,児童自立支援施設で働く専門職は,ケースワーカーが主流であったが,近年,心理専門職の採用が増えている。それは,虐待された経験を持つ子どもやコミュニケーションが十分にとれない子ども(発達障害児等)の入所が増加し,心理面のケアが重要となっているからである。

2節 少年非行の動向

わが国の少年非行の発生状況ならびにその動向について，警察統計と非行自己申告調査のそれぞれに基づいてみてみよう。

❶……警察統計

少年非行の警察統計は，非行を行ったとして検挙・補導した少年について，その属性や犯した犯罪の態様などについて集計したものであり，わが国の少年非行の現状をみる上で最もよく利用されている。しかしながら，警察統計の数字はあくまでも警察によって認知され，検挙・補導された少年の統計にすぎないことを理解すべきである。また，少年の行動自体が変わらなくても，警察が少年非行に対する対応を変えることによって，検挙・補導された少年の人員が変動しうることにも留意する必要がある。こうした点をふまえた上で，少年非行の動向，特に検挙・補導の人員をみていく。

(1) ── 少年刑法犯の動向

図1－2は，犯罪少年と触法少年を合わせた少年刑法犯について検挙人員と少年人口比（10歳以上20歳未満の少年10万人あたりの少年刑法犯検挙人員の比率）の推移（1946年以降）を示したものである。

この図は，少年非行の動向を示すものとして最も多く活用されており，1990年代半ばまでに3つの波があると一般に理解されている。つまり，1951年の16万6433人をピークとする第1の波，1964年の23万8830人をピークとする第2の波，1983年の31万7438人をピークとする第3の波である。1990年半ば以降は，2006年に至るまで，1998年と2003年の2つをピークとする変動がみられるが，これらを第4の波と認めるかどうかについて専門家の評価は定まっていない。

図1－2の人口比の推移をみれば，わが国の少年非行は依然として高水準で憂慮すべき状況が続いているとなるわけであるが，多少注意が必要である。なぜならば，図1－2の少年刑法犯では，殺人を行った少年も自転車盗を行った

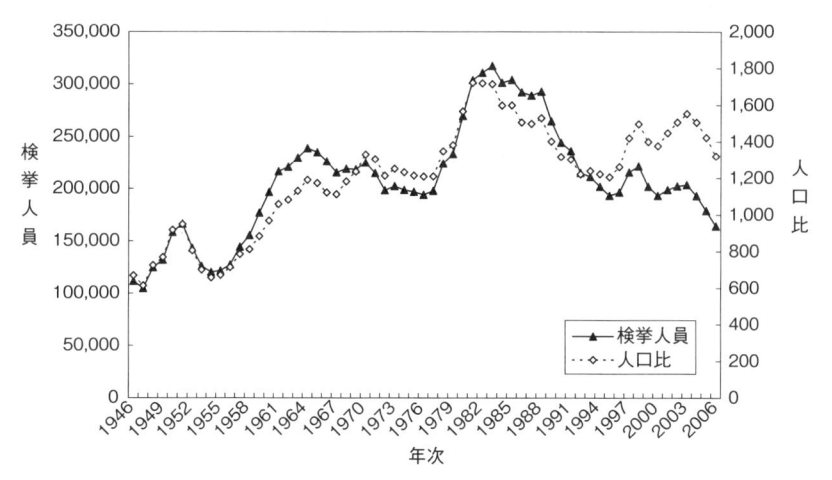

図1−2　少年刑法犯の検挙人員・人口比の推移
（法務省法務総合研究所，2007の資料4−1より作成）

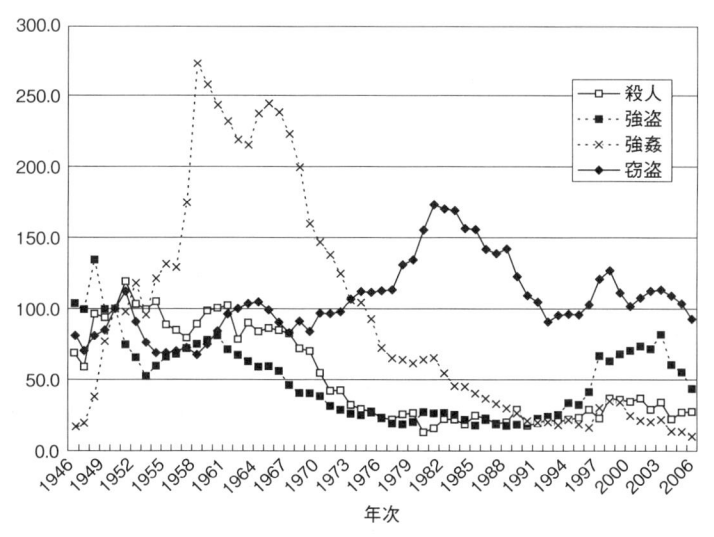

図1−3　罪種別少年刑法犯の人口比の推移
（警察庁の統計および総務省統計局の人口推計資料より作成）

1章　少年非行の定義と動向

少年も同じ1人とカウントされており，犯罪の重大性が考慮されていないからである。

そこで，今度は，少年刑法犯を主要な罪種別に分けて長期的な動向をみることにしたい。図1-3は，殺人，強盗，強姦，窃盗のそれぞれについて少年の検挙・補導人員（犯罪少年と触法少年の合計）の人口比（10歳以上20歳未満の少年10万人あたりの検挙・補導人員の比率）を算出し，1950年の値を100とした指数に変換してプロットしたものである。

この結果をみていくと，まず，殺人については，終戦直後に増加傾向がみられ，1951年に戦後最高の値（人口比が2.6人）を示すが，それ以降1990年あたりまで，若干の起伏はあるものの減少傾向が続いた。1990年代前半以降，若干増加に転じて2001年に1970年代半ばの水準（戦後最高値の3割程度）に戻ったが，その後また減少に転じている。殺人の動向について，1990年代以降の動向だけをみると，2000年代前半に深刻化の兆候がみられるが，戦後の長期的な変動でみると，こうした変動は顕著なものであるとは言い難い。

強盗については，終戦直後の1948年に最高値（22.5人）を示した後，1988年まで減少して最低値（3.0人）を示した。その後増加傾向に転じて2003年に再びピーク（13.7人）を迎え，その後減少に転じている。また，強姦については，1958年まで増加して最高値（24.3人）を記録し，それ以降1990年代中盤まで減少し，その後増加に転じて1980年代中盤のレベルに回復し，その後減少に転じて戦後最低値を示している。

窃盗については，1951年に最初のピーク（724.5人）を示した後，1958年まで減少し，さらに増加に転じるとそれ以降，若干の起伏はあるが増加し続けて，1981年に戦後最高値（1118.3人）を示した。1981年以降は1992年まで減少してから増加に転じ，1998年に再度ピークを記録している。いつの時代でも窃盗の発生件数が一般刑法犯（刑法犯全体から交通関係の業務上（重）過失致死傷を除いたもの）の6割前後を占めており，窃盗の動向が刑法犯全体の動向と概ね一致している。

(2) ぐ犯少年・不良行為少年の動向

図1-4は，警察庁の統計（警察庁生活安全局少年課，2007）に基づいて，

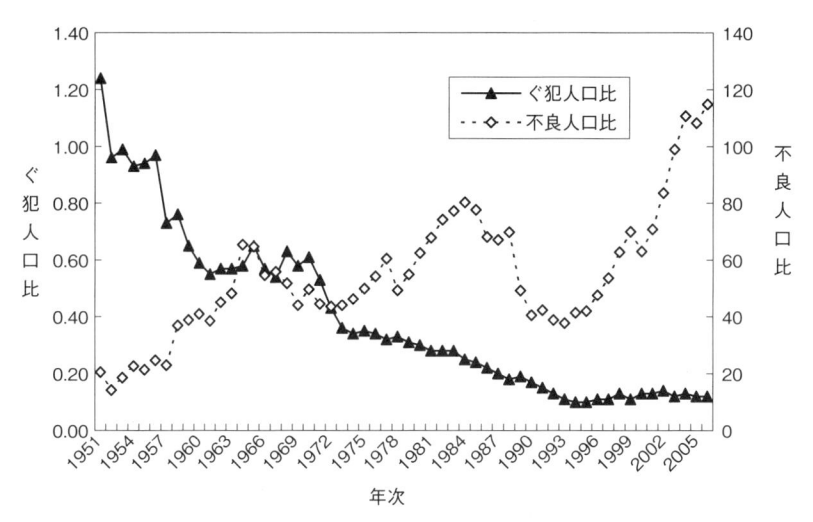

図1-4 ぐ犯少年・不良行為少年の補導人員（人口比）の推移
（総務省統計局から得られた，当該年の10代の人口推計値より作成）

　ぐ犯あるいは不良行為で警察に補導された少年の人員について人口1000人あたりの値を算出し，1951年以降の推移を示したものである。ぐ犯少年については，1990年代半ばまでほぼ一貫して減少しており，1990年代半ば以降は大きな変動はみられない。こうした動向は先にみた少年刑法犯の変動と対応しておらず，ぐ犯で補導される少年が少ないのに，刑法犯で補導される少年が多い時期が生じている。ぐ犯が適用される基準が変わらなければ，ぐ犯に該当する少年が多くいる時期は刑法犯を行う少年も多くいるはずである。したがって，ぐ犯が実務上適用される基準が厳格化し，ぐ犯少年としての補導に抑制的になってきたのではないかと多くの専門家は考えている。こうした補導実務の変遷は，1971年に名古屋高等裁判所から「（ぐ犯性の認定には）ある程度具体性をもった犯罪の蓋然性があることを要する」（例えば犯すおそれのある罪種が特定できること）との判断が示されたことが大きく影響を与えていると考えられている。
　一方，不良行為少年については，1964年が最初のピーク，1984年が第2のピークとなっており，2006年あたりが第3のピークになるのではないかと予想さ

れる。こうした変動は，先にみた少年刑法犯の変動とかなり対応しており，不良行為少年が多く補導される時代は刑法犯を行う少年も多く補導されていることを意味している。不良行為が非行の前段階の行為であるとすれば，こうした状況は納得がいくものである。ただ，近年の動向で気になるのは，刑法犯の検挙人員は2003年以降，減少傾向であるのに対して，不良行為少年の補導人員が伸び続けていることである。非行の予備軍が増えている可能性もあり，今後の動向に注目したい。

(3) ── 非行少年率の推移

図1-5は，警察庁と総務省統計局の統計に基づいて，ある年に生まれた少年が12歳から19歳までの各年齢において非行少年となった率，すなわち人口1000人あたりの少年一般刑法犯の検挙・補導人員の比率を算出したものである（一般刑法犯とは刑法犯全体から交通関係の業務上（重）過失致死傷を除いたものをいう）。1971年，1975年，1979年，1983年および1986年生まれの各

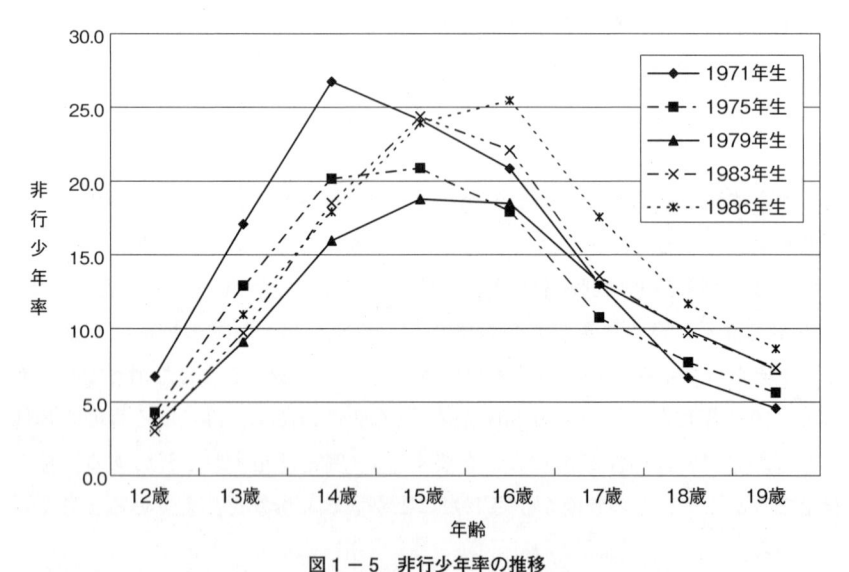

図1-5 非行少年率の推移

「非行少年率」とは，ある年に生まれた少年が12歳から19歳までの各年齢において非行少年となった率（同年齢人口1000人あたりの少年一般刑法犯検挙（補導）人員の比率）をいう。
（警察庁の統計および総務省統計局の人口推計資料より作成）

世代について，年齢を横軸に，非行少年率を縦軸にとっている。

これをみると，どの世代についても非行少年率が最も高くなるのは14歳から16歳となっている。すなわち，どの世代も12歳ころから刑法犯で補導・検挙される者が上昇して14歳から16歳に最も多くなるが，その後減少することが明らかである。世代別の変動から気づいた点を挙げると，概ね新しい世代ほど，非行少年率のピークが14歳から16歳に移っており，若干高年齢化の傾向がみられる。さらに，新しい世代ほど17～19歳での非行少年率が高くなっている。全般的に近年になるほど，非行の高年齢化が認められるといえよう。

(4) ── 非行動向の背景

警察統計でみた少年非行の動向の背景にふれることにしたい。まず，第二次世界大戦の終戦直後に強盗や窃盗が多発した背景には当時の経済的困窮があり，貧しさゆえの犯罪であったと理解されている。また，1960年代に強姦等の性犯罪が多発した背景には，都市への人口流入や経済発展に伴って享楽的風潮や性風俗の解放が生じたためであると考えられる。一方，1950年代半ば以降増加し，今日まで高い発生水準を維持する窃盗は，かなりの部分が相対的に軽微な万引き，自転車盗，オートバイ盗によって占められていた。これらの軽微で身近な少年犯罪（最初，こうした非行は「遊び型非行」と呼ばれていたが，その後「初発型非行」と呼ばれるようになっている）の増加は，核家族化や都市化に伴う地域社会の教育機能の低下と，スーパーマーケット，コンビニエンスストア等のセルフサービス形式の店舗や駅前の放置自転車・放置バイクの増加によって説明することが可能である。

したがって，わが国の少年刑法犯の動向を総括すると，殺人，強盗，強姦といった凶悪犯罪は1960年代半ば以降，1990年代半ばまで多少の起伏はあっても減少し，その後2000年代半ばまで増加傾向がみられるが，1960年代と比べて概ね低い水準を維持している。したがって長期動向としては凶悪化しているとはいえないが，1990年代半ば以降の10年間をとれば幾分凶悪化の兆候もみられる。

近年の凶悪化の兆候を代表するものとして，少年による強盗の増加が挙げられるので，少し細かく状況を説明したい。特に注目すべきは，路上強盗が顕著に増加したことで，少年の検挙人員は，1993年の415人から多少の起伏はあ

りながらも増加し，2003年には1227人を記録して3倍となった。その後，減少傾向に転じて，2006年には553人を記録している。路上強盗が増加したことについて，犯行手口の西欧化を指摘する声も聞かれるが，少年による路上強盗の多くは遊ぶ金欲しさの犯行（いわゆるオヤジ狩り）である。凶悪というよりも稚拙な犯行であるとの指摘（土井，2003）もみられるが，こうした犯行が被害者や一般市民に与える恐怖感は甚大である。ちなみに，こうした路上強盗の多くは従来であればひったくり（窃盗に含まれる）に記録されていたのが，警察の方針変更によって強盗として記録されるようになったと一部の研究者が主張している（河合，2004）。

こうした主張に対して，ある警察関係者は，判例で確立しているひったくりと強盗の判断基準を警察の方針で変更することは困難であり，さらに強盗による死傷者も近年増加しており，凶悪化していることは明らかであると反論している（田中，2006）。少年による強盗が凶悪化しているかどうかは，少年犯罪の凶悪化をめぐる論争の中心的な論点であり，今後の展開に注目したい。

一方，窃盗については，1950年代半ば以降，増加して今日まで高い発生水準を維持するが，その多くは万引きや乗り物盗によるものであり，凶悪ではないが身近な少年犯罪の増加を示唆しているといえよう。もっとも万引きといっても，換金目的で書籍やDVDソフト等を大量に窃取する者もおり，軽微な非行とはいえないものも少なくない。

最後に，非行少年率の推移について，新しい世代ほど，非行の高年齢化がみられることを指摘したが，こうした現象について専門家から一定の説明がなされている。その代表的なものは，教育や技能の低い若者の雇用機会が減少し，若年者間の格差が拡大していることによって，いつまでも非行から立ち直れない者が増えているという指摘である（浜井，2007）。大変興味深い指摘であり，若者の雇用機会と非行との関連について今後の動向に注目したい。

❷……非行自己申告調査

未成年者が行う非行には，警察に発覚しない非行，すなわち暗数が少なからずあると考えられるので，上記の警察統計を補完するものとして，非行の自己申告調査の結果を紹介したい（小林・鈴木，2001；小林，2003）。これは，全

国の 92 地域（公立中学校の校区）に居住する約 1 万人の中学生（男子 5014 名，女子 5096 名であり，97％が中学 2 年生）を対象に質問紙調査を実施したものである（実施期間は 2000 年 1 〜 3 月）。過去 1 年間の非行に関わる経験として，不良行為 10 行為と犯罪相当行為 4 行為のそれぞれについて過去 1 年間の経験を尋ねており，男女別に結果を示すと，図 1 − 6 と図 1 − 7 のとおりとなる。

図 1 − 6 の不良行為については，各行為について「1 回もない」「1 〜 2 回ある」「何回もある」の 3 件法で尋ね，「1 〜 2 回ある」と「何回もある」の合計％を示してある。男子では，「H な雑誌やアダルトビデオを見た」の経験者率が

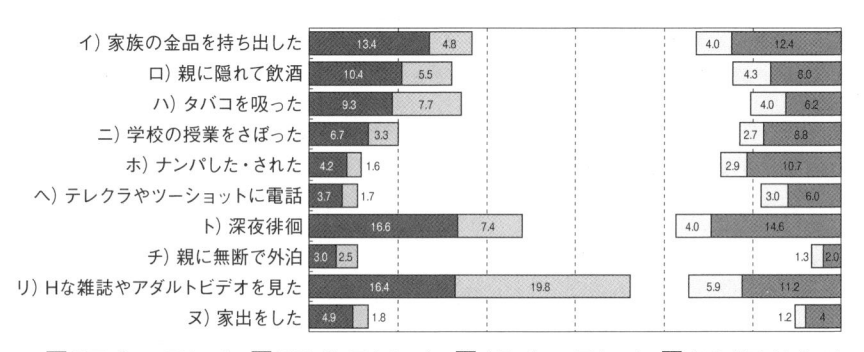

項目	男子「1〜2回ある」	男子「何回もある」	女子「1〜2回ある」	女子「何回もある」
イ）家族の金品を持ち出した	13.4	4.8	4.0	12.4
ロ）親に隠れて飲酒	10.4	5.5	4.3	8.0
ハ）タバコを吸った	9.3	7.7	4.0	6.2
ニ）学校の授業をさぼった	6.7	3.3	2.7	8.8
ホ）ナンパした・された	4.2	1.6	2.9	10.7
ヘ）テレクラやツーショットに電話	3.7	1.7	3.0	6.0
ト）深夜徘徊	16.6	7.4	4.0	14.6
チ）親に無断で外泊	3.0	2.5	1.3	2.0
リ）H な雑誌やアダルトビデオを見た	16.4	19.8	5.9	11.2
ヌ）家出をした	4.9	1.8	1.2	.4

図 1 − 6　男女別不良行為経験

（小林・鈴木，2001）

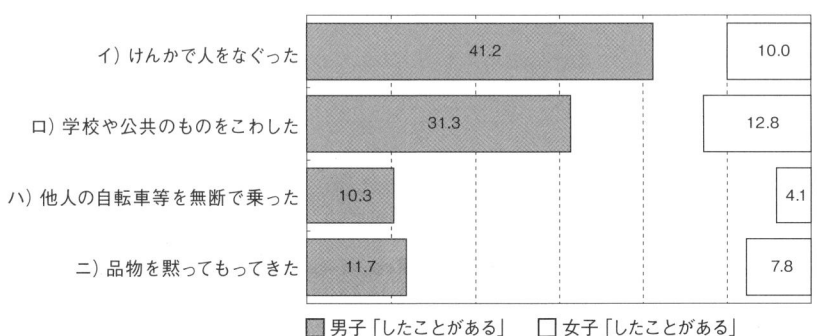

項目	男子「したことがある」	女子「したことがある」
イ）けんかで人をなぐった	41.2	10.0
ロ）学校や公共のものをこわした	31.3	12.8
ハ）他人の自転車等を無断で乗った	10.3	4.1
ニ）品物を黙ってもってきた	11.7	7.8

図 1 − 7　男女別犯罪相当行為経験

（小林・鈴木，2001）

36％で最も高く，女子では，行為別では深夜徘徊の経験者率が2割近くで最も高くなっている。男女の比較では，ほとんどの行為で男子の経験者率の方が高いが，「ナンパした・された」と「テレクラやツーショットに電話」については女子の経験者率の方が高く，こうした性非行関連の項目では女子の経験者率が1割前後となっている。

図1-7の犯罪相当行為については，各行為について「1回もない」「したことがある」の2件法で尋ね，「したことがある」と回答した者の割合を示してある。男子の結果をみると，4割強は「けんかで人をなぐった」と回答し，3割強は「学校や公共のものをこわした」と回答しており，比較的高い経験者率を示している。一方，女子の経験者率は，いずれの行為も男子のそれよりも低くなっている。特に粗暴な行為について差が著しいが，それでも「けんかで人をなぐった」「学校や公共のものをこわした」の経験者がそれぞれ女子の1割以上となっていることは注目したい。「品物を黙ってもってきた」，すなわち万引きを経験したのは，女子中学生の7.8％であるが，その経験者率は犯罪相当行為のなかで最も男子に接近した値となっている。

さらに，非行経験の度合いを不良行為については各行為とも0～2，犯罪相当行為については0あるいは1で14行為の得点化を行うと，図1-8のと

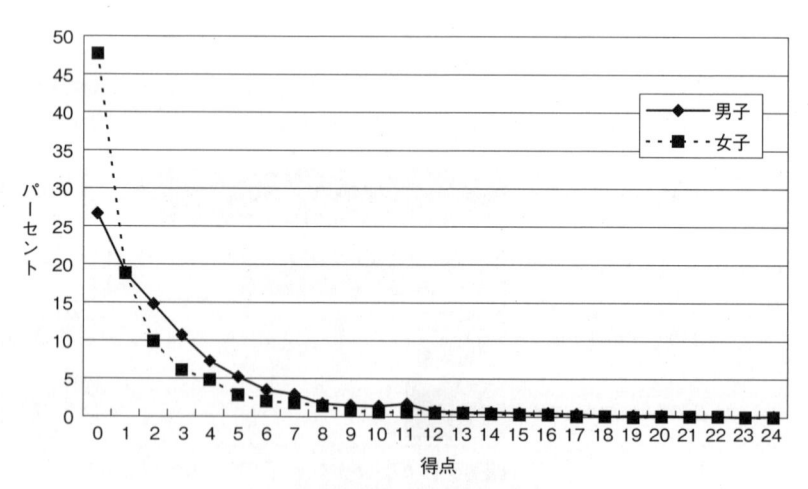

図1-8 男女別の非行頻度得点の分布

(小林, 2003)

おりとなった。男女とも0点は，不良行為10行為と犯罪相当行為4行為のいずれも過去1年間に行わなかった者を意味しているが，こうした者は男子の26.7%，女子の47.7%を占めている。ということは，男子中学生の7割強，女子中学生の半数強は過去1年間に非行，すなわち少なくとも不良行為とされることを1回は行ったことを意味している。さらに，男子の83.6%と女子の90.2%は5点以下になっており，男女とも不良行為等を複数回以上行っている者はごく少数であることが明らかである。

したがって，男子中学生の大部分は，不良行為や比較的軽微な犯罪相当行為を多少とも経験しており，こうした行為を経験することはむしろ普通のことであるといえよう。一方，女子中学生については，男子中学生と比べて，不良行為や比較的軽微な犯罪相当行為を多く行う者は少ないが，その頻度があまり多くなければ，女子中学生の半数がそうした行為（特に性非行関連の不良行為）を多少とも経験しているといえよう。

以上，本節では，警察統計と非行自己申告調査を用いて，わが国の少年非行の状況や動向をみてきたが，少年非行はその操作的定義のあり方（すなわち用いる指標や罪種等）によって，さらに長期的な動向をみるか短期的な動向をみるかによって，その評価は大きく異なってくる。よって，単に少年非行が悪化しているかどうかといった二分法的な議論ではなくて，どのような少年非行が悪化しているのかについて多面的で慎重な検討が求められている。そうした検討に，行動科学の知識や手法が活用されることが期待されている。

column ③
警察統計と犯罪白書

　法務省法務総合研究所が編纂する犯罪白書は，犯罪や非行に関する公的統計を参照する上でもっとも広く利用されている。そのなかで，警察が検挙・補導した少年に関する統計データは警察庁から提供を受けているが，法務省は独自のカテゴリーでそのデータを集計した上で掲載している。一方，警察庁も警察庁独自のカテゴリーで統計データを集計して，少年非行に関する統計を警察白書や「平成○○年中における少年の補導及び保護の概況」で発表している。そのため，犯罪白書に掲載される非行少年（少年法第 3 条 1 に規定される犯罪少年や触法少年等）の統計と，警察庁が公表する非行少年のそれにズレが生じており，注意が必要である。

　法務省と警察庁の主要な違いを述べると，例えば，本書の図 1 － 2 は，少年刑法犯の検挙人員およびその人口比を年単位で示してあるが，これは平成 19 年版犯罪白書に掲載された統計値を用いている。例年，犯罪白書のこの図は，戦後の少年非行の動向を最も象徴的に示すものとして引用されるものである。一方，非常によく似た図が，平成 19 年版警察白書（警察庁，2007）に図 1 － 60 として掲載されている。警察白書の図は，刑法犯少年の検挙人員の検挙人員およびその人口比を年単位で示してある。犯罪白書の少年刑法犯と警察白書の刑法犯少年では同じ年の数字が異なっているので，定義が違うはずである。

　犯罪白書で用いる少年刑法犯は「刑法犯」で検挙・補導された少年を意味しており，犯罪少年と触法少年の両方を含んでいる。ちなみに犯罪白書で用いる「刑法犯」は刑法および一部の特別法に違反する罪を意味し，さらにこの「刑法犯」全体から交通関係の業務上（重）過失致死傷を除いたものを「一般刑法犯」と呼んでいる。一方，警察白書で用いる刑法犯少年は，『刑法犯』の罪を犯した犯罪少年を意味しており，触法少年は含まれない。またこの警察白書の『刑法犯』は犯罪白書の「刑法犯」と異なって交通関係の業務上（重）過失致死傷を除いてあり，さらに含まれる特別法犯が一部異なっている（犯罪白書で用いる「一般刑法犯」に近い）。触法少年の補導人員が相対的に少なく，「刑法犯」と『刑法犯』の相違に関わる特別法犯の検挙・補導人員も少ないために，本書の図 1 － 2 と警察白書の図 1 － 60 はほぼ同じ動向を示している。官庁統計を用いて少年非行の動向を検討する際には，省庁によって用語の定義等が異なっていることに留意しなければならない。

column ④
非行統計の日米比較

米国のFBI（連邦捜査局）の犯罪統計では，18歳未満を未成年者として扱っており，わが国で20歳未満を未成年者と定義しているのとは異なっているため，注意が必要である。さらに，米国の犯罪統計では，殺人（murder and nonnegligent manslaughter），強姦，強盗，加重暴行（aggravated assault）の4罪種を暴力指標犯罪，不法目的侵入（burglary），窃盗（larceny-theft），自動車盗（motor-vehicle theft），放火の4罪種を財産指標犯罪に指定し，これらを指標犯罪として重視している。これらの罪種のうち，加重暴行はわが国の傷害に相当するが，わが国の犯罪統計では傷害に含まれる傷害致死は米国では殺人に含まれている。したがって，加害者に殺意がなくても傷害や強盗や強姦の遂行に伴って被害者が死に至った場合は米国の犯罪統計では殺人として扱われている。また，不法目的侵入はわが国の侵入盗に相当するが，重罪あるいは窃盗を行う意図をもって，他人の地所に許可なく入ることを意味しており，窃盗を実際に遂行すること自体はその構成要件ではないことに留意したい。

さて，日米の比較を行うために，2004年の警察庁の非行統計（警察庁生活安全局少年課，2005）をFBIの指標犯罪の類型に準拠するように構成し直し，検挙人員数（犯罪少年と触法少年を合算）を10歳以上20歳未満の人口で割って，人口比（人口10万人あたりの検挙者数）としてみた。2004年の米国のデータ（Snyder, 2006）と比較すると，まず，指標犯罪全体でみると，わが国の値は773であるのに対して，アメリカの値は1615となり，アメリカはわが国の2.1倍となる。さらに，少年による暴力指標犯罪と財産指標犯罪のそれぞれについて，アメリカの人口比はわが国の4.1倍と1.9倍であることが明らかとなった。あくまでも警察が検挙した人員に基づく推計であるが，これらの数字は米国と比べて，わが国の少年非行の現状が深刻ではないことを示唆していると理解できよう。

2章 少年非行の原因と説明理論

　少年非行の原因が何であるか，少年非行がどのようなメカニズムで引き起こされているのかを明らかにすることは，効果的な少年非行対策を推進する上で重要である。そのために，少年非行の原因や発生機序を検討する行動科学の研究が，国内ならびに海外で数多く実施されてきている。本章では，非行原因に関わる調査研究の主要な結果を紹介し，そうした調査研究の進展とともに発展してきた少年非行の説明理論についてその主要な枠組み，ならびに近年の動向について説明することにしたい。

1節 少年非行の関連要因・危険因子

　まず，少年非行の原因に関わる調査研究について紹介を行うが，紹介できるのは厳密にいうと少年非行の原因が何であるかを解明した調査研究ではない。少年非行の発生には，多くの要因が関わっており，多様な要因間の関係も考慮に入れながら因果関係を実証することは極めて難しい。一般に行動科学の調査研究で明らかにできる，あるいはこれまで明らかにしてきたことの多くは，少年非行と関連している要因，すなわち詳細なメカニズムはわからないが，非行の発生に何らかの形で寄与していると考えられる要因を選び出すことである。以下では，こうした調査研究の主要な結果をみることにする。なおここで紹介するのは，一定規模の調査サンプルに対して質問紙調査や聞き取り調査を行う研究，すなわち社会調査を用いた量的研究に基づく知見であることをお断りしておく。

❶……横断的調査結果：非行原因に関する総合的調査研究

(1) ── 調査手続き等

　非行関連要因を分析する調査研究で最も標準的なものといえば，横断的な調査研究である。横断的調査研究とは，調査対象者について，最近，非行を行ったかどうかと，非行と関連すると考えられる要因（家庭，学校，友人，地域環境等の状況）について一時点で一度に調査するものである。1回の調査で終了するために実施が比較的容易であり，横断的調査は数多く実施されているが，非行の有無と関連要因を同じ時点で測定しているので，時間的順序が不明確となり，非行と関連要因との因果関係がはっきりしない。したがって非行と関連要因との相関関係しか確定できないことに留意しなければならない。

　非行関連要因の横断的な調査研究として，ここでは総理府・総務庁（現在の内閣府の前身）が主催してきた「非行原因に関する総合的調査研究」を紹介し，その知見をみていきたい。この調査研究は非行原因の把握を表題にしているが，具体的な調査目標は，各調査時点において，一般のあるいは非行のない少年と比べて，非行を犯した少年に多く共通する特徴を把握することであった（総務庁青少年対策本部，1999；麦島，1999）。

　この調査研究でデータの収集は，1977年，1988年，1998年の3回実施されており，3回とも5〜20の都道府県で，公立の中学校や高校に在学する生徒（一般群）と非行（刑法犯等）を犯して警察に検挙・補導された非行少年（補導群）を対象に質問紙調査を実施している（筆者は3回目の調査に企画分析委員として参加している）。一般群については，中学生と高校生を合わせて概ね2500人以上，補導群については600人以上を調査対象としており，調査対象者の代表性は比較的高いと考えられる。今世紀に入って調査が実施されていないのは残念であるが，3回の調査で，家庭・学校・友人の主要な調査項目が共通化されており，非行関連要因の時系列的変化を検討できるのが本調査研究の特徴である。

(2) ── 主要な調査結果

　ここでは，「非行原因に関する総合的調査研究」の調査結果から，中学生に

絞って，非行関連要因の状況について，一般群と補導群の差異をみることにする。結果は表2−1に示したとおりである。男女別に，1977，1988，1998の各年の結果が示されているが，調査項目ごとに，肯定的な回答が一般群（公立中学校で集合的に調査を行った対象者）と補導群（警察に検挙・補導された非行少年のうち中学生である者）でどの程度違うか，またどちらの肯定率が高いかを記号で示してある。領域別に上からみていく。

① 本人の性格等

まず本人の性格等については，3回の調査で一貫した傾向とはいいきれないが，男女とも，補導群は一般群よりも，「行動してから考えるタイプ」あるいは「頭にきたときは自分を押さえられない」が自分に該当するという者が多くなっている。あくまでも自己申告に基づくものなので，評定の信頼性に疑問が残るが，一般群よりも補導群の方が衝動的で自己統制が低く，リスクテイキング（危険を顧みない・好むこと）の傾向が高いことを示唆しているといえよう。

さらに，「ポルノやアダルトビデオを見る」については，1988年以降は男女とも，補導群は一般群よりも，こうした不良行為を行っている者が多く，男子では20ポイント以上の差が出ている。こうした違い自体は非行少年の逸脱傾向を反映したものと理解できるが，性的逸脱や享楽的ライフスタイルを肯定的に描くメディア情報に接触することで非行が促進される可能性を示唆していると考えられる。

② 家庭・親子関係

家庭・親子関係に移ると，3時点で男女ともに一貫して，補導群は一般群よりも，「持ち物からみた文化レベル」が高いと判断される者（家に辞書が4冊以上あると回答した者）が20ポイント以上少なかった（1977年の女子については20ポイント未満の差である）。家庭の文化水準が非行とどのように関連するかについては推測の域を出ないが，文化水準の高い家庭では子どもに学業や文化的な活動に励むよう促すことで，子どもを非行から遠ざけることに成功していると理解できよう。

親子関係に関わる調査項目をみると，1977年ではあまり差が出ていないが，1988年以降は男女とも，「父への同一視（父のような人でありたいと思う）」「母への同一視（母のような人でありたいと思う）」「信頼されている」「（家庭の）

表2-1 中学生対象の横断的調査結果

項目・内容	男子			女子		
	1977	1988	1998	1977	1988	1998
(本人の性格等)						
行動してから考えるタイプ	=	▲	=	▲	=	=
頭にきたときは自分を押さえられない	▲	=	▲	=	=	▲
ポルノやアダルトビデオを見る	=	●	●	=	▲	▲
(家庭・親子関係)						
持ち物からみた文化レベル(辞書4冊以上)	○	○	○	△	○	○
父への同一視	=	=	△	=	△	○
母への同一視	=	=	△	=	△	△
愛されていない感じ	=	▲	●	▲	▲	●
信頼されている		△	○		△	○
雰囲気は暖かい		△	○		△	○
厳しすぎる	=	▲	▲	▲	=	=
親が暴力を振るう		▲	▲		▲	▲
(学校適応)						
成績が悪い方	▲	●	●	▲	●	●
授業がつまらない	=	▲	●	=	●	●
家で勉強をほとんどしない	●	●	●	●	●	●
(友人関係)						
友人が少ない(5人以下)	▲	▲	▲	=	▲	▲
スポーツをいっしょにする	△	○	○	△	△	△
(地域社会)						
自然体験活動への参加			△			○
環境美化活動への参加			△			○
近所の大人は声をかけてくれる			○			○
地域でアダルトビデオを買うのは簡単			▲			▲
地域で酒・タバコを買うのは簡単			●			●

表中の記号の意味は以下のとおりである。
● :補導群がおよそ20ポイント以上高い項目
▲ :補導群がおよそ10ポイント以上高い項目(20ポイント未満)
= :補導群と一般群との差が少ない項目(およそ10ポイント未満)
△ :一般群がおよそ10ポイント以上高い項目(20ポイント未満)
○ :一般群がおよそ20ポイント以上高い項目
なお,無記入は,該当する調査項目がないことを示す。

(麦島,1999の一覧表を改変)

雰囲気は暖かい」の各項目では，補導群は一般群よりも肯定する者が10ポイント以上少なく，1998年では全般的にみてそのポイント差が広がっているように読める。一方，「愛されていない感じ」「厳しすぎる」「親が暴力を振るう」の各項目については，補導群は一般群よりも肯定する者が多く，最近になるほどそのポイント差は概ね広がっているようである。

したがって，非行少年は一般少年と比べて，親との情緒的な結びつきが弱く，親の養育態度が厳格すぎたり，暴力を伴ったりして不適切なものの多いことが特徴的である。さらに親子関係の良否と非行との関連が近年になるほど強くなっていると考えられる。

③ 学校適応

学校適応についてはもっぱら学業に関わる調査項目を取り上げた。「成績が悪い方」と「授業がつまらない」については，男女ともに，一般群よりも補導群で該当する者が多く，そのポイント差は最近になるほど概ね拡大している。一方，「家で勉強をほとんどしない」では3時点を通じて，男女とも，一般群よりも補導群で該当する者が20ポイント以上多くなっている。以上の結果より，非行少年の特徴として，勉強をしない，あるいは勉強が好きでないという点は昔から一貫しているが，学業不振が非行と関連する度合いは最近になるほど増大している。進学競争の過熱化を反映したものではないだろうか。

④ 友人関係

友人関係については，友人の数と友人と行うことを尋ねた結果を示した。友人の数については，友人が5人以下と答えた者が男女ともに，一般群よりも補導群で多くなっている。また，友人と「スポーツをいっしょにする」という回答は，一般群よりも補導群で一貫して10ポイント以上少なくなっている。したがって，スポーツ等の遵法的な活動にいっしょに取り組む友人をあまりもっていないことが非行少年の特徴であり，こうした友人関係の不足が非行化と関連していると考えられる。

⑤ 地域社会

地域社会に関わる調査項目は，第3回の調査で取り入れた項目であり，筆者が企画と分析を担当したものである（小林，1999）。1回だけ採用された調査項目なので時系列的変化を検討できないが，一般群と非行群でかなりの違いが

生じている。上の2項目は，居住する地域で行われている各活動に対する参加経験を尋ねた結果である。男女とも，一般群は補導群と比べて，自然体験活動（ハイキング，田植え，いも掘りなど，自然に親しむ活動）あるいは環境美化活動（公園の掃除や，花を植える）に参加したことのある者がそれぞれ10ポイント以上多く，地域活動への参加が非行化を抑制する可能性を示唆していると考えられる。

次の3項目は，地域の環境や大人との関係について尋ねた結果である。男女とも，補導群は一般群と比べて，「近所の大人は声をかけてくれる」と回答した者が20ポイント以上少なく，「地域でアダルトビデオを買うのは簡単」あるいは「地域で酒・タバコを買うのは簡単」と回答した者はそれぞれ10ポイント以上（後者については20ポイント以上）多くなっている。このことは，青少年に対する地域住民の主体的な働きかけが非行化を抑止しうることと，青少年の健全な育成を阻害すると考えられるものを十分に規制できない地域で非行が促進されることを意味すると理解できよう。

以上，非行関連要因の横断的調査研究として，「非行原因に関する総合的調査研究」の主要な知見を紹介し，非行に関連していると考えられる個人・家庭・学校・友人・地域社会の態様をみてきた。横断的研究という方法論上の制約から，非行の発生機序自体を実証できたわけではないが，非行関連要因の動向について興味深い結果が得られた。総括すると，家庭の養育機能（子どもの監督と情緒安定機能）の不全と学業不適応が，少年の非行化と結びつくことが，1970年代から最近に至るまで顕著となってきたように思われる。

❷……縦断的調査結果：米国保健福祉省調査報告書を中心に

(1) ── 縦断的調査研究の概況

横断的調査研究よりもコストはかかるが，非行関連要因と非行との時間的順序が明確となり，予測的妥当性（非行を予測する精度）の高い知見が得られるものとして，縦断的調査研究が挙げられる。未成年者を対象とする縦断的調査研究の期間の長さはさまざまである。出生前後から大規模の対象者（例えば代表性のある同年齢集団）を追跡し，対象者の社会適応の変化と犯罪や非行の出現を調査したものはあまり多くないが，小学校低学年から数年間，成人近くに

至るまで同じ対象者を数回調査したものは欧米等（米国，英国，ニュージーランド，北欧諸国）ではかなり実施されている。こうした縦断的研究の各調査結果について，メタ・アナリシス（対象サンプルの大きさや方法の厳密さを勘案しながら知見を統計的に統合する分析）がいくつか行われ，1990年代中盤からその結果が発表されてきている（メタ・アナリシスについては8章を参照）。

そうした縦断的研究に基づく非行関連要因のメタ・アナリシスの結果を集約したものが，2001年に公刊された「青少年の暴力—アメリカ保健福祉長官のレポート—（Youth violence: A report of the surgeon general）」である（Department of Health and Human Services, 2001）。この報告書では，青少年の暴力について，その動向，関連要因，対策の有効性について公衆衛生的視点から研究知見をとりまとめ，今後の課題を提示している。こうした報告書が出される背景として，米国で青少年の暴力が，1990年代前半に爆発的な増加を記録し，司法機関が扱うだけでなく，国民の健康と福祉を大きく損なう問題として公衆衛生に関わる機関も対応すべきとの認識が生じたことが挙げられる。

ここでは，米国保健福祉省調査報告書の報告内容から，非行関連要因の結果を紹介する。公衆衛生（public health）が依拠する疫学では，疾病の発現に関連する要因として，危険因子（risk factor）と保護因子（protective factor）の2つを考慮する（DeMatteo & Marczyk, 2005）。非行を疾病の1つととらえれば，危険因子は将来的に非行が発現する統計的確率を高め，非行の発生を予測する要因である。したがって，非行の危険因子は，あくまでも時系列的に将来の非行と正の相関関係をもつことを意味するだけであり，その因子が非行と因果関係をもつことを必ずしも意味しない。しかしながら，危険因子を抽出することで，非行の発現に関わる要因を絞り込み，非行の発現過程の解明と働きかけのターゲットの特定化に大きく寄与することが可能となる。

一方，保護因子は，将来的に非行が発現する統計的確率を低減させる要因であり，将来の非行と負の相関関係をもつ要因である。非行の保護因子については，危険因子以上に研究知見の蓄積が不足しており，作用するメカニズムは概ね不明であるが，危険因子と拮抗し，危険因子が存在しても交互作用によって非行の発現を抑えることが期待される要因である。

(2) ── 主要な調査結果

　青少年の暴力の危険因子と保護因子について，米国保健福祉省調査報告書がとりまとめた結果は表2－2のとおりである。暴力の危険因子については研究知見の蓄積がかなりあることから，児童期（6～11歳）と思春期（12～14歳）に分けて整理し，15～18歳時の暴力（自己申告か検挙歴に基づく）を予測する要因（統計的に有意なもの）を示してある。先の横断的調査結果（表2－1）と同様に，領域別に統計的に有意な要因がリストアップしてあるが，暴力との関連の大きさを効果量（相関係数の r ）で表し，効果量の大きいものから順に

表2－2　縦断的調査結果：15～18歳時の暴力の予測要因

領域	危険因子				保護因子の候補
	児童期（6～11歳）	効果量	思春期（12～14歳）	効果量	
個人	非行前歴 薬物使用 性別が男 攻撃性（男子のみ） 多動性 問題行動 TV暴力への接触 医学的・身体的問題 低いIQ 反社会的態度（男子のみ）	.38 .30 .26 .21 .13 .13 .13 .13 .12 .12	非行前歴 落ち着きのなさ 攻撃性（男子のみ） 性別が男 身体的攻撃 集中が困難（男子のみ） 反社会的態度 身体犯の犯歴 問題行動 低いIQ リスク志向 薬物使用	.26 .20 .19 .19 .18 .18 .16 .14 .12 .11 .09 .06	逸脱を許容しない態度 高いIQ 性別が女 前向きな社会的態度 違法行為に対する制裁を認識
家庭	低い社会経済的地位 反社会的な親 厳格な・緩い・一貫しないしつけ 家族崩壊：親と離別 親からの虐待	.24 .23 .13 .09 .07	反社会的な親 家族間葛藤（男子のみ） 親の関わり不足 家族崩壊 低い社会経済的地位 親からの虐待 厳格な・緩い・一貫しないしつけ	.16 .13 .11 .10 .10 .09 .08	親や他の大人との暖かく，支持的な関係 友人に関する親の肯定的な評価 親の監督
学校	不真面目な態度・学業不振	.13	不真面目な態度・学業不振	.19	学校に対する前向きな取り組み 違法的な活動に対する周囲の評価
友人関係	弱い社会的結びつき 反社会的な仲間	.15 .04	弱い社会的結びつき 反社会的な仲間 ギャングへの加入	.39 .37 .31	違法的な活動に取り組む友人
地域			地域の犯罪・薬物 地域社会の解体	.17 .17	

(Department of Health and Human Services, 2001 より)

示してある。さらに，保護因子については先述したように研究知見が十分には蓄積されていないため，非行化抑制に作用することが期待されるものを候補として挙げており，そのなかで暴力との関連が統計的に見出されたものをゴシックで示してある。以下では領域別に結果をみていく。

① 個人特性

子ども自身の個人要因については，児童期と思春期のいずれについても10個以上が統計的に有意な危険因子として抽出された。児童期については，「非行前歴」「薬物使用」「性別が男」「攻撃性（男子のみ）」の4つで.20以上の効果量が示された。非行前歴や薬物使用については，暴力的な問題行動に限らず，窃盗や薬物使用等の非行が早く始まることが将来の暴力的非行と強く関連しており，反社会的な行動傾向が早く始まる者ほどその継続性が高くなると考えられる。なお，「非行前歴」については思春期でも効果量の最も大きな危険因子となっている。

次に，「攻撃性（男子のみ）」と「問題行動」は児童期と思春期の両方で有意な危険因子となっており，さらに思春期では「身体的攻撃」が有意な危険因子になっている。こうした要因については，その程度が著しいものは精神疾患の一類型である行為障害に該当すると考えられる（コラム「行為障害」を参照）。また，「多動性」は児童期で有意な危険因子，「落ち着きのなさ」と「集中が困難（男子のみ）」については思春期で有意な危険因子となっており，こうした要因の程度が著しい場合は，注意欠陥多動性障害（ADHD）に該当すると考えられる。注意欠陥多動性障害は発達障害の一類型であるが，非行との関連が最も多く実証的に検討されており，その結果として，強い関連はないが，非行の危険因子の1つであるとの認識が広まっている（コラム「発達障害と非行」を参照）。さらに，「低いIQ」も児童期と思春期の両方で有意な危険因子となっているが，知能が低いことは熟慮を欠いた行動として非行や暴力につながりやすく，さらに後述する学業不振に陥ることを通して非行化に結びつくと考えられる。

個人特性の危険因子の最後として，メディアとの接触について述べると，「TV暴力への接触」が児童期の危険因子にリストアップされた。これは，テレビで暴力的場面を多く視聴する子どもほど，暴力的な非行を将来行いやすい

ことを意味している。なお，近年ではテレビの暴力映像よりも，暴力的ビデオゲームが及ぼす影響が注目されているが，これに関する実証研究は少なく，米国保健福祉省調査報告書では別添（appendix）で取り扱われている。その記述によれば，暴力的ビデオゲームの利用が青少年の暴力に及ぼす影響として.20前後の効果量が示されている。さらに，より最近の縦断的調査研究では比較的大きな効果量（.30）が示されており，暴力的ビデオゲームの内容が利用者の主体的な関与をより多く含むものとなるにつれてその影響力が増していると推察できる（Anderson et al., 2007）。

ちなみに，個人特性の保護因子については，表2－2に示したように5つの要因が候補に挙げられているが，このうち，「逸脱を許容しない態度」については統計的に有意な関連性が確認された。これは，遵法的な規範意識を意味しており，こうした態度を育むことは非行抑止に寄与するといえよう。

② **家庭・親子関係**

家庭・親子関係の要因については，児童期と思春期のいずれについても5個以上が統計的に有意な危険因子として抽出された。児童期においては，「低い社会経済的地位」と「反社会的な親」の2つで.20以上の効果量が示され，親の養育態度（厳格な・緩い・一貫しないしつけや虐待）や親との離別といった要因よりも大きな関連が示された。親の経済的な困窮や反社会的な生活態度は相互に関連するものであり，生活苦は大きなストレスとなって家庭の養育機能を大きく損ない，子どもの非行化を促進すると考えられる。

一方，思春期においては，7つの家庭関連の危険因子が抽出されたが，効果量の大きさをみると「反社会的な親」の.16が最大であり，児童期と思春期で共通する危険因子の多くで思春期の効果量が低くなっている。このことは，児童期から思春期に移行するにしたがって，親の反社会的態度や養育機能の不全等が子どもの非行化に及ぼす影響が低下することを示唆していると考えられる。また保護因子については，「親や他の大人との暖かく，支持的な関係」「友人に関する親の肯定的な評価」「親の監督」の3つが候補とされた。

③ **学校適応**

学校関係では，統計的に有意な危険因子として，児童期と思春期で共通して「不真面目な態度・学業不振」がリストアップされた。この因子について児

童期と思春期を比較すると，思春期の方が15歳以降の暴力との関連が大きく，中学生時の学業不適応（学業に対して真剣に取り組む姿勢がみられなかったり，学業成績が悪いこと）が非行促進要因としてより大きな影響を及ぼしていると解釈できよう。一方，保護因子については，「学校に対する前向きな取り組み」と「違法的な活動に対する周囲の評価」の2つが候補に挙げられ，前者については統計的に有意な関連性が確認されている。学業等に対する取り組みを促進させることが非行抑止につながると考えられる。

④ 友人関係

友人関係については，統計的に有意な危険因子として，「弱い社会的結びつき」と「反社会的な仲間」の2つが挙げられている。前者は，遵法的な同輩（学校の同じクラスの生徒で学業やクラブ活動等に励む者）と親密な関係を結べないことを意味しており，それを補償するために，反社会的な態度をもつ者と交友を深めると考えられる。これら2因子について児童期と思春期を比較すると，思春期の方が15歳以降の暴力との関連が遙かに大きくなっている。思春期のみで「ギャングへの加入」が危険因子となっていることも考慮すると，中学校入学以降，不良交友が非行促進要因として大きな影響を及ぼすようになると解釈できよう。ちなみに，友人関係の保護的因子として，「遵法的な活動に取り組む友人」をもつことが候補として挙がっている。

⑤ 地域社会

居住する地域環境の要因としては，児童期では有意な危険因子は見出されなかったが，思春期では「地域の犯罪・薬物」と「地域社会の解体」の2つが有意な危険因子となっている。「地域の犯罪・薬物」とは，成人による犯罪や薬物取引が多く行われている地域では，青少年が悪風感染によって非行や暴力を行うようになることを示唆していると考えられる。また，「地域社会の解体」は，住民の流動性が高かったり，貧困層が多く住んでいるために，地域住民が連帯して問題解決を行ったり，青少年の健全育成のために働きかけることが少なく，その結果として青少年の暴力が発生しやすくなると理解できる。

なお，米国保健福祉省調査報告書では，地域社会に関する保護因子（候補）は1つも取り上げられていないが，最近の研究レビューでは地域関連の保護因子が指摘されている（DeMatteo & Marczyk, 2005）。具体的には，地域で青少

column ⑤
行為障害

行為障害（conduct disorder）とは，DSM-Ⅳ（精神疾患の操作的診断基準）で提唱されている概念であり，「他者の基本的人権または年齢相応の社会規範または規則を侵害するような行動様式が反復し持続すること」と定義される（奥村・野村，2006）。

DSM-Ⅳでは，行為障害は以下の4つの基準に該当する15行為のうち，3つ以上が1年以内に存在し，かつ，少なくとも1つは半年以内に存在することを要件とする（括弧内に対応する触法行為を示す）。

①他人や動物への攻撃的行為（暴行，傷害，殺人，強姦など）
②他人の財産に損失や損害を与える行為（器物損壊，放火など）
③嘘をつくことや盗み（詐欺，横領，窃盗など）
④重大な規則違反（怠学，家出，不良交友などのぐ犯事由）

こうした行動傾向のために，地域，学校，職場等において著しい障害が半年以上継続する，基本的に18歳未満の少年に対して，行為障害の診断が適用される。

さらに，行為障害は重症度と発症年齢に応じて分類される。発症年齢については，10歳を境目として小児期発症型と青年期発症型に区分される。小児期発症型のほとんどは男子で，攻撃行動が顕著であり，成人後も反社会的な行動が継続することが多い。一方，青年期発症型は，総じて攻撃行動が少なく，その問題行動は一過性のものが多い。

行為障害に該当したことがある者は，18歳以上の男性で10％前後，女性で5％前後といわれるが，矯正施設に収容される者ではその過半数が該当する。

行為障害は，反社会的な行動パターンが多方向に及び，反復性と継続性を有することを意味する医学的概念であり，法的概念である非行とは必ずしも一致しない。したがって法的に非行少年とされる者（例えば，単発の非行を行った者）でも，行為障害に該当しない者はかなり存在するわけである。

なお，行為障害の基準は，精神状態を含まず，行為のみを対象としており，他の精神疾患の基準とは異質である。そのため，この概念の使用についてわが国の専門家の間で多少とまどいや混乱がみられる。しかしながら，行為障害は，欧米の犯罪精神医学や発達精神病理学の研究では概ね確立した基準で用いられ，非行が発現するプロセスを実証的に解明することに寄与している。わが国でも，行為障害を軸に精神医学や行動科学などの関連領域の研究者が協働して，少年非行に関わる研究と実践を促進させることが期待される。

column ⑥
発達障害と非行

わが国で 2005 年 4 月から施行されている発達障害者支援法では，発達障害を，「自閉症，アスペルガー症候群その他の広汎性発達障害，学習障害，注意欠陥多動性障害その他これに類する脳機能の障害であってその症状が通常低年齢において発現するもの」と定義している。

まず，広汎性発達障害（Pervasive Developmental Disorder: PDD）とは，①対人関係が薄く社会性の発達がわるい，②コミュニケーションの障害がある，③想像力の障害が根底にあって，興味・活動が限られ（限局性），強いこだわり（強迫性）がみられ，反復的な行動（常同性）がみられる，という特徴を 3 歳以前からもっていることを指す。さらに，こうした広汎性発達障害では対人関係の障害が中心的症状であるため，「自閉症スペクトラム」とも呼ばれている。

上記①～③の特徴を顕著にもつが，知的障害を伴わないものを高機能自閉症と呼んでおり，さらに自閉症とは異なって言葉の遅れを伴わず，対人関係以外である程度の適応能力をもつものをアスペルガー症候群と呼んでいる。もっとも，高機能自閉症とアスペルガー症候群の判別は明確ではない。

こうした広汎性発達障害の子どもは，他の人と，喜んだり，悲しんだり，感動したりといった感情を共有しにくく，人に合わせることが苦手で，集団行動がとりづらく，友達もできにくく，集団単位での学習にのりにくい傾向がある。そのために，社会的不適応を起こしやすく，その結果として非行につながる場合もあると考えられ，近年，特異・凶悪な非行を行った少年で広汎性発達障害と診断される者が散見された。しかしながら，広汎性発達障害をもつ者の非行発生率が一般のそれよりも特に高いとは考えられていない。

次に，注意欠陥多動性障害（Attention Deficit / Hyperactivity Disorder: ADHD）は，「不注意または／および多動性－衝動性の持続的な様式」（DSM－Ⅳ）と定義されるもので，不注意は，興味があること以外での注意集中の困難，注意の対象がすぐ変わる（注意転導），また気が散りやすいこと（ただし，興味があることには過剰に集中し，すぐに気分を転換できない場合もある）を意味する。多動性は，年齢あるいはその子どもの精神発達レベルで考えられる以上に動き回る，体のどこかを動かさずにはいられないことを意味し，衝動性は，後先のことを考えずに思ったこと，ひらめいたことをすぐ行動に移しやすいことを意味する。こうした 3 つの特徴が多少ともあって，そのために社会的に，あるいは学業や仕事で著しい機能障害がある場合，注意欠陥多動性障害と診断される。疫学的研究によれば人口の 3～5％ほどでこの障害が認められ，発現の原因として大脳の

微細な異常が想定されている。

　注意欠陥多動性障害は行為障害と併存することが多く，行為障害を併存症としてもつ注意欠陥多動性障害は，児童・青年期には20〜40％に上ると推定される。行為障害と注意欠陥多動性障害が併存する少年は，行為障害のみの少年と比べて，より早期に粗暴な行動傾向を示し，そうした粗暴傾向が慢性化しやすいことが明らかとなっている。こうした行動傾向の背景として，注意欠陥多動性障害の特徴のなかでも衝動性が特に関連していると推定される。

　最後に，学習障害（Learning Disability: LD）とは，全般的な知的発達に遅れはないが，聞く，話す，読む，書く，計算する，または推論する能力の習得と使用に著しい困難を示すものと定義され，広汎性発達障害と区別される。学習障害の子は学習に支障をきたし，その影響は日常生活にまで及ぶが，このような学習障害の子どもは，学習に関わる能力のみが劣っているので，周囲にそのことが理解されにくく，能力が発揮できないのは怠けているから，わざとやろうとしないなどと思われてしまい，適切な対応がとられないことが少なくない。また，不得意な部分が目立つために，知的発達全体が遅れていると誤解されることもある。なお，注意欠陥多動性障害の20〜50％は学習障害を合併しているといわれる。学習障害は，学業不振を招くことが多く，学校不適応の結果として非行などの問題行動に至るパターンが考えられる。

　以上，発達障害と非行との関連をまとめると，発達障害は非行のリスク要因であると考えられ，発達障害をもつ子どもはそうでない子どもと比べて，非行を行う可能性が統計的に多少とも高いことが明らかとなっている。これは，発達障害の基底にある特性（例えば衝動性）そのものが思春期・青年期までに反社会的人格に発展するといったものもあるが，むしろ保護者など周囲の者が適切に対応しないために，子ども自身の自己評価の低下や攻撃性の増進を生み，悪循環の結果として非行に至るケースが多いとみられている（奥村・野村, 2006）。

年が参加する活動（ボランティア活動やスポーツ活動等）を組織的に実施することが非行化の保護因子になると期待されており，それを実証する研究知見もある程度出てきている。

　以上，非行関連要因の縦断的調査研究として，米国保健福祉省調査報告書の検討結果を紹介してきたが，個々人の発達段階によって暴力の危険因子の態様が異なることが示された。6〜11歳の児童期では，家庭の負因（親の反社会性や養育機能の不全など）が暴力と関連する度合いが大きいが，12歳以降の思春期では家庭の要因よりも交友関係の要因（非行集団への加入など）が暴力とより大きな関連を示していた。こうした発達段階に応じた非行関連要因の変化は，わが国の専門家の印象とも概ね一致している。しかしながら，わが国では縦断的調査研究がほとんど行われておらず，今後，非行の危険因子と保護因子について厳密な実証的検証を実施しなければならない。

❸……非行関連要因のまとめ

　本節では，少年非行の関連要因・危険因子について，わが国の横断的研究と欧米の縦断的研究の結果をみてきた。対象とするサンプルの特性や用いた調査項目が異なることもあって，非行化と関連する要因の態様や関連の強度に違いがみられたが，同時にかなりの共通点もみられた。本人の特性では，衝動性の高さや，逸脱的メディア（性的あるいは暴力的なもの）との接触の多さが非行化と関連し，家庭については，親の養育機能の不全，親子間の情緒的結びつきの弱さが非行化に関連することが示されていた。また，学校関連では学業不振が非行化と関連し，友人関連では遵法的な同輩から疎外されることが非行化と関連し，地域環境ではインフォーマルな統制機能の欠如，すなわち青少年の行動を見守り，必要な働きかけを行う大人のいないことが非行化と関連していた。

　こうした非行関連要因はそれぞれが独立的に少年非行を促進することもありうるが，複雑に関連しながら少年非行を引き起こすと想定することも可能であり，概ね後者が有力である。したがって，非行関連要因が具体的に作用する態様について説明モデルを提示し，その説明モデルの妥当性を実証的に検討することが，行動科学に期待されているといえよう。

2節 少年非行の説明理論

　前節では，少年非行の関連要因・危険因子について説明したが，こうした要因がどのようなプロセスで非行につながるのかを説明するのが，少年非行の説明理論である。少年非行を説明する多くの理論は，長年にわたって行動科学の研究者によって提唱されており，理論の提案とその検証が行動科学の研究者が担うべき大きな役割となっている。残念なことに行動科学の他の分野と同様に，少年非行の説明理論の大部分は欧米で提唱されて後にわが国に導入されたものであり，わが国で固有に発展したものは極めて少ない。外国から輸入した各非行理論について事細かく説明するよりも，その基本的なものを取捨選択して説明し，それを踏まえて非行理論の近年の動向，ならびに関連する研究を紹介したい。

❶……基本的枠組み

　少年非行の主要な説明理論として，以下では「緊張理論」「文化学習理論」「統制理論」「社会的反作用理論」のそれぞれについて基本的な特徴をみていく。こうした理論はいずれも社会学者を中心に発展したものであり，1950年代以降，欧米，特に米国の少年非行研究では社会学を中心に説明理論が発展してきたことを最初に申し述べておきたい。

(1) ── 緊張理論

　この理論では，自由意思ではなく，他の力によって引き起こされた行為として非行をとらえ，非行を行う本人の心理的葛藤（悩み，欲求不満，ストレス）を非行の原因と考える。この理論の嚆矢は米国の社会学者マートンであり，1950年代のアメリカ社会をみて，誰もが富を獲得して社会的に成功することが期待されながら，それを実現する手段が一部の者にしか与えられておらず，こうした状況が社会的緊張（ストレイン）を生み，その結果として犯罪や非行が生じていると論じた（Merton, 1957）。なお，わが国の状況に照らせば，高度成長期以降，学歴偏重の社会制度や社会風潮が社会的緊張を生んで，少年非

行を促進する一因になってきたとの主張がみられる（米川，1995）。

　社会的緊張は不平等な社会制度や社会構造の結果として生ずるが，緊張の高い社会状況では社会を構成する個々人の心理的葛藤が高まり，そうした心理的葛藤が非行化の媒介要因として作用すると想定できよう。なお，もともとこの理論は，不平等な社会制度や社会構造が非行の根本原因と主張するわけであるが，近年，生活上のさまざまな出来事（ライフイベント）によって生じるストレスが犯罪や非行の原因になるとして，必ずしも社会構造の問題を原因としない方向での一般化もなされている（Agnew, 2006）。

　この理論から導出される非行対策であるが，もしストレスの原因が個々人の生活上の出来事によるものであれば,少年個人に対する治療（カウンセリング）となる。一方，社会構造が緊張を生み，非行発生を促進する要因になっている場合は,社会構造（例えば学歴偏重の社会制度）の改善が求められることとなる。

(2) 文化学習理論

　この理論では，先の緊張理論と同様に引き起こされた行為として非行を考えるが，非行を行う者に心理的葛藤が存在することを前提とせず，家庭，仲間集団，地域社会において逸脱的な文化（行動様式，思考様式，風俗，習慣）と接触することを非行の原因と考える。要するに，「朱に交われば赤くなる」がこの理論の主張である。

　この理論にはさまざまなバリエーションがあるが，最初に登場したのはサザーランドの分化的接触理論(differential asoociation theory)である。サザーランドは 1930 年代に，当時心理学で台頭してきた学習理論を参考にして，「犯罪行動は学習される」と唱え,その学習の主要な部分(犯罪の手口・技術や,動機・合理化・態度等の学習）は親密な私的集団内で人との直接的な相互作用を通して生じるとした（Sutherland & Cressy, 1956）。さらにサザーランドは，「人は，法の違反が好ましいとする定義が，法の違反を好ましくないとする定義を超過した場合に犯罪者となる」と論じた。したがって，サザーランドは当初，直接的なコミュニケーションのみが犯罪を学習する媒体であると想定していたわけであるが，徐々にマス・メディアを通した犯罪の学習を認めるようになった。

　文化学習理論の系譜で次に登場したのは，緊張理論との統合理論である副次

文化理論であり，それを代表するのは，コーエンの非行副次文化論（Cohen, 1955）と，クロワードとオーリンの分化的機会構造論（Cloward & Ohlin, 1960）である。いずれも下流階層の少年が中流階層の価値観が支配する学校や社会で適応できなかったり，成功の機会を得られずに挫折し，その反動形成あるいはフラストレーションのはけ口として，独特の価値観をもつ非行集団(ギャング）を形成するというものである。こうした非行集団が存在する地域では，非行集団を媒介として地域の少年が非行を是認する価値観等を学ぶこととなり，非行の発生率が高くなるわけである。もっとも，心理学者バンデューラが提唱した社会的学習理論（Bandura, 1977）が受け入れられ，犯罪・非行の学習理論で勢力を増すにつれて，副次文化理論は衰退気味になってきたように感じられる。

　文化学習理論から導出される非行対策であるが，地域環境の改善（例えば，有害環境浄化活動）によって，青少年が有害環境と接触することを防止し，非行集団の解体等を行うことが求められる。メディアにおける有害情報の規制も重要な非行防止対策となる。

(3) ── 統制理論

　この理論は，なぜ，大半の人が犯罪や非行を行わないかに注目し，人々が犯罪や非行に走るのを押しとどめる統制要因の態様を説明するものである。統制理論の概要を図示すると，図2−1のとおりとなる。この図に示したとおり，

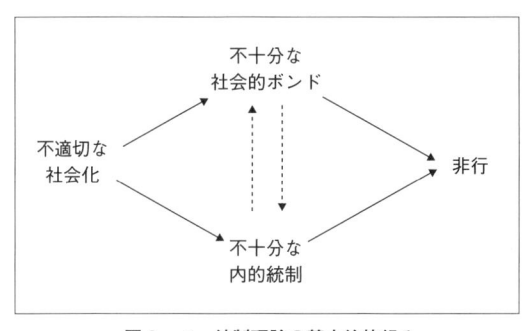

図2−1　統制理論の基本的枠組み

非行の抑止要因として働く統制要因は，社会的ボンドと内的統制に大別される。

まず，社会的ボンドは個人が社会との関係において形成するものであり，ハーシがその社会的統制理論（social control theory）で提案した次の4つがあてはまる（Hirschi, 1969）。①「愛着（アタッチメント）」…親や家族等の身近な人や集団に対する愛着や帰属意識，②「忙殺（インボルブメント）」…遵法的な活動や日常の日課に打ち込むことで，忙殺されること，③「投資（コミットメント）」…学業や部活動等に取り組んで努力を重ね，成果を徐々に積み上げて周りの評価も得て，将来の期待がもてる状況，④「信念（ビリーフ）」…遵法的な集団に同一化し，社会の規範や法律の正当性に信頼をもっていること。こうした社会的ボンドが形成されていれば非行に至らないわけであるが，形成されないと非行に対する抑止力を欠くこととなる。

次に，内的統制とは，個人のなかに形成されるものであり，よい自己概念や自己統制力が該当する。よい自己概念とは，自尊感情のことであり，レックリスら（Reckless et al., 1956）が非行化の絶縁体（insulator）として強調した。一方，自己統制力はセルフ・コントロールとも呼ばれ，短期的な欲求充足を我慢し，長期的な目標に向かって努力できる自制心を意味しており，こうした自己統制力の欠如が犯罪・非行の根本原因であるとゴットフレッドソンとハーシ（Gottfredson & Hirschi, 1990）は主張する。

こうした社会的ボンドと内的統制は，いずれも親の養育態度・しつけによってその成否が大きく左右されると考えられている。親のしつけが適切でないと，子どもの自己統制力や遵法的な規範意識（信念）が十分に発達しないし，子どもの親に対する愛着が十分に形成されないと想定できよう。さらに，自己統制力の不十分な子どもは遵法的な活動に取り組んでも十分な成績を収められず，忙殺・投資といった社会的ボンドを形成できず，よい自己概念をもつこともできなくなる。このように，内的統制や社会的ボンドが十分に形成されない結果として非行が発現すると統制理論は論ずる次第である。

統制理論から導出される非行対策であるが，親子の愛着形成や家庭の養育機能を促進するための家庭支援が最も重要であり，さらに家庭の養育機能を補完するものとして地域の青少年育成活動（遵法的な活動に参加して社会化される機会の提供）も重要とされる。

(4) ── 社会的反作用理論

　社会的反作用理論（social reaction theory）は，ベッカー（Becker, 1963）らを代表的な論者としており，ラベリング理論とも呼ばれる。この理論では，最初に非行化に至るプロセス（一次的逸脱）よりも，いったん行われた非行や逸脱が増幅していくプロセスに注目する。その逸脱増幅過程として，逸脱行動を行った人を社会が逸脱者とみなして扱うこと（公的機関によるレッテル付け）によって，行為者が自らを逸脱者とみなすようになり（行為者の自己概念の変容），結果としてその人をさらなる逸脱に向かわせること（二次的逸脱）になると主張する。

　こうしたラベリング理論は体制批判的な知識人にもてはやされたが，その妥当性はあまり実証されず，公的機関の対応によって再非行が防止されることの方が多いとの反論も出されるに至った。こうした反論を受けて，ラベリング理論は公的機関のラベリングよりも，周囲の者によるインフォーマルなラベリング（親や先生からダメな人間とみなされること）を重視するようになった（Matsueda, 1992）。

　この理論から導出される非行対策であるが，非行が軽微な場合は公的な手続きで処理しないで非行少年のレッテル付けを避けることと，周囲の者が非行が始まった少年を受容し社会適応を支援することが挙げられる。

　以上，少年非行を説明する古典的理論についてその概要と変遷をみてきた。各説明理論については，その説明力の大きさや適用範囲についてさまざまな評価がなされているが，いずれも一定の妥当性をもっており，少年非行を理解する上で重要な視点を今後も提供し続けていくと考えられる。

❷……非行理論の新動向：発達犯罪学を中心に

　先に，海外（特に米国）で1950年代以降提案され変遷を経た非行理論について説明したが，こうした理論群の系譜からある程度独立した新たな理論が1980年代以降に生まれ，台頭してきている。以下では，非行理論の新動向について，特に発達犯罪学に焦点を置いて検討したい。

(1) ── 新動向の概況

　1980年代以降，欧米で生じている非行理論の展開の特徴としては，「理論的統合の動き」「発達的プロセスへの注目」「生物学的要因への注目」の3つがあげられる。まず，理論的統合の動きについて述べると，先述した主要な非行理論について，その構成要素を統合して，理論としての説明力と適用範囲を拡大しようとする取り組みが模索されるようになってきた。本来，各理論は相互に批判して切磋琢磨することで発展してきたわけであり，安直につなぎ合わせるような統合に異を唱える論者もいるが（Hirschi, 1989），研究者の多くは理論的統合に前向きであったと思われる。

　2つ目の発達的プロセスへの注目とは，子どもの問題行動傾向や非行性が長期的に発展していくことに十分な関心を向けようとすることを意味する。従来の非行理論では，非行の原因を非行の発生から比較的近い時点で生じたことに求めており，概ね横断的な視点に立っていたが，こうした視点では不十分との認識が高まった。

　3つ目の生物学的要因への注目とは，生物学的・生理学的要因が非行や問題行動の発現に関わっていることに関心が高まったことを意味する。犯罪や非行の研究における生物学的原因論の歴史は古い。19世紀末にヨーロッパで生来性犯罪人説が唱えられ，20世紀の初頭において生物学的原因論は隆盛を極めたが，社会学が犯罪・非行研究の主流となった米国では忌避され，力を失っていった。しかしながら，近年，脳科学や行動遺伝学といった新領域の進展に伴って，犯罪や非行の発現に関わる生物学的あるいは生理学的メカニズムが少しずつ明らかとなってきている。

(2) ── 発達犯罪学とは

① 心理学的発達犯罪学の概要

　非行理論の3つの新動向を象徴するものとして，発達犯罪学（developmental criminology）の台頭があげられるので詳しく紹介したい。発達犯罪学は，ライフコース犯罪学とも呼ばれるが，人の犯罪性・非行性の発達ならびに犯罪・非行からの回復のプロセスを，最大で人の出生前後から老年にいたるまで縦断的に検討するものである。

発達犯罪学には，発達心理学を専攻する心理学者とライフコース社会学を専攻する社会学者が参加しており，両者の学際的な共同研究もみられる。しかしながら，発達犯罪学に取り組む心理学者と社会学者では，自ずと焦点を置く発達段階に違いが生じている。概ね心理学者の方は，出生前後も含めて，乳幼児期から思春期・青年期に至る時系列で非行化が生じるプロセスに重点を置いてきたのに対し，社会学者は思春期以降の非行化と，大人への移行期および成人以降の犯罪の継続と終息のプロセスに重点を置いて研究が行われてきた。

　以下では，心理学者による非行理論，すなわち初期の発達段階に重点を置いた理論をみていく。まず，心理学者が行う発達犯罪学の研究は，発達精神病理学（developmental psychopathology）の枠組みに依拠しており，この学問領域についてふれたい。

　発達精神病理学は，精神疾患や行動異常の発現プロセスを人間発達の視点から分析する学問領域であり，発達心理学や児童・青年期精神医学の一分野として近年発展してきた（Cummings et al., 2000；菅原，2004）。発達精神病理学では疫学モデルにしたがって，精神疾患や行動異常の発現に関わる要因，すなわち危険因子や保護因子を抽出し，各因子が不適応に関わる態様を検討する。具体的には，各発達段階でどのような危険因子や保護因子が不適応に影響を及ぼしているか，さらに，各発達段階の危険因子や保護因子が相互にどのように関連しているかを分析し，不適応に至る因果プロセスを解明しようとするものである。ちなみに，発達精神病理学では，子どもの問題行動を，「統制不全／外在化型」（注意欠陥多動傾向，攻撃的・反社会的行動傾向，過度の反抗傾向で，極端なものが行為障害）と「統制過剰／内在化型」（過度の不安や心身症状，各種の恐怖傾向，引きこもり，抑うつ）に大別し，前者が反社会性の萌芽であり，後に本格的な非行（対人的暴力等）に発展しうると想定する（もっとも後者も非社会的な非行に発展しうると思われる）。

　こうした発達精神病理学に依拠して，非行等の問題行動が発現するプロセスを考える枠組みを示すと図2－2のとおりとなる。子どもの個人特徴が環境要因と時系列的に相互に影響し合いながら，問題行動傾向が形成されていくと想定される。なお，問題行動傾向は環境要因の変化によって悪化するだけでなく，緩和されることも十分にありうると考える。子どもの特徴は，幼少期からの気

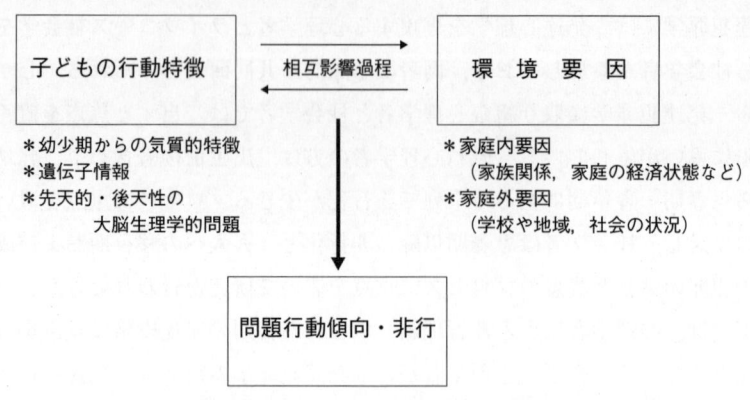

```
┌─────────────────┐  相互影響過程  ┌─────────────────┐
│ 子どもの行動特徴 │ ←――――――→ │  環 境 要 因    │
└─────────────────┘              └─────────────────┘
 *幼少期からの気質的特徴           *家庭内要因
 *遺伝子情報                        （家族関係，家庭の経済状態など）
 *先天的・後天性の                 *家庭外要因
   大脳生理学的問題                  （学校や地域，社会の状況）
              │                           │
              └──────────┬────────────────┘
                         ↓
                  ┌──────────────┐
                  │問題行動傾向・非行│
                  └──────────────┘
```

図2-2　発達精神病理学的アプローチの枠組み：問題行動の形成プロセス
(菅原, 2004の図2を改変)

質的特徴に加えて，遺伝子情報や大脳生理学的問題といった生物学的要因も検討される。一方，環境要因としては，生態学モデルにしたがって，家庭内要因（家族関係や家庭の経済状態等）が第一義的に重要であるが，家庭外要因（学校・地域・社会の状況）も発達段階に応じてさまざまな影響をもたらすと想定する。

② 若干の研究例

以上が，心理学的な発達犯罪学の枠組みであるが，心理学者による発達犯罪学の初期の研究成果としてはパターソンら（Patterson et al., 1989）の研究が代表的であり，結果をみることにしたい。オレゴン社会学習センター（Oregon Social Learning Center）で1980年代に行った研究成果として，パターソンらは図2-3の非行発達過程のモデルを提案した。このモデルは，発達段階とし

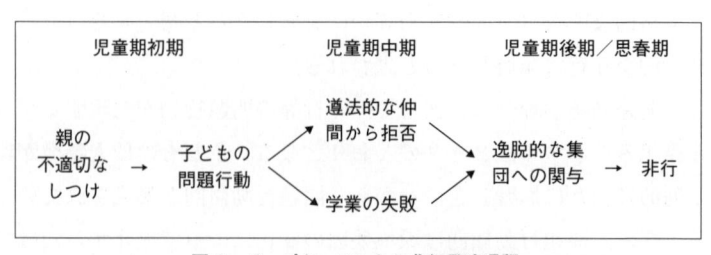

```
  児童期初期        児童期中期         児童期後期／思春期

                  ┌→遵法的な仲
   親の            │  間から拒否→┐
   不適切な →子どもの              ┌→逸脱的な集
   しつけ       問題行動           │  団への関与 → 非行
                  │            →┘
                  └→学業の失敗→
```

図2-3　パターソンらの非行発達過程
(Patterson et al., 1989のFigure 1)

て，児童期初期（概ね就学前）から思春期（15歳前後）までを対象としているが，非行化に至るプロセスの発端として，親のしつけが不十分であることを位置づけている。つまり，親が十分なしつけを行わないために，自己統制力が不十分な子どもとなって，衝動的な行動傾向が発現し，その結果，就学後は学校場面で適応できずに，遵法的な同輩から嫌われたり，学業に失敗することとなる。この時点で，内的統制や社会的ボンド（愛着・投資）が十分に形成されていないことになるが，さらに，こうした子どもは，同じ者同士引き寄せられて逸脱的な集団を形成し，そこで非行の学習を深めることとなり，最終的に本格的な非行を行うようになると考える。こうしたプロセスは，主に統制理論と文化学習理論が統合したものであるといえよう。

　さらに先述したように，発達精神病理学に基づく非行研究では生物学的要因にも関心が払われているが，その一例として，行動遺伝学の研究知見を紹介することにしたい。それは，「ダニーディン健康と発達に関する学際的縦断研究」（1972年にニュージーランドのダニーディン市で誕生した約1000人の出生コーホートを用いた縦断調査）において得られた知見であり，攻撃性の発達におけ

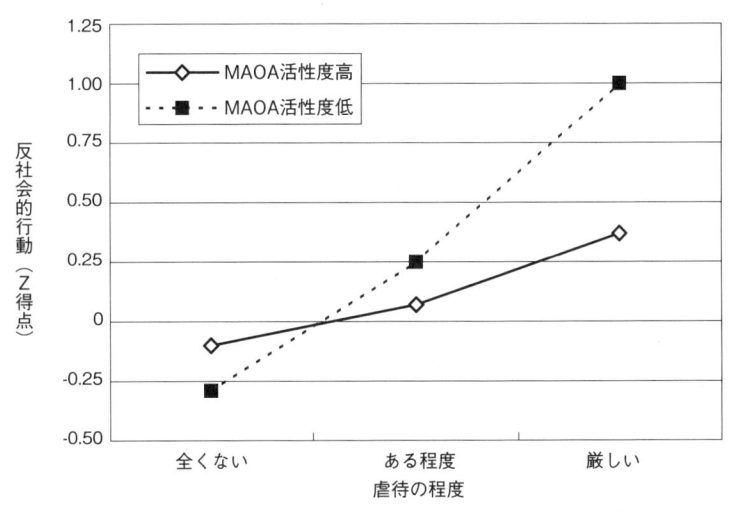

図2－4　遺伝子型別にみた被虐待経験と反社会的行動の関連
(Caspi et al., 2002 の Fig.1)

る被虐待経験と遺伝子との交互作用についてである（Caspi et al., 2002）。人間の攻撃行動には，脳内物質のMAOA（モノアミン酸化酵素）に関わる遺伝子が関連することが従来から指摘されていたが，このMAOAの活性度の高低によって個人が被虐待経験から受ける影響の異なることが示された。結果は図2－4に示したとおりであり，MAOAの活性度が低い者ほど，被虐待経験によって攻撃性が高まりやすく，その結果として反社会的行動を行いやすいことがうかがえる。

(3) ── モフィットの発達類型論

これまで，発達精神病理学の枠組みに基づく発達犯罪学について，その概要や研究例を紹介してきたが，1990年代以降今日に至るまで，こうした分野の中心となってきたのは，モフィット（Moffitt, 1993）の発達類型論（developmental taxonomy）である。神経心理学のトレーニングを受けたモフィットは，問題行動や反社会的行動を行う人間は，生涯継続（Life-course persistent）反社会性タイプと青年期限定（adolescence-limited）反社会性タイプの2類型に分けられるとした。提唱された2類型を図示すると図2－5の

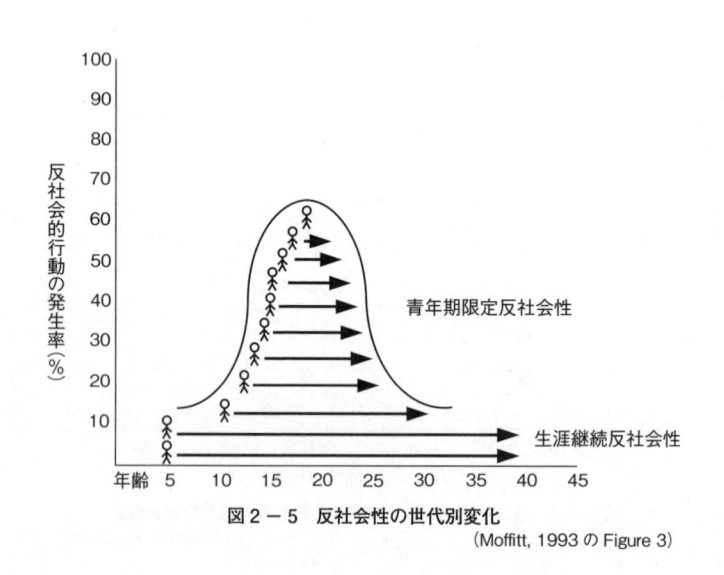

図2－5　反社会性の世代別変化
（Moffitt, 1993のFigure 3）

とおりとなる。各類型についてその特徴をみてみよう。

① 生涯継続反社会性タイプ

　このタイプは文字どおり，生涯にわたって反社会的な行為を比較的高い頻度で続けていく者であり，累犯者の最たる者である。このタイプに該当する者は，男子では人口の5～8％程存在すると推定され，この少数の者が全犯罪のほぼ半数に関与するとされる。なお，女子は何らかの生物学的理由で極めて少ないとされており，モフィットとカスピの実証研究によれば，このタイプの女子の発現率は男子の10分の1である（Moffitt & Caspi, 2001）。このタイプの問題行動（傾向）は，発達段階の極めて早い時期（乳幼児期）から発現し，それが環境との相互作用によって深化していったものと想定されるが，その発端は出生前後に生じた微細な神経的障害であるとされる。

　微細な神経的障害の結果として，扱いにくい統制困難な行動傾向が早くから出現し，さらにこうした問題傾向に親がうまく対応できずに高圧的に対応することで，攻撃性やパラノイド的な認知傾向（人の言動から自分に対する悪意を邪推しやすい傾向）を高めることにつながると考えられる。したがって，このタイプで反社会性が形成されるプロセスの発端は，先にみたパターソンらが指摘するように親の不適切なしつけではなくて，子どもの扱いにくい気質にあり，そうした子どもに対する反応として，不適切なしつけが親から引き出されると理解できる。こうした行動傾向をもつ者の就学以降のプロセスは，先にみたパターソンらの結果と同様である。こうした人間は，認知機能や対人関係能力が劣るために学業不振となり，遵法的な同輩から疎外されて，同類と非行集団を形成し，犯罪性をさらに深めていくこととなる。ちなみにこのタイプの人間は反社会性が極めて高いので，あらゆる形態の逸脱行動を行うが，特に暴力的な犯罪の多いことが特徴的である。

② 青年期限定反社会性タイプ

　こちらのタイプは生涯継続反社会性タイプと比べて遙かに多く，青年期のみ一時的に逸脱的な行動に関与するが，成人以降そのほとんどは逸脱的な行動をやめて，遵法的なライフスタイルに落ち着くことになる。モフィットとカスピの実証研究によれば，このタイプの女子の発現率は男子の3分の2であり，男女差が少ないことが特徴的である（Moffitt & Caspi, 2001）。こうしたタイプは

思春期に至ってはじめて逸脱的な行動を開始するので，非行の原因は思春期に起こる現象に求めるのが自然である。モフィットは，このタイプの非行の規定因として，成熟ギャップ（maturation gap）と社会的模倣（social mimicry）をあげている。

成熟ギャップとは，身体的には大人と同じように成熟しているのに，社会的には大人としては扱われず，大人には許可されていること（例えば，飲酒，喫煙，セックス，金銭の自由等）が認められていないことを意味する。近代化とともにこうした成熟ギャップは拡大する一方であり，こうした成熟ギャップは，犯罪統計でみると青年期のピークが近年に至るほど著しくなっていることに反映しているとモフィットはいう。こうした成熟ギャップを解消するために，青年期まで遵法的であった者が，不良行為とされること（飲酒，喫煙，不純異性交遊）や万引きや暴走行為等を行い，束の間の自立を達成することになる。さらに，こうした自立を達成し，成熟ギャップを解消するための行為は，生涯継続反社会性タイプの行為を模倣することによって学習すると考えられる。この場合，青年期限定反社会性タイプは，生涯継続反社会性タイプと積極的に交わるのではなく，単に不良行為等を観察で学習するのみであるとされる。

成人になると，成熟ギャップは解消されるので，青年期限定の逸脱者は逸脱行為を続ける必要もなくなる。こうした人たちは思春期に至るまで大きな問題もなく成長してきたので，社会的ボンド（近親者との情緒的な結びつき等）や社会的スキル（学業や職業的な技能等）も概ね問題なく形成されており，遵法的な生活に移行することに大きな困難はないと考えられる。ちなみにこの青年期限定タイプの者は暴力性があまり高くなく，暴力的犯罪の少ないことが特徴的である。

③ モフィット理論に対する反証

以上のモフィットの理論については，モフィットの研究グループはもちろんのこと，他の研究者もその妥当性を実証的に検証している。概ねその妥当性を示唆する研究知見が多いが，モフィット理論に反すると思われる知見も若干出てきているので，紹介したい。

まず1つ目は，モフィット理論の2類型に該当しない類型が存在することを示唆する知見が出てきたことである。例えば，ナーギンとランド（Nagin &

Land, 1993）の研究によれば，英国の男子サンプル403名がその犯歴のパターンから，「有罪歴なし」「青年期限定」「高レベル累犯」「低レベル累犯」に分類された。「低レベル累犯」は，頻度は低いが長期にわたって犯罪を続ける者であり，当初想定していなかった類型である。もともとモフィットが提唱する2類型はあくまでプロトタイプであり，若干の例外があってもかまわないが，そうした例外がかなりの数に上れば単なる例外として扱うわけにはいかなくなる。いくつの類型が適切かは，非行現象の説明だけでなく対策論とも連動してくるので，検証を重ねることが求められる。

2つ目は，社会学者が行う発達犯罪学から得られたもので，犯罪や非行からの立ち直りに関する知見である。先述したように，発達犯罪学の社会学者は思春期以降の犯罪の経歴に焦点を置いており，その代表例として，サンプソンとラウブ（Sampson & Laub, 1993, 2003）の研究があげられる。サンプソンらは，グリュック夫妻（Glueck, S. & E.）が1930～1960年代に収集した非行群と対照群の追跡データを再分析し，非行歴を重ねた者でも成人以降に人生の転換点（turning point）を迎えて，職を得たり配偶者を得ることによって生活が安定し，再犯が抑制されることを明らかにした。

さらに，マルーナ（Maruna, 2001）やジオルダーノら（Giordano et al., 2002）は，早期に非行を開始し，成人後も犯罪を重ねた者についてインタビュー調査を行っているが，その結果として，累犯者でも認知的転換（cognitive transformation）によって更生できることを明らかにした。この認知的転換とは，他人からみれば逆境に満ちた不遇な境遇であっても，本人がそれまでの人生を振り返って，ポジティブな意味を見出すことができるようになることを意味する。いずれにしろ，成人までの経歴から生涯継続反社会性タイプに分類される者でも，成人後更生できる者がある程度存在するのであり，長期的予後について実証的な検討が必要である。

なお，以上の2点は，モフィット自身も理論提唱後の10年間を振り返って，今後の検討課題として認識している（Moffitt, 2006）。さらなる研究の発展に期待したい。

(4) ── わが国の関連研究

　発達犯罪学の視点に立った長期の縦断研究は，多大なコストがかかることもあり，必要性があっても，わが国ではほとんど実施されていない。しかしながら，非行の発現や非行性の発達を直接的には扱っていないが，関連する縦断的研究が実施されている。それは，わが国で発達精神病理学を牽引している菅原の研究であり，多少詳しく紹介することにしたい（菅原ほか，1999；菅原，2001）。

　① 研究の目的と方法

　この研究は，統制不全型あるいは外在化型の問題行動（注意欠陥多動傾向，攻撃的・反社会的行動傾向，過度の反抗傾向）がどのように発達していくかについて，出生前後から，本人と母親との相互作用に焦点をあててプロセスを検討したものである。

　調査対象者は，1984年から1986年に神奈川県某市市立病院産婦人科で妊娠が確認された女性1360名である。調査への参加を同意した調査対象者について，妊娠初期から子どもが14歳に至るまで，繰り返し調査が実施された。首都圏で調査対象者を募集したために，転居等で連絡先不明となる者も多く，生後15年目に調査ができたのは約270家族となった。この約270家族と脱落した家族とを比較したところ，人口統計学の基本的変数（年齢・収入・親の学歴等）に有意な差がほとんどなく，当初のサンプル代表性は概ね維持されていると考えられた。

　こうしたサンプルについて，生後6か月時から14歳に至るまで6時点で，子どもの問題行動傾向が測定がされ，4時点では，子どもに対する母親の否定的な愛着感（「じゃまな」「わずらわしい」といった感情）や養育態度も測定された（いずれも質問紙に対する母親の回答に基づく）。さらに，夫婦関係についても，両親相互の信頼や愛情の測定が3時点で行われた。

　② 分析結果

　子どもの問題行動傾向と子どもに対する母親の感情について分析した結果が，図2－6と図2－7である。図2－6は，生後11年目で統制不全型の問題行動が子どもに多く現れた群（High群）とほとんど出現しなかった群（Low群）に分けて，子どもに対する母親の否定的愛着感の得点を示したものである。時

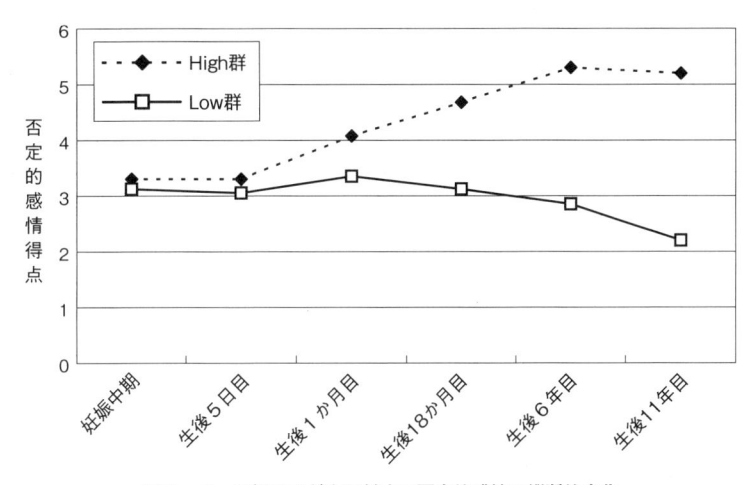

図2－6　母親の子どもに対する否定的感情の縦断的変化
（菅原，2001の図2より作成）

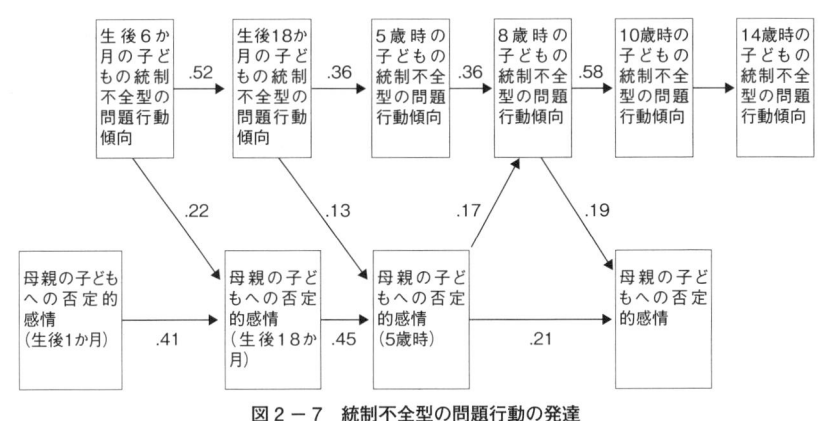

図2－7　統制不全型の問題行動の発達
（菅原ほか，1999のFigure 3と菅原，2001の図3より作成）

間の推移にしたがって両群の得点を比較すると，妊娠中期から生後1か月目に至るまでは統計的な有意差はみられないが，生後18か月目以降はHigh群の否定的愛着感が上昇し，有意な得点差が増大している。

図2－7は，子どもが14歳になるまでの両者の関連をパス解析で分析した

結果である（矢印は統計的に有意なパスを示してあり、数字はパス係数の値である）。図２－７をみると、５歳時までは子ども側から母親側に伸びる斜めの矢印のみが示されており、乳幼児期では、子どもに対する母親の否定的な感情は子どもの問題行動傾向に促されて深化する様相がみてとれる。この結果について、菅原は「統制不全型問題行動の先行要因として親の子どもに対する愛着感の欠如を仮定している従来のモデルとは反対の因果関係が確認された」と説明している。

　さらに先に目を向けると、８歳時には、母親側から子ども側に伸びる斜めのパスが有意となり、子どもに対する母親の否定的な愛着感が子どもの問題行動傾向の発達を促すことが示されている。したがって、母親と子どもの間で悪循環のパターン、すなわち漸次昂進していく子どもに対する悪感情が、母親の冷淡な養育態度に反映し、子どもの問題行動傾向を悪化させることにつながっていると理解できよう。一方、10歳以降では、子どもの問題傾向に対して母親側からのパスはみられず、思春期以降の子どもの問題行動に及ぼす親の影響力が低下することを示唆している。この結果は、前節でみた非行の危険因子の研究知見、すなわち思春期では家庭よりも交友関係の要因（非行集団への加入など）が非行化とより大きな関連を示すことと符合するものであるといえよう。

　以上が、母親との相互作用を通した、子どもの問題行動傾向の発達プロセスであるが、こうした悪循環を食い止める方向で働く保護因子についても分析が行われており、その知見を紹介したい。菅原らは、乳児期に統制不全型の問題行動傾向を平均以上示した調査対象者から、児童期以降に問題行動を多く示した群と、問題行動をほとんど示さなかった群を抽出し、両群の比較検討を行った。その結果として、思春期に問題行動がほとんど出現しなかった群では出現した群と比べて、子どもに対する父親の養育態度が暖かく、過干渉傾向は少なく、父親に対する母親の信頼感が高かった。この結果について、菅原は、「統制不全型の問題行動の発達を防ぐためには、直接的に良好な父子関係を形成することが有効であると同時に、育てにくい子どもの子育てに奮闘する母親をサポートする父親の間接的な役割も大切であることを示唆する結果といえるのではないだろうか」と考察している。

③ 知見の含意と今後の課題

　直接的に非行を扱ってはいないが，発達犯罪学に関連する国内の研究として，菅原の研究成果をみてきたが，欧米の発達犯罪学や発達精神病理学の知見ともかなり一致する点がみられた。それは，子どもの問題行動が，発達初期の子どもの難しい気質とそれにうまく対応できない親との相互作用の展開によって悪化していくプロセスである。こうした知見は，従来以上に，出産前も含めた乳幼児期の子育て支援や父親の子育て参加を推進することが，長期的にみて子どもの非行化防止に寄与することを示唆している。

　もっとも，菅原の研究では，子どもの自己申告あるいは警察の非行歴・補導歴を用いた非行が従属変数に用いられていないので，出生コホート等を用いた縦断的研究で非行化のプロセスを国内で改めて検証することは必要であるといえよう。また，菅原の研究では，菅原自身も指摘しているように，親の養育態度以外の環境要因について十分な調査項目が盛り込まれていない。気質等の個人特性と学校・交友・地域環境の要因との相互作用が非行性の発達につながる様相を明らかにすることも今後の課題であると考えられる。非行性の発達に関わる要因は多く，要因間の関連は複雑であることが想定されており，非行化のプロセスを解明するために多くの資源が投入されることが求められている。

❸……非行理論のまとめ

　本節では，少年非行を説明する理論と関連する研究をみてきたが，非行の説明理論のほとんどは欧米で生まれて発展し，わが国に導入されたものである。こうした説明理論の一部，例えばハーシの社会的統制論はわが国でもその妥当性を検証する研究がかなりなされ，一定の適用可能性が実証されている。しかしながら，実証的検討が十分になされていない理論も多くあり，進展の著しい脳科学や行動遺伝学等の隣接領域とも連携しながら，非行発生メカニズムの行動科学的研究をさらに推進し，説明理論の精緻化を図る必要がある。具体的には，発達犯罪学の視点に基づく長期間の縦断的研究などを通して，非行化と非行からの回復のプロセスが検討されて，非行原因の実証研究と説明理論とが循環的に発展することが期待される。

3章 凶悪・粗暴な非行の前兆と背景

　少年非行のなかで，社会的に最も大きなインパクトを与え，注目を集めるものは，凶悪・粗暴な非行である。本章では，2000年代前半に科学警察研究所少年研究室で実施した調査研究（主な担当者は小林，宮寺，岡邊）の結果を紹介し，凶悪・粗暴な非行の前兆と背景を検討し，そうした非行の未然防止について考察する。科学警察研究所少年研究室が行った調査のなかから，本章では，「人を死に至らしめる犯罪」の少年被疑者に関する調査と，粗暴傾向の少年相談事例に関する調査について結果をみていく。

1節 「人を死に至らしめる犯罪」の少年被疑者に関する調査

❶……問題の所在

　1990年代半ば以降，少年による凶悪・粗暴な犯罪が増加し，特に非行前歴のない少年による犯行がいきなり型非行として注目され，こうした非行に対して効果的な未然防止策の実施が求められるようになった。未然防止策を考えるにあたっては，事件前に少年がなんらかの問題行動をみせていたか，また，事件を起こすまでに自分の持つ不安や悩み，苦しみを周囲に漏らすなどのサインを発していたかを探り，どのような背景・前兆的行動が事件発生前にみられたかについて検討が必要である。

　しかしながら，従来の研究は少数の事件における加害少年をその家庭環境や生育歴などの点から分析した事例研究が多く，事例収集の仕方により，偏りのある可能性が否めない（警察庁生活安全局少年課・科学警察研究所防犯少年部，

2000)。そこで，本調査では，1年間に発生した「人を死に至らしめる犯罪」（殺人・傷害致死・強盗殺人事件）のすべてについてデータを収集することによって，凶悪・粗暴な犯罪を起こした少年の背景や前兆的行動について分析を行うこととした（加門ほか，2005）。

　1990年代の中盤以降，わが国で増加してきた少年による凶悪・粗暴な犯罪において，特に社会の耳目を集めてきたのは，人を殺してみたいといった殺人願望を動機とするものと，人を痛めつけて快感を得ることを動機とするものである。

　前者は，2000年5月に愛知県豊橋市で，人を殺してみたいとの思いから，高校3年生の男子少年が面識のない主婦を包丁で突き刺して殺害した事案が代表的である。怨恨や怒りといった感情を伴うことなく，純粋に殺人がどういうものであるかを知ることが動機となっており，単独犯によって面識のない者が被害者となることが多い。

　一方，後者は，集団で行われることが多く，人を殴ったりして痛めつけることに快感を覚え，さらに，そうした快感を追求することを動機として人に暴力を振るう事案である。暴力による快感の追求を動機とする事案は，1982～1983年にかけて横浜で発生した少年によるホームレス襲撃事件を嚆矢とするが，被害者が死に至るまで執拗に暴力を振るった事案は1990年代半ばまではほとんど起きていない。1995年以降は，少年がホームレスを襲撃して死に至らしめる事案が発生するようになるが，こうした事案の増加は，仲間へのリンチや暴走族の抗争で被害者が死亡に至る少年事件の増加とも連動しているととらえることも可能である。

　以上のような殺人願望や快感追求を動機とする少年の凶悪・粗暴犯罪は，1990年代中盤以前はみられなかったものであり，また一般常識に照らして了解することが困難であることから，これまで比較的特異な事例として扱われてきた。しかしながら，数は多くないものの，こうした動機の少年犯罪はわが国で引き続き発生しており，その特徴を分析し，未然防止等の対応策を検討することが求められている。そのために，本調査では，動機別の分析も行い，検討することとした（小林，2006）。

❷……方法

　2000年中に殺人，傷害致死あるいは強盗殺人の罪名で被疑者となった14歳から19歳までの少年201名を調査対象とした（内訳は殺人52％，傷害致死39％，強盗殺人9％）。調査の手続きとしては，各都道府県警察本部に調査票を送付し，調書等の捜査資料の閲覧や，担当捜査官からの聞き取り等により記入を求めた（調査実施時期は2001年1～3月）。

　分析方法であるが，調査対象者を非行歴（刑法犯・特別法犯・ぐ犯による）・補導歴（不良行為による）の有無，ならびに動機別に分けて，背景や前兆的行動を比較検討した。非行歴・補導歴の有無については，前歴なし群（非行歴・補導歴のいずれもない者）73名と，前歴あり群（非行歴・補導歴のいずれか一方もしくは両方ある者）128名に分けて，両群の比較を行った。これは，非行がエスカレートして本件犯行に至った者と，いきなり本件犯行を行った（と考えられる）者とで，背景的要因や前兆的行動等に違いがみられるかを検討するためである。

　一方，動機別については，「殺人願望」群6名，「快感追求」群10名，「その他」群（殺人願望と快感追求のいずれも動機でなかったケース）185名に分けて群間の比較を行った。ちなみに，動機別に自分が行った犯行に対する態度を比べると，「殺人願望」群と「快感追求」群では，自分の犯行に対して反省や後悔の気持ちを示す者が少なく，むしろ犯行を肯定的にとらえる者が多かった（この傾向は「殺人願望」群でより顕著であった）。

　調査対象者の属性であるが，性別は男子92％，年齢は14～15歳が16％，16～17歳が48％，18～19歳が36％であった。学職別では，中学生が10％，高校生が22％，有職少年が30％，無職少年が34％，その他が4％であった。

❸……背景要因

　本調査では少年の生育過程で起こった問題と，当該事件の発生を周囲に予兆させる可能性のあった行動（概ね犯行前1年以内の行動）を区別し，前者を背景要因，後者を前兆的行動とした。両者はそもそも連続的なものではあるが，未然防止という観点からすると，背景要因への対応はより長期的な未然防止で

表3-1 背景要因
(%)

		前歴なし (N=73)	前歴あり (N=128)	殺人願望 (N=6)	快感追求 (N=10)	その他 (N=185)
被害経験	犯罪の被害あり	8.2	3.1	-	-	5.4
	いじめの被害あり	19.2	3.9	33.3	10.0	8.6
	家族からの暴力虐待あり	15.1	8.6	33.3	-	10.8
加害経験	対人の身体的暴力あり	4.1	39.1	50.0	70.0	23.2
	脅迫あり	0.0	9.4	33.3	10.0	4.9
	激高行動あり	9.6	21.1	50.0	10.0	16.2
	家庭内暴力あり	5.5	3.9	50.0	-	3.2
対人・学校不適応	孤立経験あり	23.3	6.3	83.3	10.0	10.3
	不登校あり	11.0	17.2	33.3	-	15.1
	怠学あり	24.7	54.7	33.3	10.1	45.9
	引きこもりあり	11.0	-	16.7	-	3.8
自殺企図あり		5.5	-	16.7	-	1.6
報道・書籍等の影響	事件報道の影響あり	6.8	3.1	33.3	-	3.8
	猟奇物関係書籍の影響あり	5.5	-	50.0	-	0.5
	ホラービデオの影響あり	4.1	1.6	50.0	-	1.1
	武器関係書籍の影響あり	5.5	-	33.3	-	1.1
	テレビドラマの影響あり	1.4	2.3	-	-	2.2
	ゲームの影響あり	2.7	4.7	16.7	30.0	2.2
	まんがの影響あり	2.7	0.8	33.3	-	0.5
	アダルトビデオの影響あり	1.4	-	-	-	0.5
	ポルノ雑誌等の影響あり	1.4	-	-	-	0.5
	薬物についての本の影響あり	1.4	-	16.7	-	-
刃物	携帯あり	8.2	7.8	33.3	-	7.6
	収集あり	1.4	3.9	-	-	3.2
	使用あり	4.1	7.8	66.7	-	4.9
動物虐待あり		5.5	1.6	33.3	10.0	1.6

あり，前兆的行動への対応はより直接的な未然防止と考えられるため，本研究では両者を区別する。なお，刃物の携帯・収集・使用や動物虐待など，両者でみられる問題行動については，便宜的に，当該事件の発生から1年以前かそれ以後かで，背景要因と前兆的行動とに弁別した。まず，背景要因，すなわち生育歴上の危険因子（と考えられるもの）について示したのが，表3-1である。以下，項目別に特徴的な点を指摘したい。

(1) —— 被害経験

　前歴の有無でみると，前歴なし群の方で被害経験のある者が多く，何らかの被害経験がある者が32%となっている（前歴あり群では14%）。また前歴なし

群で被害経験が当該事件の発生と関連のある者の割合が高く，被害経験が加害行為と結びつく危険性を示唆している。動機別でみると，統計的な有意差は得られなかったが，「殺人願望」群は他の2群と比べて，「いじめの被害」あるいは「家族からの暴力・虐待」を経験した者の割合が高く，何らかの被害経験をもつ者は3分の2に上った。

(2) ── 加害経験

前歴の有無でみると，前歴あり群の方で何らかの加害経験をもつ者が多く，特に対人の身体的暴力や激高行動，脅迫の割合が高くなっている。一方，動機別でみると，「対人の身体的暴力」については，「殺人願望」群の5割と「快感追求」群の7割が経験しており，「その他」群で2割強であるのと比べて，高い経験者率を示している。一方，「脅迫」「家庭内暴力」については，「殺人願望」群は他の2群と比べて，経験者率が3倍以上と高くなっている。

(3) ── 対人・学校不適応

前歴の有無でみると，前歴なし群で孤立経験と引きこもりの割合が高く，前歴あり群で怠学の割合が高くなっており，前歴なし群では非社会的な傾向が顕著である。動機別でみると，「孤立経験」については，「殺人願望」群の8割強（6名中5名）が経験しており，他の2群で1割が経験していることと比べて高い経験者率を示している。

(4) ── 報道・書籍等の影響

前歴の有無でみると，猟奇物関係や武器関係の書籍の影響については，前歴なし群のみで該当する者（6%）がみられた。また，事件報道の影響があったと判断された少年のうち，神戸事件（1997年5月に兵庫県下で発生した連続児童殺傷事件）が該当する者は4人で，その全員に前歴がなかった。

動機別でみると，5項目については，「殺人願望」群で影響を受けたと判断された者が3分の1から半数を占めており，他の2群で影響を受けた者がほとんどいないのと対照的である。特に，「猟奇物関係書籍」と「ホラービデオ」については，「殺人願望」群の半数が犯行に影響を及ぼしたと判断されており，

「薬物についての本」から影響を受けたと判断された者は，「殺人願望」群の1名のみであった。一方，「ゲーム」については，「快感追求」群で影響を受けたと判断された者が3割となっており，3群のなかで最も高い割合を示している。ちなみに，「快感追求」群でゲームに影響を受けたとされる者（3名）はいずれも格闘ゲームに耽溺していた。

(5) ── 刃物の携帯・収集・使用と動物虐待

刃物の携帯・収集・使用については，前歴の有無で有意差はみられないが，動機別でみると，「刃物の使用」については，3群間で統計的な有意差がみられ，「殺人願望」群で該当する者は3分の2を占めており，他の2群で該当した者が極めて少ないのと対照的である。一方，動物虐待については，動機別の3群間で統計的な有意差がみられ，「殺人願望」群の経験者率（33％）が最も高かった。

❹……前兆的行動

次に，犯行の前兆的行動として，当該犯行に類似した行動や，当該犯行の準備行動，家族・友人などへの犯行のほのめかしや不審・特異な言動，自分の持つ不安や悩み，苦しみの表現（相談・言動，日記・メモ類など），刃物の携帯・

表3-2　前兆的行動　　　　　　　　　　　　　　　　　　　　　　　　　（％）

		前歴なし (N=73)	前歴あり (N=128)	殺人願望 (N=6)	快感追求 (N=10)	その他 (N=185)
犯行類似行動あり		11.0	22.7	33.3	90.0	14.1
犯行準備行動	犯行実験あり	1.4	0.8	16.7	-	0.5
	犯行計画メモあり	4.1	-	16.7	-	1.1
	犯行予告文あり	2.7	-	16.7	-	0.5
犯行のほのめかし等	家族にほのめかしあり	5.5	1.6	50.0	-	1.6
	友人にほのめかしあり	6.8	9.4	-	-	9.2
	その他特異な行動あり	4.1	1.6	50.0	-	1.1
不安や悩み等の表現	相談・言動あり	20.5	3.9	33.3	-	9.7
	日記・メモ類あり	4.1	-	-	-	1.6
自傷行為あり		4.1	-	16.7	-	1.1
刃物	携帯あり	5.5	7.0	33.3	-	5.9
	収集あり	5.5	0.8	16.7	-	2.2
	使用あり	1.4	5.5	50.0	-	2.7
動物虐待あり		4.1	-	16.7	-	1.1

収集・使用経験，動物虐待，自傷行為が，犯行前の1年以内に存在したかについて，調査結果を表3－2に示した。以下，項目別に特徴的な点を指摘したい。

(1) ── 犯行類似行動

本調査では，「犯行類似行動」を「犯行の直近（2～3か月前を含む）に周囲に認識され，その意味で対応の余地があったともいえる暴行，脅迫等の非行行動」と定義して，その有無を調査した。この犯行類似行動を行っていた者が全体の2割近くを占めており，前歴の有無でみると，前歴あり群（23％）の方が前歴なし群（11％）よりも割合が高かった。一方，動機別でみると，3群間で統計的有意差がみられ，「快感追求」群で9割の高い経験者率が示され，他の2群とは際だった特徴を示している。

(2) ── 犯行準備行動や犯行のほのめかし等

「犯行準備行動」については，「犯行実験」「犯行計画メモ」「犯行予告文」に分類して，各々を経験した者の割合を示し，前歴別では前歴なし群，動機別では「殺人願望」群で経験者率が高かったが，統計的有意には至らなかった。

犯行のほのめかしや不審・特異な言動については，「家族に対する犯行のほのめかし」と「その他の不審・特異な言動」について，動機別で有意差がみられた。この2項目については，「殺人願望」群の半数で該当する言動がみられ，他の2群で該当する言動がほとんどみられない状況と対照的である。なお，「殺人願望」群の半数にみられた「その他の不審・特異な言動」の内容を紹介すると，「家族や友人以外の知人に犯行を予告する」「学校の文集のようなものにやってみたいこととして殺人を書く」「インターネット上に出ていた神戸事件の被疑少年の写真を教室内で教師や生徒に見せた」であった。

(3) ── 不安・悩み・苦しみの表現と自傷行為

少年自身がもつ不安や悩み，苦しみの表現については，「相談・言動」で群別に違いがみられた。前歴の有無でみると，前歴なし群での経験者率は約2割であり，4％しかない前歴あり群と比べて高いことが注目される。動機別では，「殺人願望」群で3分の1の者が該当し，3群で最も高い経験者率を示した。

一方「自傷行為」については，該当者は少なかったが，前歴の有無では前歴なし群のみで自傷行為がみられた。

(4) ── 刃物の携帯・収集・使用と動物虐待

「刃物の使用」については，動機別の3群で有意差が認められた。「殺人願望」群では半数の者が刃物の使用を経験しており，他の2群と比べて高い経験者率を示した。一方，動物虐待については，該当者は少なかったが，前歴の有無では前歴なし群のみで動物虐待がみられた。

最後に，前兆的行動を総括するために，各分析対象者ごとに該当した前兆的行動の個数を算出し，群別に平均値を求めた。結果は，前歴の有無では，前歴なし群が0.9，前歴あり群が0.6となり，何らかの前兆があった者の割合を出すと，前歴なし群が47％，前歴あり群が34％となった。動機別では，「殺人願望」群が3.5，「快感追求」群が0.9，「その他」群が0.6となり，「殺人願望」群は他の2群と比べて，より多くの前兆的行動がみられたことが明らかとなった。

❺……まとめ

調査結果から，非行歴・補導歴のない群（一般にいきなり型と考えられる者），「殺人願望」群，「快感追求」群のそれぞれについて相対的な特徴をあげると，表3-3のとおりとなる。この内容をふまえて，各群について未然防止に向け

表3-3 類型別背景要因・前兆的行動のまとめ

	背景要因 （犯行の1年以上前）	前兆的行動 （犯行前の1年以内）
非行歴・補導歴のない群	何らかの被害経験をもつ者，孤立経験や引きこもりを経験する者が相対的に多い	何らかの前兆的行動があった者が半数に上り，特に自分の不安や悩みに関する相談・言動が多い
「殺人願望」群	被害経験をもつ者は3分の2おり，対人関係における孤立，粗暴傾向，動物虐待，刃物の使用，猟奇物の書籍やホラービデオへの耽溺といった特徴が顕著である	家族に対する犯行のほのめかしや刃物の使用等を行う者が多く，前兆的行動が平均で3個以上みられる
「快感追求」群	対人の身体的暴力が大部分でみられ，格闘ゲームに耽溺する者も少なくない	犯行類似行動，すなわち暴行や脅迫等の対人的な暴力を示していた者がほぼ全員である

column ⑦
少年による殺人：欧米の知見から

1997年に発生した神戸の連続児童殺傷事件をはじめとして，1990年代後半以降，少年による凶悪・特異な殺人事件の発生は社会不安を高める一因となっている。こうした未成年者による殺人の背景について，特に欧米の行動科学による知見を概観したい。

欧米では1940年代頃から，主に事例検討による研究がみられる。これらの研究は事例数が比較的限られるため，どの事例を選ぶかによって結論がまったく異なる場合がある。例えば，冷酷で残虐な少年のみを対象とする研究と，激しい虐待から逃れるために親を殺害した少年のみを対象とした研究では，事件の背景や対応について大きく見解が異なることは想像に難くない。その後，1960年代から事例研究を用いながらもより広い原因論の追求がなされるようになり，1970年代からは少年による殺人の危険因子（殺人を犯す可能性を高めることに関連する要因）を検討する研究がみられ，以降，より多くのサンプルを用いた実証的研究がみられる（Shumaker & Prinz, 2000）。

少年による殺人の危険因子の多くは，一般的な非行の危険因子と重なるため，殺人を犯す少年（以下，殺人少年）は他の非行少年とどう違うのかが問題になる。例えば，殺人以外の暴力犯罪を犯した少年と殺人少年を比較した研究（Cornell, 1990）では，殺人以外の暴力犯罪を起こした少年の方が慢性的に攻撃的であることが指摘されている。また，ハードウィックとロートン・リー（Hardwick & Rowton-Lee, 1996）は，殺人少年に特異的な行動として，①事件前に何らかの殺意を述べたり，苦しみを誰かに相談しているケースがある，②怒りを過剰にコントロールしているケースがある，③死や暴力の空想を好んだり，空想と現実が混乱しているなど，認知的な歪みがみられるケースがある，といった点を指摘している。

このように，殺人少年は必ずしも暴力性や非行性が高い者ばかりではなく，それ以外の異質な背景を持つ者も含まれることが示唆される。そこで，殺人少年の類型化が問題となる。類型の切り口はいろいろ考えられるが，特に犯行の情報を用いた分類，具体的には犯行状況や加害者－被害者関係による分類が利用されている。そのうち，類型化を検討した研究として，コーネルらおよびマイヤーズらの研究が挙げられる。

コーネルら（Cornell, et al., 1987）は殺人少年72人の犯行時の状況に着目して，「精神病群」（幻覚や妄想など深刻な精神障害の症状がみられた群，7%），「対人葛藤群」（被害者との口論などがみられた群，42%），「犯罪群」（強盗や強姦など，

他の犯罪の最中に殺人を犯した群，51%）に分類した。このうち，「精神病群」は精神障害歴が最も多く，犯罪性が最も低かった。また，「犯罪群」は「対人葛藤群」に比べて，非行歴があり，学校の適応が悪く，物質乱用歴（主にアルコールや大麻）がみられたが，犯行前にストレスを与えるライフイベントが少なかった。さらに，ロールシャッハ・テストを用いた別の研究（Greco & Cornell, 1992）では，「犯罪群」は「対人葛藤群」よりも他者を人間とみなさず，欲求不満になると暴力的に反応するなど，発達上の深刻な問題がうかがえることが指摘されている。

一方，マイヤーズら（Myers, et al., 1995）は FBI 犯罪分類マニュアル（FBI Crime Classification Manual）に基づいて殺人少年25人を分類した。FBI 犯罪分類マニュアルでは，殺人を大きく「実利的殺人」（Criminal enterprise homicide），「個人的殺人」（Personal cause homicide），「性的殺人」（Sexual homicide），「集団的殺人」（Group cause homicide）に分類しているが，マイヤーズらは「実利的殺人」（36%），性的殺人を含む「個人的殺人」（64%）を比較した。「実利的殺人」は金品目的の殺人であり，コーネルらの「犯罪群」に相当すると思われるが，彼らの研究によると，「実利的殺人」群は「個人的殺人」群よりも児童虐待の被害経験が多く，犯行においては面識のない成人や老人を被害者とするケースが有意に多かったことが報告されている。

さらに，加害者－被害者関係の研究として，ハイディ（Heide, 1992）は，両親を殺害した少年は犯行以前の学校適応に問題は少なく，非行歴も少ないが，家庭状況はよくないことを指摘し，両親を殺害する群は殺人少年のうちの異質な一群を形成していることを報告している。

このように，殺人の犯行状況に応じて少年の背景が異なることから，殺人少年の下位分類が想定される。しかし，少年による殺人には嬰児殺（生まれて間もない赤ん坊を殺害するケースで，女子に多い）や非行集団（ギャングなど）による殺人も含まれるなど，実際の犯行状況や動機は多様であるため，犯行の文脈と少年の背景を統合した類型化の検討が今後の課題であると思われる。さらに，各類型に特有の危険因子を特定していくことも，犯行の防止や犯行後の立ち直りを考える上で，重要な課題になるといえよう。

た課題をあげたい。

　非行歴・補導歴のない群や「殺人願望」群の大部分は，決していきなり凶悪・粗暴な犯行を行った者ではなく，前兆的行動をとらえて事前に対応する余地のあった者であると考えられる。こうした少年（特に「殺人願望」群）は，事件を起こす1年以上前から，対人関係能力の不足に由来する問題（対人的孤立等）を多く示し，犯行前の1年以内にも犯行を予兆する前兆的行動を多く示していることが明らかとなった。非行歴・補導歴のないことや殺人願望といった動機だけをとらえると，その不可解さゆえにこうした犯罪の未然防止は不可能であると考えられがちであるが，こうした少年については，早期に専門的・治療的な対応を行うことで，未然防止を図れる可能性はかなりあると考えられる。殺人願望を動機とする少年6名のうち，家族や教師等の大人が，少年の犯行前に，学校や医療機関（病院・クリニック），保健所，警察，児童相談所などに相談したのは，わずか1名のみであった。今後，関係機関の連携によって，対人的孤立等の問題を抱える少年に対応するシステムを整備する必要性が高いと考えられる。

　一方，快感追求が動機である少年は，事件を起こす1年以上前から，対人的な暴力傾向を示し，格闘ゲームに耽溺することや非行集団等に所属することで，暴力的な非行をエスカレートさせていると考えられる。こうした少年については，初期の粗暴傾向や格闘ゲームに対する嗜好といった兆候を危険因子ととらえ，保護者や学校関係者等が対応することで粗暴傾向のエスカレートを食い止めることが極めて重要であると考えられる。こうした対応においても，先述したように，学校や警察等の関係機関が効率的に連携するシステムが構築されることが強く求められる。

2節 粗暴傾向の少年相談事例に関する調査

　前節では，凶悪・粗暴な犯行に至った少年について検討したが，今度は，粗暴傾向はみられるが，未だ凶悪・粗暴な犯行には至っていない少年を対象として，その粗暴性を改善し，凶悪・粗暴な非行の未然防止に寄与する知見を明らかにしたい。

❶……調査の目的

　本調査は，粗暴傾向で警察の少年相談のクライエントとなったケースを調査対象として，少年の粗暴傾向に対する保護者や関係機関の対応等を明らかにし，凶悪・粗暴な非行の防止対策に資することを目的とする（岡邊ほか，2003；科学警察研究所少年研究室，2004；宮寺ほか，2006）。具体的には，粗暴傾向の相談事例について，相談の経過とともに粗暴傾向の改善がみられる者とそうでない者とを比較して，粗暴性が改善するプロセスを明らかにしようとするものである。

　なお，警察で行われている少年相談の全般的な状況については，実践編（5章2節）で詳しく述べられているので，そちらを参照されたい。

❷……方法

　各都道府県警察の少年相談担当者に対して，該当する相談事例（既に相談が終了したもの）について手持ちの記録をもとに調査票への記入を依頼した（調査実施時期は2002年12月〜2003年2月）。調査の対象となったのは，粗暴傾向がみられた中学1年生以上（相談受理時）のケースで，保護者に対する面接相談が3回以上あったものである。

　調査票を回収した結果，分析対象となったのは274ケースである。分析方法としては，相談受理時と比較して相談終了時（中止を含む）に対象少年の粗暴傾向がどの程度改善したかを評定し，その度合いで，改善大群130ケース，改善小群127ケースに分けて相談の推移を比較検討した。

　分析対象ケースにおける，少年本人等の属性の内訳は以下のとおりである。

- 少年の性別：男子78％，女子22％
- 少年の年齢：13歳以下23％，14歳30％，15歳23％，16歳14％，17歳以上10％
- 少年の非行歴・補導歴の有無：非行歴（刑法犯・特別法犯・ぐ犯による）あり6割，補導歴（不良行為による）あり53％
- 少年の精神保健関係の状況：特になし67％，引きこもり10％，精神発達の遅れ5％，強迫症状5％，うつ状態4％
- 相談受理時の相談者（複数回答）：母親80％，父親30％，少年本人14％，教師25％，その他9％
- 相談の主訴：家庭内暴力41％，暴力行為12％，校内暴力8％，非行問題その他6％
- 相談の継続期間：平均9.0か月（S.D. 6.3）
- 総面談回数：平均10.4回（S.D. 10.8）
- 少年本人の来談があったケース：72％
- 相談終了事由：少年の問題行動が減少25％，少年の問題行動がなくなった14％，（非行として）送致・通告した27％，他機関委託8％，相談者が一方的に来なくなった9％

❸……粗暴・逸脱傾向と被虐待経験

　分析対象ケースの少年について，過去にどのような粗暴行為があったかを尋ね，その粗暴行為が始まった時期を尋ねた結果が表3－4である。いずれかの暴力行為が小学生のときに始まっている者，すなわち粗暴行為が早発である者は分析対象全体の14％となっている。同様に，粗暴行為以外の逸脱行動があったかを尋ね，それが始まった時期を尋ねた結果は表3－5である。いずれかの逸脱行動が小学生のときに始まっている者，すなわち逸脱行動が早発である者は分析対象全体の20％となっている。

　さらに粗暴行為あるいは逸脱行動が始まった時期と，相談終了時の粗暴傾向の改善度との関係を示したのが，表3－6である。これをみると，早くから問題が生じているケースの方が，改善の度合いが低い傾向があることがわかる。比較的早期に問題傾向が進んでしまった少年は，後々，問題の改善が進みにく

表3-4 過去の粗暴行為と始まった時期　　　　　　　　　　　　　　　　(%)

	あり（複数回答）	始まった時期		
		小学生	中学生	それ以後
生徒への暴力	40.5	11.6	74.4	14.0
教師への暴力	23.3	3.9	88.3	7.8
家族への暴力	71.5	11.0	64.0	25.0
その他の人への暴力	26.7	7.3	63.6	29.1
家庭内器物損壊	73.0	11.1	64.9	24.0
家庭外器物損壊	33.0	7.8	73.4	18.8
恐喝	22.4	-	11.9	16.7
上記のうち1項目以上該当		13.6	64.7	21.7

表3-5 過去の逸脱行動と始まった時期　　　　　　　　　　　　　　　　(%)

	あり（複数回答）	始まった時期		
		小学生	中学生	それ以後
万引き	41.2	19.0	69.1	11.9
喫煙	74.6	7.8	70.5	21.7
授業妨害	34.3	15.2	78.7	6.1
非行的な仲間とのつきあい	74.7	3.7	76.7	19.6
刃物等の携帯	14.2	3.4	72.5	24.1
全17項目のうち1項目以上該当		20.4	63.7	15.9

表3-6 粗暴行為・その他の逸脱の始まった時期と問題改善の程度　　　　(%)

	粗暴行為の始まった時期		粗暴行為以外の逸脱の始まった時期	
	小学生	中学以後	小学生	中学以後
改善大	39.4	50.9	35.4	53.5
改善小	60.6	49.1	64.6	46.5
実数	33	212	48	185

過去に粗暴行為やその他の逸脱がみられなかったケース，みられるが時期が特定できないケースを除いて集計。

3章　凶悪・粗暴な非行の前兆と背景

いと考えられる。小学生の頃にみられる比較的軽微な逸脱傾向に対しても，周囲の者が積極的に関与し対応していくことが重要であると考えられる。

次に，対象少年の家族や保護者からの被虐待経験をみていく。まず，表3－7に少年の被虐待経験の有無を示し，被虐待経験が「あり」または「疑いあり」のケースについて，虐待の種別を表3－8に示した。さらに，身体的虐待について，虐待者（複数回答），主たる虐待者による虐待の時期（複数回答），主たる時期における虐待期間の回答を，表3－9に示した。

分析対象ケース全体でみると，概ね5～6ケースに1ケースで，何らかの被虐待経験がみられる。被虐待経験の種別で最も多いのが身体的虐待であり，次いで心理的虐待，ネグレクトの順で多く，虐待の期間は長期間に及ぶものが少なくない。粗暴性の改善度でみると，改善度が小さいケースほど，被虐待経験（特に身体的虐待）が多くみられ，特に，虐待の期間が長期にわたるものや生育歴上の早い時期に起きているケースが多くなっている。したがって，早い時期から虐待を受け，期間も長いケースにおいて，粗暴性の改善が難しいことが明らかである。

表3－7　少年の被虐待経験 (%)

	改善大	改善小	全体
あり	10.0	12.6	11.3
疑いあり	6.9	8.7	7.8
なし	71.5	62.2	66.9
不明	11.5	15.7	13.6

表3－8　虐待の種別 （複数回答，%)

	改善大	改善小	全体
身体的虐待	95.2	74.1	83.3
性的虐待	-	3.7	2.1
ネグレクト	14.3	18.5	16.7
心理的虐待	33.3	37.0	35.4
実数	21	27	48

被虐待経験が「あり」または「疑いあり」のうち，虐待の種別に回答があったケースのみで集計

表3-9 身体的虐待の虐待者・時期・期間

(虐待者・時期は複数回答,%)

虐待者	改善大	改善小	全体	虐待時期	改善大	改善小	全体	虐待期間	改善大	改善小	全体
実父	75.0	70.0	72.5	1歳未満	-	20.0	8.8	1月未満	12.5	-	4.8
養継父	10.0	-	5.0	4歳未満	26.3	33.3	29.4	3月未満	-	-	-
実母	25.0	50.0	37.5	6歳未満	21.1	40.0	29.4	6月未満	12.5	-	4.8
養継母	-	-	-	9歳未満	36.8	40.0	38.2	1年未満	25.0	15.4	19.0
その他	5.0	5.0	5.0	12歳未満	63.2	40.0	52.9	3年未満	25.0	38.5	33.3
実数	20	20	40	16歳未満	42.1	26.7	35.3	3年以上	25.0	46.2	38.1
				16歳以上	-	-	-	実数	8	13	21
				実数	19	15	34				

虐待の種別で「身体的虐待」に回答のあったケースのうち、虐待者・時期・期間のそれぞれにおいて「不明」のケースを除いて集計。

❹……粗暴性改善のプロセス

　さて，今度は，相談のプロセスを保護者と少年本人に分けてみることにしたい。その場合，相談受理時から4～5か月までの初期と，6か月以降の後期に分けてみていく。

　相談職員が保護者に行った働きかけの内容について，初期の状況を図3-1に，後期の状況を図3-2に示した。粗暴傾向の改善度別にみると，2群間で差異がいくつか認められ，面接相談の初期（初回から4～5か月程度）よりもそれ以降（6か月以降）の働きかけに，2群間の差がみられる項目が多い。

　初期の働きかけをみると，保護者の受容やねぎらいは2群に共通してみられる。しかし，少年に対する保護者の態度に関わる働きかけや家族に関する働きかけは，改善大群により多くみられる。これらは，保護者と少年との肯定的な関係を促し，かつ問題解決に向けて家族全体で取り組み，家族機能の改善につながると考えられる。保護者の大変さや辛さを受容して保護者を支えつつ，少年に対する関わり方や家族での対応に焦点をあてた初期の働きかけが，問題の改善につながる可能性が示唆される。また，少年に約束事を守らせるといった少年の行動の制限に関する働きかけが改善小群に多くみられることから，改善小群の方が，問題行動の範囲が広く深刻であることもうかがえる。

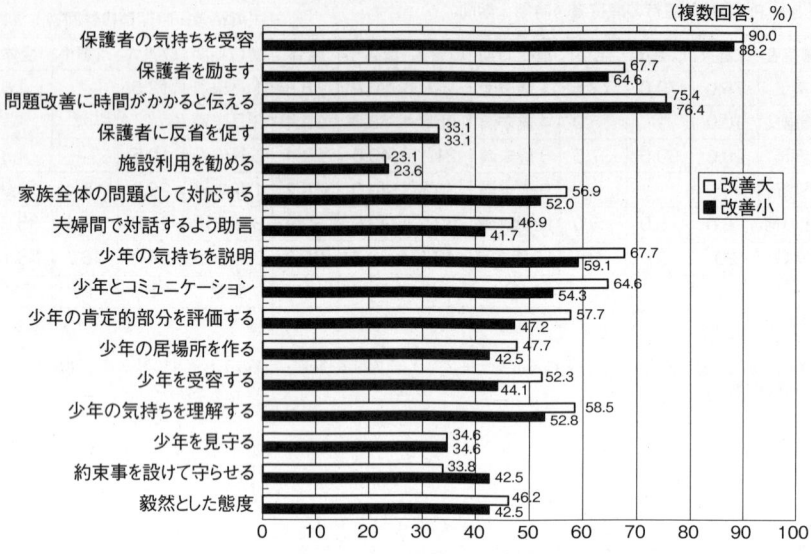

図3−1 相談担当者による保護者への働きかけ（初期）

（複数回答，％）

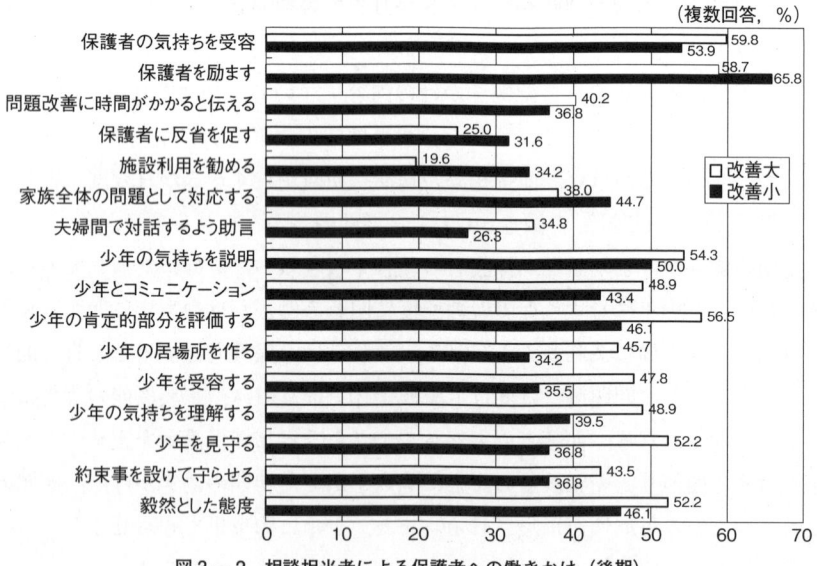

項目	改善大	改善小
保護者の気持ちを受容	90.0	88.2
保護者を励ます	67.7	64.6
問題改善に時間がかかると伝える	75.4	76.4
保護者に反省を促す	33.1	33.1
施設利用を勧める	23.1	23.6
家族全体の問題として対応する	56.9	52.0
夫婦間で対話するよう助言	46.9	41.7
少年の気持ちを説明	67.7	59.1
少年とコミュニケーション	54.3	64.6
少年の肯定的部分を評価する	57.7	47.2
少年の居場所を作る	47.7	42.5
少年を受容する	52.3	44.1
少年の気持ちを理解する	58.5	52.8
少年を見守る	34.6	34.6
約束事を設けて守らせる	42.5	33.8
毅然とした態度	46.2	42.5

図3−2 相談担当者による保護者への働きかけ（後期）

（複数回答，％）

項目	改善大	改善小
保護者の気持ちを受容	59.8	53.9
保護者を励ます	58.7	65.8
問題改善に時間がかかると伝える	40.2	36.8
保護者に反省を促す	25.0	31.6
施設利用を勧める	19.6	34.2
家族全体の問題として対応する	38.0	44.7
夫婦間で対話するよう助言	34.8	26.8
少年の気持ちを説明	54.3	50.0
少年とコミュニケーション	48.9	43.4
少年の肯定的部分を評価する	56.5	46.1
少年の居場所を作る	45.7	34.2
少年を受容する	47.8	35.5
少年の気持ちを理解する	48.9	39.5
少年を見守る	52.2	36.8
約束事を設けて守らせる	43.5	36.8
毅然とした態度	52.2	46.1

さらに6か月以降の働きかけをみると，改善度が大きいケースほど，保護者の受容や，保護者による少年の受容を促したり，限界設定的な関わり（毅然とした態度をとったり，約束事を設けて守らせること）や家族全体の取り組みを促す働きかけが多くなっている。引き続き保護者の大変さを受容しつつ，保護者の少年に対する受容的な関わりや毅然とした関わり，夫婦間での対話を勧める働きかけが，少年の問題改善につながる可能性が示唆される。

　次に，相談職員が少年本人に行った働きかけの内容について，初期の状況を図3－3に，後期の状況を図3－4に示した。粗暴性の改善度別にみると，2群間でいくつか差異が認められる。面接相談の初期よりも後期の働きかけに，2群間の差がみられる項目が多い。

　相談の初期では，少年を受容し，ラポールを作るという基本的な関わりは基本的に2群で共通するものの，改善大群の方で若干多いほか，規則正しい生活，対人場面で言葉を用いるよう導くといった，社会生活への適応を促す働きかけが改善大群により多くみられる。さらに6か月以降の働きかけをみると，少年に将来を考えさせるという働きかけが両群に共通していたが，改善大群ではさ

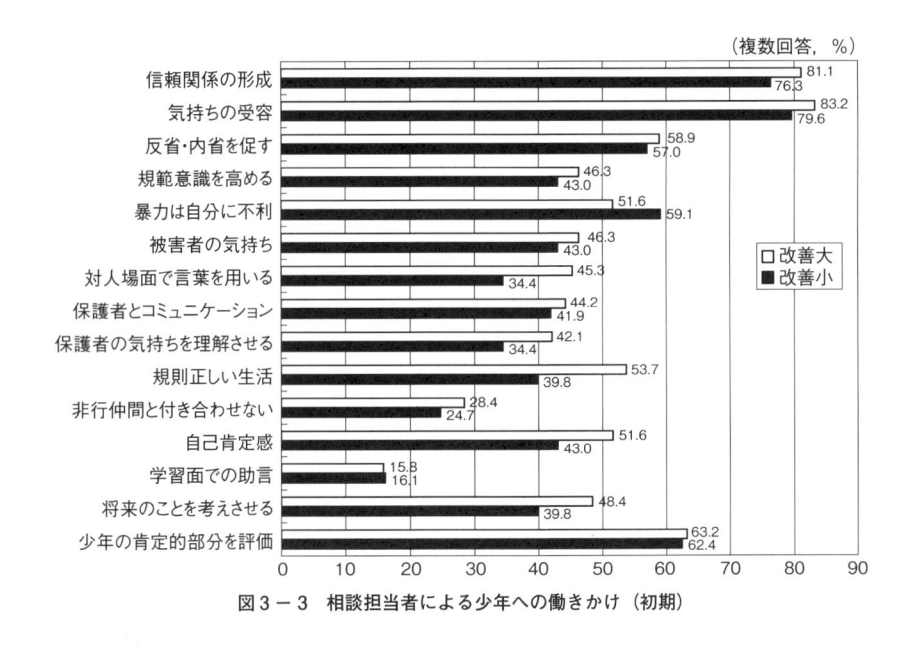

項目	改善大	改善小
信頼関係の形成	81.1	76.3
気持ちの受容	83.2	79.6
反省・内省を促す	58.9	57.0
規範意識を高める	46.3	43.0
暴力は自分に不利	51.6	59.1
被害者の気持ち	46.3	43.0
対人場面で言葉を用いる	45.3	34.4
保護者とコミュニケーション	44.2	41.9
保護者の気持ちを理解させる	42.1	34.4
規則正しい生活	53.7	39.8
非行仲間と付き合わせない	28.4	24.7
自己肯定感	51.6	43.0
学習面での助言	15.8	16.1
将来のことを考えさせる	48.4	39.8
少年の肯定的部分を評価	63.2	62.4

図3－3　相談担当者による少年への働きかけ（初期）

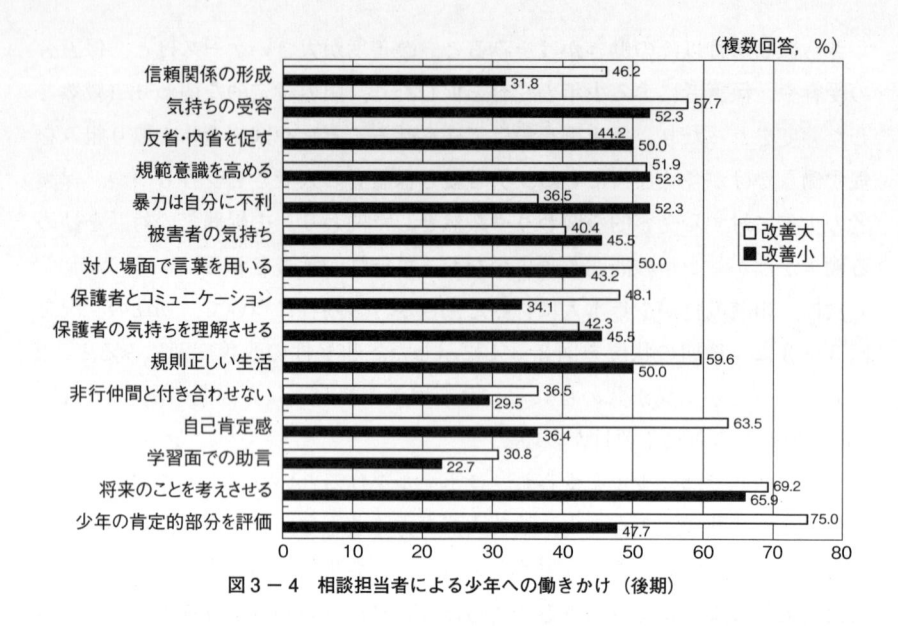

図3－4　相談担当者による少年への働きかけ（後期）

（複数回答，％）

項目	改善大	改善小
信頼関係の形成	46.2	31.8
気持ちの受容	57.7	52.3
反省・内省を促す	50.0	44.2
規範意識を高める	52.3	51.9
暴力は自分に不利	52.3	36.5
被害者の気持ち	45.5	40.4
対人場面で言葉を用いる	50.0	43.2
保護者とコミュニケーション	48.1	34.1
保護者の気持ちを理解させる	45.5	42.3
規則正しい生活	59.6	50.0
非行仲間と付き合わせない	36.5	29.5
自己肯定感	63.5	36.4
学習面での助言	30.8	22.7
将来のことを考えさせる	69.2	65.9
少年の肯定的部分を評価	75.0	47.7

らに，少年の自己評価を高め，社会生活への適応（規則正しい生活を送り，非行仲間と付き合わないこと）を促しつつ，保護者とのコミュニケーションを行うよう促す働きかけがより多くみられた。少年の自尊心を支え，非行につながりやすい生活から健全な社会生活に向かうよう指導し，その上で将来を考えさせる関わりであると理解できる。こうした関わりが，粗暴な少年の問題行動の改善につながる可能性が示唆される。

❺……まとめ

　本節では，粗暴傾向はみられるが，未だ凶悪・粗暴な犯行には至っていない少年を対象として，その粗暴性の改善に至るプロセスを検討した。まず，対象ケースの生育歴や問題行動歴をみたところ，粗暴行為や問題行動が早発であった者，発達段階の早期に長期間にわたって虐待を受けた者は働きかけにもかかわらず改善度が小さかった。被害経験が粗暴性の形成に関連していることを示唆する知見は，前節の調査結果と一致するものである。

　改善のプロセスに移ると，粗暴傾向のある少年のケースでは，少年本人の改

善意欲が薄く，全く面接に来ないケースも少なくないため，保護者を通して少年本人の改善を促すことが中心となる。したがって，「保護者に対する働きかけ」→「保護者の変化」→「少年本人の変化」といったプロセスが想定される。粗暴性改善プロセスのモデルをまとめると，図３－５となる。

　この図によると，少年相談で相談職員が保護者に対して，家族全体の取り組み，限界設定的な関わり（毅然とした態度をとったり，約束事を設けて守らせること）や少年の受容を促すことによって，保護者は子どもに対する態度や親子関係を見つめ直して洞察を深め，子どもを受容できるようになると考えられる。さらに，こうした保護者の変化は少年本人の変化を促すこととなり，少年本人が将来に向かって遵法的で前向きな態度を示し，規則正しい生活を送るようになり，結果として粗暴な行動が減少することが想定されている（もちろん，発達犯罪学の視点に立てば，相談員の働きかけは保護者や少年の変化に応じて変わり，少年に対する保護者の態度も少年本人の変化に応じて変化するものであり，双方向性のダイナミズムが想定されることに注意されたい）。こうした粗暴性改善のプロセスの妥当性を検証するために，構造方程式モデリング（潜在変数を用いたパス解析）を行ったところ，図３－６の結果が得られ，モデル

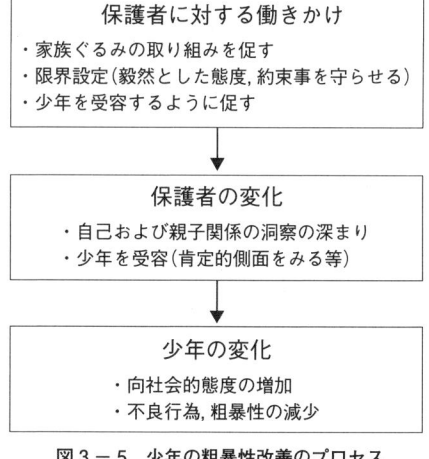

```
┌─────────────────────────────┐
│　　保護者に対する働きかけ　　│
│・家族ぐるみの取り組みを促す　│
│・限界設定（毅然とした態度，約束事を守らせる）│
│・少年を受容するように促す　　│
└──────────────┬──────────────┘
               ↓
┌─────────────────────────────┐
│　　　　保護者の変化　　　　　│
│・自己および親子関係の洞察の深まり│
│・少年を受容（肯定的側面をみる等）│
└──────────────┬──────────────┘
               ↓
┌─────────────────────────────┐
│　　　　　少年の変化　　　　　│
│・向社会的態度の増加　　　　　│
│・不良行為，粗暴性の減少　　　│
└─────────────────────────────┘
```

図３－５　少年の粗暴性改善のプロセス

の妥当性が実証された。

　先にみたように，粗暴行為や問題行動が早発であったり，発達段階の早期に長期間にわたって虐待を受けた場合は，粗暴性の改善は容易ではないが，保護者への働きかけで少年の粗暴傾向が改善される可能性も示唆されている。問題を抱える少年およびその保護者に対して支援するシステムを充実させていくことが重要である。

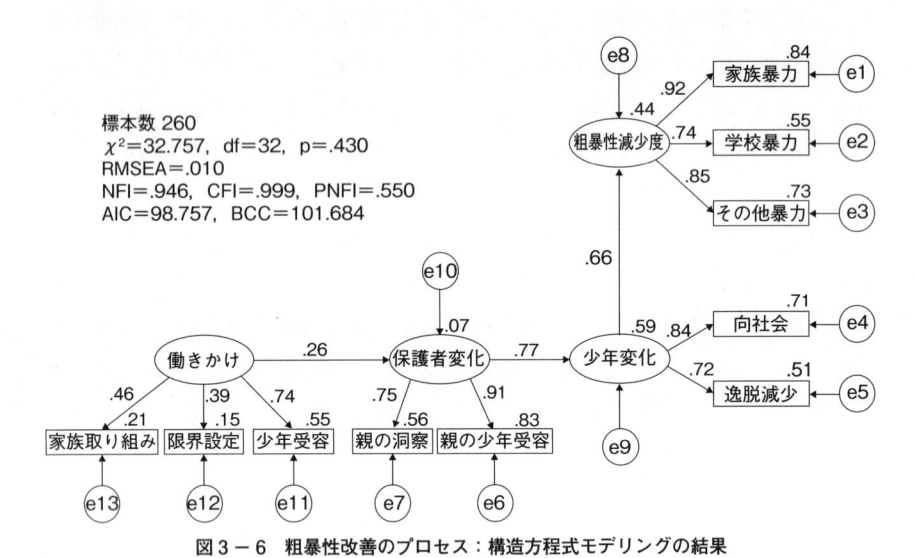

標本数 260
χ^2=32.757, df=32, p=.430
RMSEA=.010
NFI=.946, CFI=.999, PNFI=.550
AIC=98.757, BCC=101.684

図3－6　粗暴性改善のプロセス：構造方程式モデリングの結果

4章 少年非行の諸相

1節 非行集団

　本節では，最初に非行集団とは何かについて概説し，ついで日本における非行集団の現状をみてみたい。その上で，非行集団に関する近年の代表的な研究知見と，科学警察研究所が最近実施した調査の結果を紹介し，最後に非行集団をめぐる今後の課題を考えたい。

❶……非行集団とは

　社会学や心理学において，「集団」という概念は，「共通の関心や目標を持ち，かつ帰属意識を有していて，継続的になんらかの相互作用を行う複数の人間」といった意味で用いられるのが一般的である。最もシンプルに定義すれば，ここでいう「共通の関心や目標」が「非行を行うこと」であるような集団が，非行集団ということになる。

　ただ実際には，明確な継続性が認められないような集団，あるいは，個々の構成員の持つ帰属意識が薄く凝集性の低い集団によって，非行が行われることもある。「非行集団による非行」とたんなる「集団的な非行」とを区別して考える論者もいるが（星野，1975），一方で「非行を行う集団であり，非行を行うことに対する構成員の心理的抵抗を弱める働きを持つ集団」（田村，1995）などのように，広めの定義が妥当であるとする論もある。内外を問わず，犯罪学研究者のなかに，非行集団の定義に関する明確なコンセンサスはなく（Esbensen et al., 2001），定義自体が非行集団研究の最大の論点であるといってもいいすぎではない。

　なお，警察庁の実務上・統計上の定義は，警察庁（1998）によれば，「組織性・

継続性を有する集団であって，自ら非行行為を繰り返すほか，構成員の非行を容認，助長し，かつ，非行により構成員間の連帯を強める性格のあるもの」（115頁注記）となっており，比較的狭い定義を用いていると考えられる。また，矯正・保護の統計においては，これとは別に，「不良集団」という概念で，非行を犯した少年の非行集団への関与の態様が，把握されている。

❷……日本における非行集団の現状

　警察庁生活安全局少年課（2007）によれば，2006年中に刑法犯で検挙された少年11万2817人のうち，なんらかの非行集団に加入していた少年は3747人（3.3%）である。内訳は，暴走族集団が1204人，窃盗犯集団が723人，粗暴犯集団が570人などとなっている。包括罪種別にみると，非行集団加入者の占める割合がめだって高いのは，凶悪犯（全体の16.7%が非行集団に加入），粗暴犯（同11.8%）である。

　なお，集団による非行で検挙された少年であっても，その者が非行集団に加入していると認められなければ，上記の統計には計上されていない。ちなみに，2006年中の検挙件数（少年のみが関与した事件）10万7419件のうち，少年3人以上による共犯事件の占める割合は8.6%である。

　一方，矯正統計年報によれば，2006年の少年鑑別所新収容者（1万7486人）のうち，なんらかの不良集団に関係していた者は41.8%であり，そのうち最も多いのが地域不良集団（全体の22.0%），ついで多いのが暴走族（同9.6%）である（割合は不詳を除いて算出，以下同じ）。同年の少年院新収容者（4482人）については，51.3%がなんらかの不良集団に関係している（法務省大臣官房司法法制部司法法制課，2007a）。

　また，保護統計年報を参照すると，2006年における1号観察（家裁の決定で保護処分として付される保護観察）の新受人員（1万9475人）のうち，31.9%がなんらかの不良集団に関係している。そのうち最も多いのは地域不良集団（全体の14.4%）で，ついで多いのが暴走族（同9.2%）である（法務省大臣官房司法法制部司法法制課，2007b）。

　以上に述べた3種類の統計は，いずれも少年事件の法的手続きに乗った少年に限った統計である。非行集団やその構成員が，そもそもどの程度存在するの

かに関しては、信頼できる統計が日本にはない（後述するように、米国にはある）。ただ、暴走族の構成員数やグループ数については警察で把握されており、この動向をみることで、限定的ではあるが、非行集団の年次的な変化を知ることができる。

比較的古くから統計がとられている「共同危険型暴走族」（二輪車や四輪車で公道を爆音暴走し、一般車両や歩行者に著しい危険や迷惑を及ぼしている暴走族）について、過去四半世紀の構成員数・グループ数の推移を示すと、図4－1のようになる。

この図から明らかなように、暴走族の構成員数は、1990年代前半以降、減少してきている。過去10年でみると、少年は構成員が減少しているのに対して、成人は横ばいで推移しており、その結果、構成員に占める成人の比率が年々高まり、高年齢化の様相を呈している。

また、グループ数は長らく増加傾向にあったが、2002年にピークに達し、その後減少に転じている。1グループの構成員数の平均を算出すると、80年代には60人を越えていたが、93年には40人、96年には30人をそれぞれ下回り、

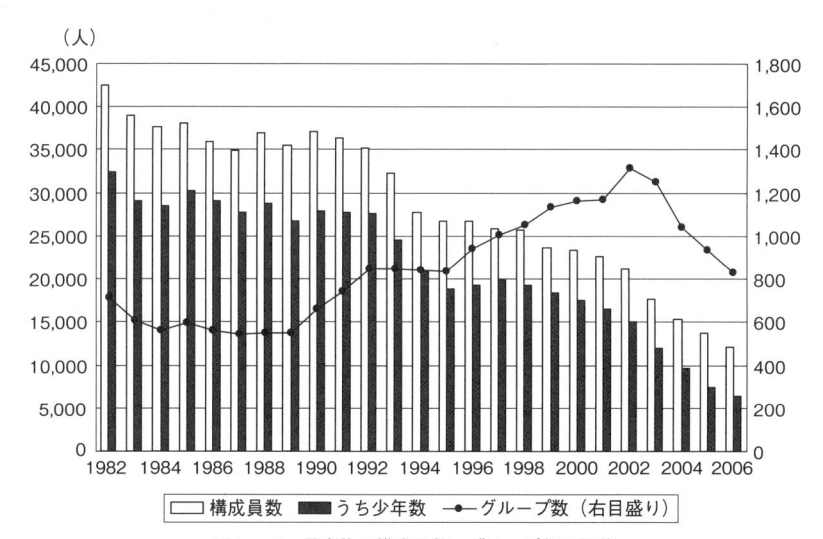

図4－1　暴走族の構成員数・グループ数の推移
（法務省法務総合研究所、2005〜2007より作成）

4章　少年非行の諸相

ここ数年は15人前後で推移している。暴走族が小規模化してきていることがうかがえる。

ところで，非行集団の構成原理が近年変質したとの指摘がある。例えば土井(2003)は，「仲間との関係を維持するために犯罪に手を染めるケースが多かった」以前とは異なり，近年は，集団への強いコミットメントが存在しておらず，「だから逆に，仲間からの誘いを断ることができずに，その場の雰囲気に簡単にのみ込まれて犯行へと加わってしまいやすい」（30～31頁）と述べている。

しかし，少年の付和雷同的な特性は，1960年代の犯罪白書でも指摘されており，特に現代的な特徴であるとはいえない。暴走族に代表されるような非行集団に加入する少年の数が減ってきているのは確かであるが，仲間との関係を維持したいがゆえに非行に手を染めるという集団メンバーの行動原理は，基本的に今も昔も大差ないと思われる。

❸……非行集団に関する行動科学的研究の代表例

20世紀初頭から今日まで，犯罪学研究者の多くが，非行集団（ギャング）に関心を寄せてきた。コーエン（Cohen, 1955）の非行副次文化論，クロワードとオーリン（Cloward & Ohlin, 1960）の分化的機会構造論など，非行集団に関する研究から生まれた犯罪学理論は少なくない。

以下では，非行集団に関する緒現象に関して，行動科学の側面から解明しようとする近年の研究のうち，代表的なものを2つ紹介する。

なお，非行集団に関する先行研究の多くは米国発のものであり，以下で紹介するのは，いずれも米国での研究知見である。米国では，1996年以降定期的に，全米青少年非行集団調査（National Youth Gang Survey）が実施されており，代表的なサンプリングに基づいて，非行集団の全体像が把握されている。2004年の調査によれば，推計で2万4000の非行集団が米国内で活動しており，その構成員は76万人にのぼるという（Egley & Ritz, 2006）。また，1997年に実施された別の調査によれば，12～16歳の青少年全体の5％が，非行集団への加入経験を持っているとされている（Snyder & Sickmund, 1999）。

(1) ── 非行集団への加入の危険因子に関する研究

　非行集団への加入に影響を及ぼす危険因子に関する研究は，非行集団研究のなかでも，特に多くの研究者の関心を集めてきた。そのほとんどは，コミュニティ，家庭，学校，ピアグループ，個人特性の各領域に危険因子の存在を仮定したモデルを構築し，その妥当性を多変量解析によって検証するタイプの研究である。

　近年は，縦断的なデザインによる調査研究に基づいて，より妥当性の高い知見が得られている。ここでは代表的な研究例として，800名余りの青少年を対象とした縦断的研究（Seattle Social Development Project）に基づく知見を紹介する（Hill et al., 1999）。

　このプロジェクトでは，10～12歳時に調査が実施された後，対象者が18歳になるまで，毎年インタビュー調査がくり返された。結果として，21の危険因子が見出され，特に影響の大きい因子は，居住地域で薬物にアクセスできること，居住地域にトラブルを抱えている青少年が多いこと，両親がそろっていないこと，本人に薬物使用や暴力の経験があること，学業達成が低いことであった。10～12歳時にこれらの各因子を持っている者は，13歳以降に非行集団に加入するリスクが，持っていない者に比べて，いずれも3倍以上高いという。

　なお，この種の研究においては，少年の非行化のプロセスのなかに非行集団への加入プロセスを包含した形の因果モデルが，念頭に置かれている場合が多い。その意味では，非行集団への加入の危険因子は，非行への関与のリスクを高める因子であると考えることもできる。

　ただし，居住地域に関連する因子については，非行集団への加入を予測する因子としては，最も重要な因子の1つであるとする研究がほとんどであるのに対して，非行一般への関与の予測因子としては，それほど大きな重要性を持たないとする研究もある。居住地域の状況は，非行集団への加入を決定する特に重要な因子であるということができるだろう。

(2) ── 非行集団への所属と非行頻度との関係に関する研究

　非行集団に属していること自体が，非行の頻度に影響を及ぼしているのだろうか。このような関心に基づいた研究が，過去十数年にわたって研究者によっ

て進められてきた。

　非行集団に加わっている者の非行頻度が非加入者に比べて高いということは，多くの研究者が指摘している。しかし，このことをもって，非行集団に属することそれ自体が成員の非行頻度を高める効果を持っているとまでは，いいきれない。仮に，もともと非行頻度の高い者のほうが集団に加入しやすいのであれば，非行集団に属する者の非行頻度の高さは，そのことだけで説明できてしまうからである。

　非行集団への所属と非行頻度との関係については，ソーンベリーら（Thornberry et al., 1993）の研究が最もよく知られている。以下，主要な知見を紹介しよう。

　この研究は，ロチェスター青少年発達研究（Rochester Youth Development Study）の成果の1つである。このプロジェクトでは，1988年当時の7〜8年生（日本でいえば中学校の1〜2年生）が調査対象となっており，同一人物に対して，半年おきに継続的にインタビュー調査が行われた。各回の調査では，非行集団への所属の有無や過去半年間の非行の頻度（自己申告）などが測定されている。

　各調査対象者は，調査が継続された3年間のうち，いつ非行集団に所属していたかに応じてグループ分けされた。ここでは，「1年目のみ所属していた群」「2年目のみ所属していた群」「3年目のみ所属していた群」「1年目・2年目・3年目のどの時期にも所属していなかった群」の4群について考えてみよう。

　図4-2は，それぞれの群において，1年目・2年目・3年目の各時期における非行頻度の平均値を示したものである。例えば，一番上の3つの棒グラフでは，1年目のみ非行集団に所属していた（すなわち2年目・3年目には非行集団に属していなかった）少年の場合，1年目，2年目，3年目に，それぞれ平均して18.9回，7.7回，6.8回の非行を起こしたということが示されている。

　この図から明らかにわかるのは，どの群においても，非行集団に所属していない時期に比べて，所属している時期には非行頻度が高くなっているということである。もし仮に，もともと非行頻度の高い者のほうが集団に加入しやすいのであれば，図中の(1)や(2)の値は(3)よりも高くなり，(A)の値は(B)より高くなっているはずである。しかし実際には，(1)と(3)，(2)と(3)，(A)

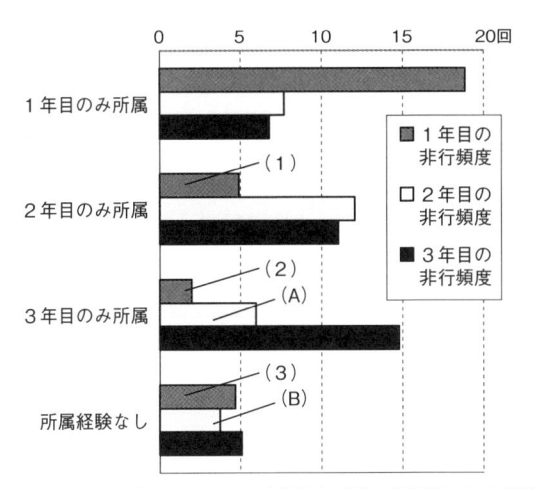

図4-2 非行集団に所属した時期と各時期の非行頻度との関係
(Thornberry et al., 1993 の Table 4 より作成)

と（B）のいずれの組についても，統計的に有意な差はみられなかった。

このように，非行集団に所属していることそれ自体が，少年の非行を促進するような働きを持っているということが，この研究によって明らかになった。詳細は割愛するが，このような非行促進効果が特に暴力を伴うタイプの非行において顕著にみられたことも同研究は指摘している。

❹……科学警察研究所の調査に基づく知見

上記のような非行集団研究の動向を受けて，科学警察研究所少年研究室では，非行集団に所属する少年を対象とする調査を行った。以下では，この調査で得られた知見を紹介しよう。

調査は，検挙・補導された中学校1年生以上の少年で，検挙・補導時に非行集団に所属していた者400名余りを対象に，2005年12月～2006年1月，質問紙法によって実施された。回答者の9割は男子であり，学職別では，中学生・高校生が全体のおよそ7割を占めている。

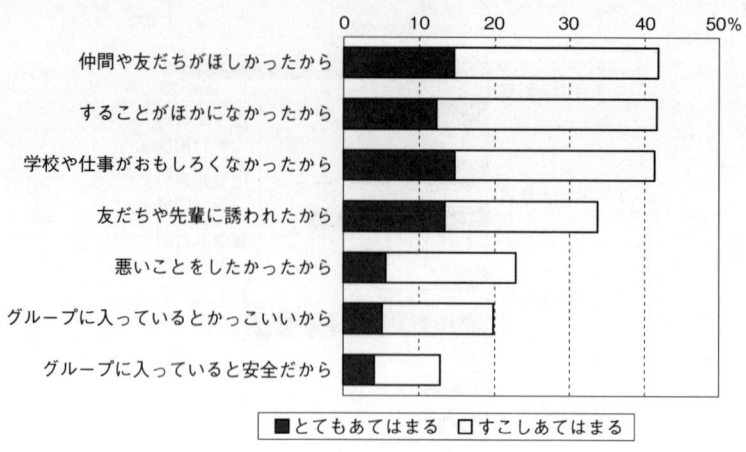

図4－3 非行集団に加入した理由

(1) — 非行集団に加入する理由

　少年が非行集団に加入するのはなぜだろうか。調査では7つの理由をあげて，自分が非行集団に加入した理由として，それぞれどの程度あてはまるかを尋ねた（「とてもあてはまる」～「まったくあてはまらない」の4択）。結果は図4－3のとおりである。

　「とてもあてはまる」または「すこしあてはまる」と回答した割合が比較的高かったのは，「仲間や友だちがほしかったから」「することがほかになかったから」「学校や仕事がおもしろくなかったから」「友だちや先輩に誘われたから」である。学校や職場に適応できずに「居場所」を失った少年が，疎外感を埋めるために，仲間を求めて非行集団に加入しているケースが多いことが，ここから読み取れる。

(2) — 非行集団からの離脱企図とその阻害要因

　非行集団に入っている少年であっても，集団から抜け出そうという気持ちを持っている者は少なくないといわれている。調査では，今までに集団をやめたいと思ったことがどのくらいあるかを尋ねている。その結果，「1～2回ある」が21.7％，「何回もある」が22.1％となり，合わせて43.8％もの少年が，これ

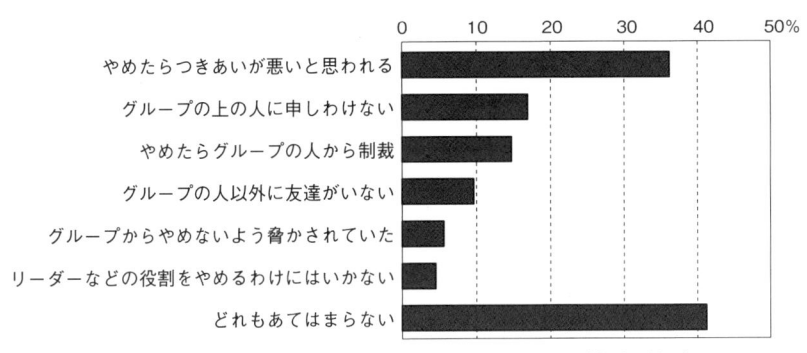

図4－4　非行集団をやめたいのに，やめなかった理由（多重回答可）

までに集団から抜け出そうと思ったことがあると回答した。

　これらの者に，やめようと思ったにもかかわらず，なぜやめなかったのかについて，選択肢を示して回答を求めた（多重回答可）。結果は図4－4に示したとおりである。

　最も回答が多かったのは，「やめたらつきあいが悪いと思われる」で36.2％の少年が選択した。ついで「グループの上の人に申しわけない」「やめたらグループの人から制裁」が続いている。

　これらの結果は，非行集団からの離脱を促進するためには，集団を安心して抜けることができ，その後も安心して生活できるような環境の整備が重要であることを示唆している。集団内の人間関係を考慮した上で，可能であれば，集団全体に対して働きかけを行うことが肝要であると思われる。

(3) —— 非行集団メンバーの非行化のプロセス

　先述したように，非行集団に所属することは少年の非行を促進する働きを持っている。では，集団への所属が非行を促進するメカニズムを，どのように考えたらよいだろうか。

　われわれは，図4－5に示すように，集団に帰属することで得られる心理的な安定度が高いほど，非行集団へのコミットメントが高くなり，その結果，容易に非行行動をとるようになってしまうという非行化プロセスのモデルを設定

```
         ①集団帰属で
          得られる
         心理的な安定
              ↓.73      R²=.53
         ②集団への
         コミットメント  ← e1
              ↓.40      R²=.16
           ③非行      ← e2
```

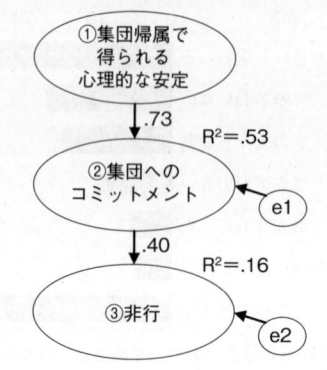

図4−5 非行集団メンバーの非行化のプロセス

し，このモデルの妥当性を，潜在変数を伴う構造方程式モデリングにより検証した（岡邊・小林，2006）。

　ここで，「集団帰属で得られる心理的な安定」は，「グループにいると，自信が持てる」「グループの人は自分の気持ちをわかってくれる」など4項目から，「集団へのコミットメント」は，「グループのなかで，役にたつことをしている」「グループでの行動がうまくいくと，うれしい」など3項目から，「非行」は「グループに入ってから，他人に暴力を振るうことが平気でできるようになった」「グループに入ってから，他人に迷惑をかけることが平気でできるようになった」の2項目から，それぞれ構成されている。

　分析の結果，想定したモデルは，概ね妥当であることが認められた。すなわち，非行集団に帰属することで心理的な安定を得ているほど，集団へのコミットメントが高まること，集団へのコミットメントが高まるほど非行に走りやすくなることを，それぞれ示唆する結果が得られた。

　非行集団以外の場で心理的な安定を得ることができていれば，彼らは非行集団に加入することも，非行に手を染めることもなかったのかもしれない。上記の結果は，彼らの自尊感情を高めるような「居場所」の必要性を示しているといえるだろう。

❺……今後の課題

最後に，非行集団をめぐる今後の課題について述べる。

第1に，研究上・政策上の課題としては，非行集団に関する基礎的なデータが，まだまだ不足しているといわざるをえない。米国の全米青少年非行集団調査のような代表的なサンプルでの全国規模の調査の実施が期待される。

第2に，非行集団への加入の予防に関しては，米国において全国規模で実施されている非行集団抵抗教育訓練（GREAT）などのプログラムを参考にしながら，この種の実践を学校教育などに取り入れていく必要があると思われる。その際，実践の実質的な効果について，行動科学の方法論に立脚した検討を加えていくことも重要な課題である。

第3に，少年の拠り所となる「居場所」づくりを，より実効性のある形で進めていくべきであろう。このことは，非行集団への加入の予防という観点からはもちろんのこと，非行少年の立ち直りという観点からも，検討されるべき課題である。

ひとたび事件を犯したとしても，大半の少年は地域社会のなかで更生の道を歩むのであり，少年院などの施設に入った場合でも，最終的には地域社会に戻ってくるケースがほとんどである。地域に非行集団以外の拠り所がなければ，少年は再び非行集団へと舞い戻ることになってしまうだろう。

警察庁（2004）には，暴走族の元構成員が，グループの解散後，「ボランティア団体を結成し，駅舎，通学路等の清掃活動，福祉バザーの開催，保育園の運動会の設営作業等の奉仕活動を行うようになった」（38頁）という事例が紹介されている。

全国各地で進められているこのような試みから得られたノウハウを体系的に整理し，本節で紹介したような行動科学の知見も援用することで，非行集団への加入を抑制したり，メンバーの離脱を促進したりするための，より実効性のある取り組みへと結びつけていくことが重要であろう。

column ⑧
非行集団抵抗教育訓練

米国においては,特に1980年代後半以降,非行集団へのさまざまな介入プログラムが各地で試みられている。なかでも,非行集団抵抗教育訓練(Gang Resistance Education And Training, 通称「GREAT」)と総称されるプログラムは広く知られており,このプログラムの実施のために,1400万ドル以上(2006年実績)の補助金が連邦司法省から拠出されている。

GREATは学校を基盤とするプログラムであり,その最大の特徴は,制服を着た警察官(保護観察官,矯正施設の係官などが担当する場合もある)が,直接,生徒たちにメッセージを伝えるという点にある。対象となる年齢層は,日本でいえば小学校中学年から中学生に相当する青少年であり,学校の教室において実施されるのが最も一般的な形態である。

GREATのプログラムは,非行集団に関わったり暴力を振るったりしてしまわないためのスキルを身につけさせることに主眼が置かれている。カリキュラムは,ベテランの警察官に加えて,犯罪学,社会学,心理学,教育,保健などの専門家が,協議を重ねて開発されている。担当する警察官は,事前に数十時間にわたって,教授技術等について特別のトレーニングを受ける仕組みになっている。

GREATにおいては,1回につき1時間程度のプログラムが,数週間にわたって連続して実施されることが多い。例えば,中学生対象のカリキュラムには以下のような内容が含まれており,これらがロールプレイなどを交えて展開される。

・犯罪とは何かを理解させ,犯罪被害者の権利について教える
・他人とあつれきが生じたときの解決策について考えさせる
・非行集団とドラッグとの結びつきについて教え,非行集団に加入することの恐ろしさを理解させる
・人生には目標が必要であることを理解させ,目標を決めてそれを実行していくやり方を教える

なお,GREATを進めるためには,学校,警察,地方自治体等の協力体制が不可欠である。プログラムの直接の効果もさることながら,プログラムの実施を通じて,関係者の間に良好なネットワークが形成されることを評価する声も多い。

2節 女子非行

これまで本書では，少年非行の男女差ならびに女子少年の非行の特徴について意識して論じてはこなかった。本節では，少年非行の発生ならびに動向にどのような男女差があるか，女子の非行の特徴ならびに女子非行の動向の背景は何であるかについて考察することにしたい。

❶……女子非行の発生状況と動向

女子の非行の発生状況ならびにその動向について，警察統計に基づいてみてみよう。

まず，非行少年として検挙・補導された人員の内訳や推移をみることにしたい。図4－6は，少年の一般刑法犯（触法少年を含む）について，男女別に人口比（10歳以上20歳未満の少年人口1000人あたりの検挙人員の比率）を算出し，1966年以降の推移を示したものである。

男子の場合，1982年，1998年，2003年のそれぞれをピークとした増減がみられるものの，長期的なトレンドとして，男子少年の一般刑法犯はさほど大きく増加しているようにはみられない（レンジは10.7～16.9であり，最高値は最低値の1.6倍である）。一方，女子の方は，1983年，1988年，1998年，2003年のそれぞれをピークとした増減がみられ，長期的なトレンドとしては増加傾向が明らかであり，2006年の人口比は1966年のそれと比べて3.6倍となっている。

次に，表4－1は，1969年，1988年，1998年，2003年，2006年のそれぞれについて，罪種・罪名・態様別に検挙・補導された女子少年の人員ならびにその人口比を示したものである（警察庁が出している統計を用いたが，統計数値の得られなかった年はn.a.とした）。一番上の凶悪犯から万引きまでの刑法犯については，14歳以上の犯罪少年のみの人員を示してある。さらに，「青少年保護育成条例（みだらな性行為）」については，みだらな性行為を行ったとして青少年保護条例違反で補導・保護された人員を示してあり，その下の不良行為の補導人員とともに，14歳未満の補導人員も含んでいる（ちなみに2004

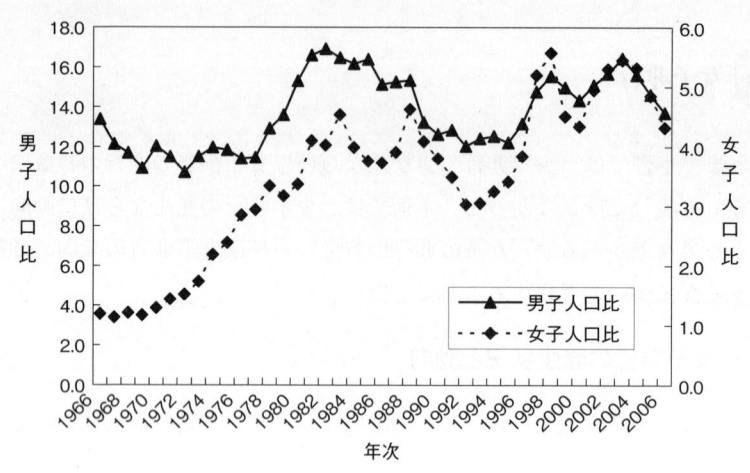

図4-6 一般刑法犯少年の男女別検挙人員（人口比）の推移
（法務省法務総合研究所，2007の4-1-1-4図と総務省統計局の人口推計資料より作成）

表4-1 女子少年の罪種・態様別の検挙・補導人員および人口比の推移

	1969	1988	1998	2003	2006
凶悪犯	83	88	115	177	120
	0.015	0.015	0.025	0.044	0.032
殺人	44	17	16	13	10
	0.008	0.003	0.004	0.003	0.003
強盗	16	43	76	148	101
	0.003	0.007	0.017	0.037	0.027
粗暴犯	368	2,313	2,315	2,012	1,356
	0.066	0.398	0.510	0.500	0.365
窃盗	9,008	37,375	30,962	23,800	17,243
	1.61	6.43	6.83	5.91	4.64
万引き	n.a.	29,908	25,206	18,035	12,470
		5.15	5.56	4.48	3.35
青少年保護育成条例（みだらな性行為）	838	3,174	2,867	1,359	n.a.
	0.149	0.546	0.632	0.338	
不良行為	n.a.	222,815	167,295	271,312	334,932
		38.36	36.89	67.41	90.06

刑法犯については，犯罪少年のみの人員である。
（警察庁の統計および総務省統計局の人口推計資料より作成）

年以降，警察庁は「性の逸脱行為・被害で補導・保護した少年」というカテゴリーで性関連非行の統計を発表していない）。なお，表4－1の人口比については，一貫して14歳以上20歳未満の少年人口1000人あたりの検挙人員の比率を算出して示した（14歳未満の補導人員がごく少数と考えられるため）。

　凶悪犯をみると，2003年は1969年と比べて，人口比が3倍近くとなっており，女子非行の凶悪化を示唆しているようにみえる。その内訳をみると，殺人については長期的な減少傾向がみられるが，強盗については大幅な増加傾向が示され，2003年は1969年と比べて，人口比が10倍以上となっている。強盗の増加は，男子少年の傾向とも一致して路上強盗が大部分であり，ほとんどが遊ぶ金欲しさの犯行であると考えられる。また，女子のみの集団で犯行を行うというよりも，男子が行う犯行に従犯として女子が加わる場合が多くなっている。

　粗暴犯については，2000年代に入ってから大きな増加はみられないが，それまでは粗暴犯の検挙人員ならびにその人口比が大きく増加しており，1998年は1969年と比べて，人口比が7.7倍となっている。窃盗についても同様に，2000年代に入ってから大きな増加はみられないが，それまでは窃盗の検挙人員の人口比が大きく増加しており，1998年は1969年と比べて4.2倍となっている。ちなみに，女子少年が行う窃盗の7割強～8割は万引きによるものである。

　さらに，性非行である「青少年育成条例（みだらな性行為）」についても同様の変動がみられ，2000年代に入ってから大きな増加はみられないが，それまでは補導人員の人口比が大きく増加しており，1998年は1969年と比べて4.2倍となっている。また，不良行為については，1969年の数値が得られなかったが，1988年以降，女子少年の補導人員の人口比は一貫して増加し続けている。

　以上，女子少年の非行について，警察統計の結果をまとめると，長期的にみて，警察が取り扱う女子の非行は増えており，特に万引きに代表される窃盗や性非行や不良行為などの相対的に軽微な非行の増加が顕著にみられる。さらに，依然として少数であるが，粗暴な非行も女子で増加しており，粗暴化の傾向も示されているといえよう。

❷……思春期発達と女子非行

　女子非行についてその動向を検討した結果として，万引きに代表される窃盗

や性非行や不良行為などの相対的に軽微な非行が，長期的にみて顕著に増加しており，さらに1章で紹介した自己申告調査の結果として，比較的軽微な非行を多少なりとも経験することは思春期の女子にとって比較的一般的なことであることが示された。こうした現象を説明すると考えられる背景要因として，思春期発達に関わる2つの要因，すなわち身体的成熟の加速と学業達成へのプレッシャーを取り上げて，関連する調査研究の結果も紹介しながら考察することにしたい。

(1) ── 身体的成熟の加速

思春期・青年期における身体の成長・成熟が加速化していること，すなわち発達加速現象は先進諸国で共通してみられる現象である。具体的には，より低年齢で体格（例えば身長）が成人の水準に達することを意味するが，同時に生理的性成熟が低年齢化することも大きな特徴といえる。女子の場合，生理的性成熟は初潮・初経に代表される。初潮は，思春期における最初の月経であり，直接的に女性ホルモンの分泌量が増大することによって生起する生理現象である。女性にとって，初潮があったということは，その者の生理的な性成熟がなされ，生殖が可能になったことを意味する。

初潮の時期には，個人差とともに集団差があると考えられており，わが国では大阪大学の研究グループが，女子の初潮年齢に注目して，発達加速現象に関わる調査を定期的かつ継続的に実施している（日野林，2007）。それは，全国47都道府県の小学校・中学校を対象とした無作為抽出による調査で，概ね5年おきに実施されており，結果がまとまっている最新の調査は2002年である。それによれば，女子の平均初潮年齢は，1961年の13歳2.6か月から，2002年の12歳2.0か月まで低下しており，40年間で1歳以上低年齢化していることが明らかである。

1966年以降の大阪大学の調査結果を女子少年の一般刑法犯検挙人員（人口比）の結果とともに示すと，図4－7のとおりとなる。これをみると，概ね近年になるほど，女子の平均初潮年齢が低下し，それとともに女子の検挙人員の人口比が増加しており，女子の平均初潮年齢と検挙人員の人口比との間に負の相関がみられる。先に2章で紹介したモフィットの青年期限定型非行の説明に

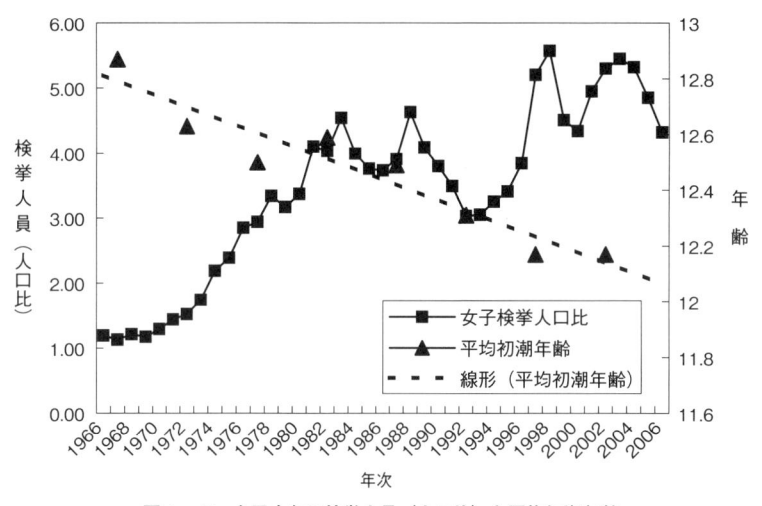

図4－7　女子少年の検挙人員（人口比）と平均初潮年齢
（図4－6の女子人口比の数値と日野林，2007のデータより作成）

従えば，初潮年齢が早くなるほど，身体の性的成熟と社会から与えられる地位や権限との間でギャップが生じ，それを解消するために非行が増えることになるわけであり，こうした関連も十分説明がつくように思われる。しかしながら，この時系列的な変化がモフィットの示唆するメカニズムを反映していると直接的に証明することは難しい。代わりにできることは，傍証として，初潮を早く迎えた女子は，そうでない女子と比べて，成熟ギャップを多く経験し，その結果として非行を多く経験することを示すことである。残念ながら，筆者の知る限り，わが国ではこうした横断的な調査研究は行われていないので，関連する海外の調査研究を紹介することにしたい。

　紹介する調査研究は，モフィットらの研究グループがニュージーランドで行った「ダニーディン健康と発達に関する学際的縦断研究」のデータを分析したものである。ダニーディン研究は，1972年にニュージーランドのダニーディン市で誕生した約1000人の出生コーホートを対象に追跡調査を行っており，当該分析は，この調査の女子のサンプル（約500人）を分析に用いている。女子の調査対象者に対して，15歳の時点で初潮の時期を尋ね，初潮が早い群（初潮年齢が12歳5か月以下），初潮年齢が平均である群（12歳6か月〜13歳6

か月),初潮が遅い群(13歳7か月以降)に対象者を分けた。調査対象者には,13歳時点では,自分の周りの生徒のうち,どの程度が規律違反行為(少額の盗み,バンダリズム,飲酒,成人向け映画の視聴といった行為)を行っているかを尋ね,さらに自分が最近行った規律違反行為の個数についても尋ねた。さらに,調査対象者については,在学している中学校が共学校か女子校かで分けて調査結果を比較した(Caspi et al., 1993)。

初潮年齢の時期と在学する学校の種類(共学校か女子校か)で調査対象を分けて,周囲の生徒の非行スコアを示したのが図4−8であり,調査対象者自身の規律違反行為のスコアを示したのが図4−9である。図4−8をみると,非行傾向のある生徒との接触は女子校よりも共学校で多く生じており,共学校にいる調査対象者でも初潮を早く迎えた者ほど非行傾向のある生徒との接触が多いことが示されている。さらに,図4−9をみると,初潮の時期別でみた調査対象者自身の規律違反の違いは,女子校よりも共学校に在学している場合に大きくなることが示されている。図4−8と図4−9の結果について,研究論文の著者であるカスピらは,共学校ではより非行傾向の高い男子学生が非行のモデルとなることで身体的に早熟な女子の非行化を促進させていると解釈し

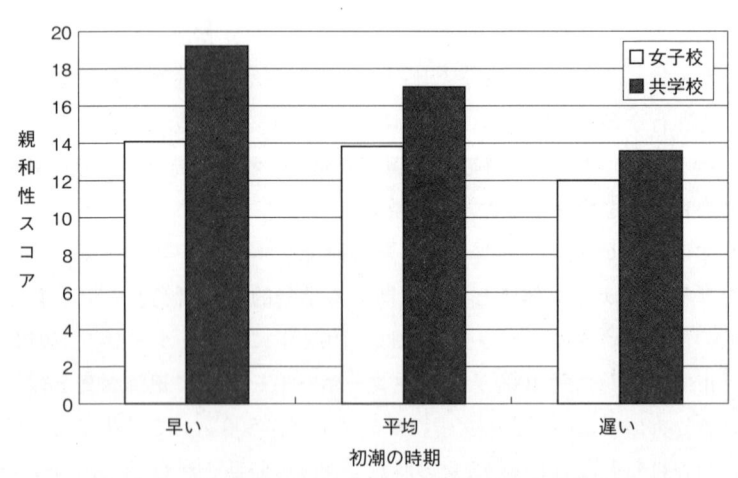

図4−8 学校別にみた非行的仲間との親和性(13歳時)
(Caspi et al., 1993のFigure 1より作成)

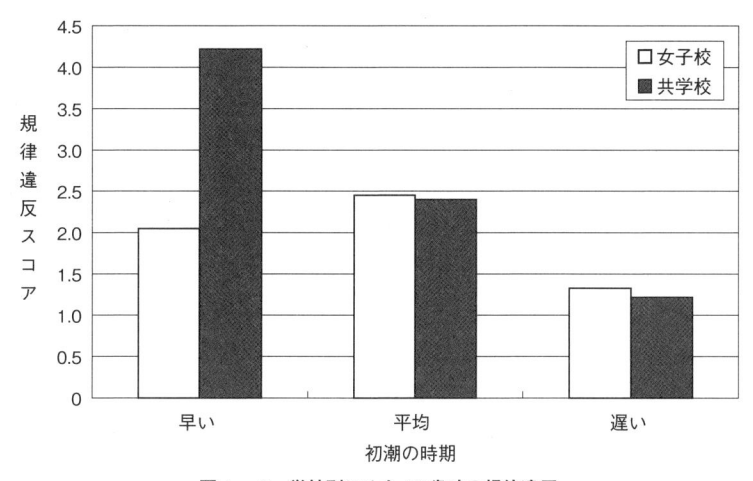

図4－9　学校別にみた13歳時の規律違反
(Caspi et al., 1993 の Figure 2 より作成)

ている。

　さらに，カスピらは，同じデータを用いた別の論文（Caspi & Moffitt, 1991）において，9歳時点の問題行動傾向の大小で調査対象者を2分割し，初潮の時期によって調査対象者が13歳から15歳にかけてどの程度問題行動を変化させたかを分析している。その結果は図4－10に示したとおりであり，初潮年齢が早いあるいは平均である者は，13歳から15歳にかけて問題行動のスコアを3.5点以上増加させているが，特に増加が著しいのは，9歳時点で問題行動傾向が大きく，かつ初潮を早く迎えた者であることが示されている。この結果についてカスピらは，初潮を早く迎えることは成熟ギャップを対象者にもたらし，もともとその対象者がもっている問題行動傾向を増幅させることに大きく寄与すると説明している。

　このように，初潮を早く迎えること自体が，単独で女子の非行化を促進するというよりも，初潮を早く迎えた者がもともとどの程度問題行動の傾向をもっていたか，あるいは非行促進的な環境に置かれていたかといった他の要因との交互作用によってその影響が大きく異なることが示されたわけである。初潮の時期と環境等との交互作用が女子の非行化に影響を及ぼすことは，米国で行わ

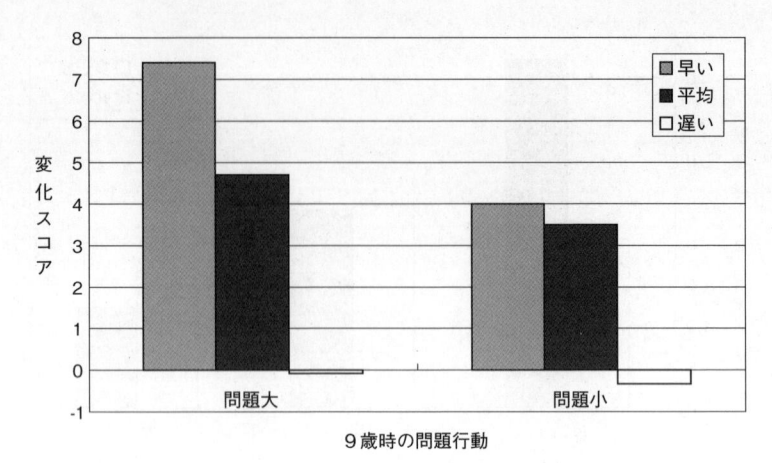

図4−10 13〜15歳の問題行動の変化量
(Caspi & Moffitt, 1991 の Figure 4 より作成)

れた他の調査研究においても確認されており（Obeidallah et al., 2004），わが国でも同様の実証的研究が実施されるべきである。

(2) ── 学業達成へのプレッシャー

　次に，女子の思春期非行を増加させていると考えられる要因の2つ目として，学業達成へのプレッシャーの増大を取り上げることにしたい。図4−11は，文部科学省が提供している統計より，女子の大学進学率の推移を，女子少年の一般刑法犯検挙人員（人口比）の推移とともに示したものである。これをみると，概ね近年になるほど，女子の大学進学率と検挙人員の人口比のいずれも増加しており，女子の大学進学率と検挙人員の人口比との間に正の相関がみられる。女子の大学進学率が上昇していることは，学業達成に対する期待が大きくなり，中学生段階での成績の良否が女子にとってより大きな意味を持つようになっていることを示唆しており，授業不振がより大きなストレスとなって非行の引き金となることが多くなっていると推測される。

　こうした推測をある程度裏付けるように，2章1節で紹介した「非行原因に関する総合的調査研究」では，学業不適応が少年の非行化と結びつくことが，1970年代から最近に至るまで顕著となってきたことを示唆する結果が示され

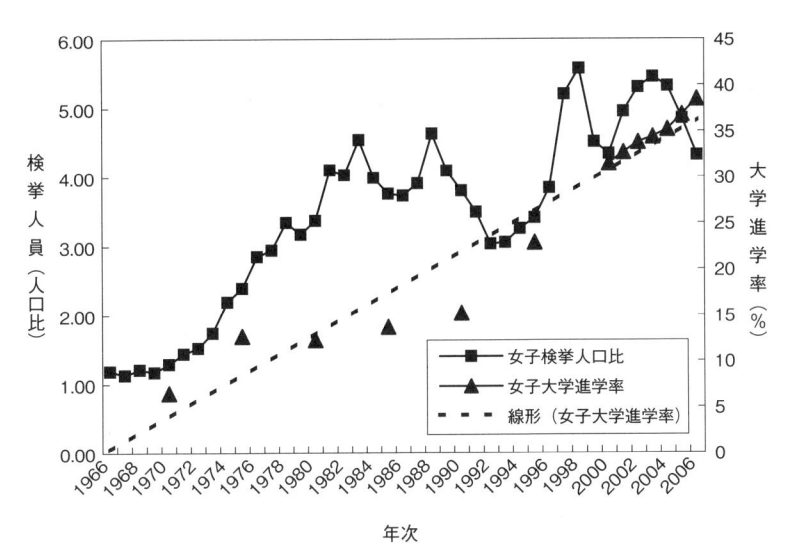

図4－11　女子少年の検挙人員（人口比）と大学進学率
（図4－6の女子人口比の数値と文部科学省の統計より作成）

ていた。こうした動向は性別にかかわらず示されていたが，さらに別の調査データを用いて，学業不振が非行と関連する度合いを男女で比較することにしたい。用いるデータは，1章で紹介した非行自己申告調査のデータである（小林・鈴木，2001；小林，2003）。この調査では，2000年に全国から抽出した一般の中学生に対して，過去1年間の非行経験のほかに，家族関係や学校生活や地域活動への参加等，日常生活の状況を尋ねている。学校生活に関わる調査項目から，学業成績に関する回答にしたがって男女別に調査対象者を分けて，非行頻度得点（不良行為10行為と犯罪相当行為4行為の合計）の平均値を示したのが図4－12，万引きの経験者率を示したのが図4－13である。

　図4－12をみると，男女とも成績の悪い者ほど非行頻度得点が高くなっており，同時に成績が同じ区分のなかでは，女子よりも男子の得点が高くなっている。成績別の両端である「上の方」と「かなり下」の得点を比較すると，男子では，「かなり下」は「上の方」の2.0倍であるのに対して，女子では「かなり下」は「上の方」の2.9倍となっている。一方，図4－13をみると，概ね男女とも成績の悪い者ほど，万引きの経験者率が高くなっており，同時に成

4章　少年非行の諸相

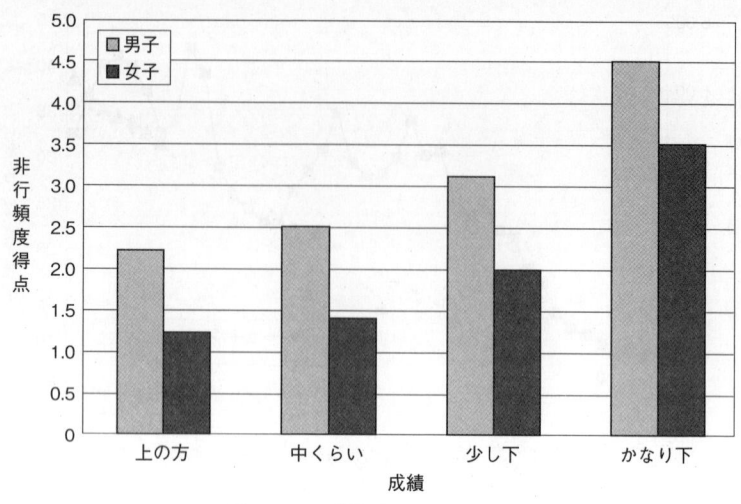

図4−12 成績別にみた非行頻度

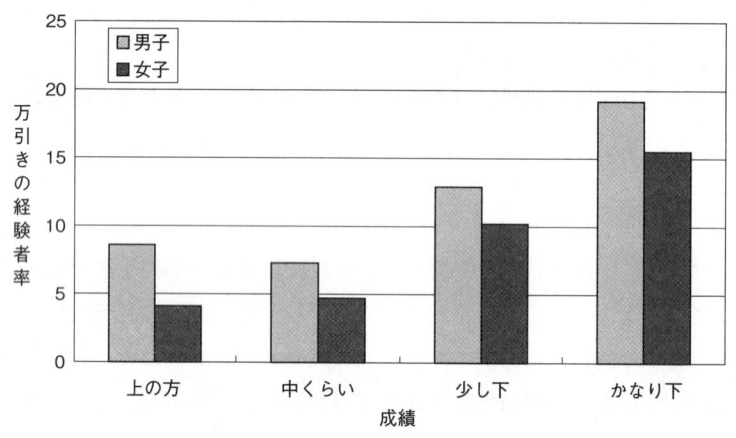

図4−13 成績別にみた万引きの経験者率

績が同じ区分のなかでは，女子よりも男子の経験者率が高くなっている。成績別の両端である「上の方」と「かなり下」の万引き経験者率を比較すると，男子では，「かなり下」は「上の方」の2.2倍であるのに対して，女子では「かなり下」は「上の方」の3.8倍となっている。

以上の結果を総括すると，近年では，学業成績の良否が，女子の非行化において男子と同様あるいはそれ以上に大きな役割を果たしていると理解することができよう。もっとも，学業成績の悪いことがそのまま女子の非行につながると考えるのは早計であり，その個人が置かれた環境によって影響の異なることが分析結果として示されている（小林・鈴木，2005）。その結果は図4-14のとおりであるが，この結果も先の自己報告非行の調査データを用いている。調査では，中学生の調査と合わせて，その保護者にも調査を行って，各人が過去数年間に非行防止や青少年健全育成のための地域活動（社会参加活動や環境浄化活動）にどの程度参加したかを尋ねている。その回答を地域単位で集計して，地域活動の活動水準を求め，最少，平均，最多に分けて，学業成績の程度別に不良行為頻度の最適推定値を示した。これをみると，地域活動が活発になるほど，学業成績の良否による不良行為頻度の違いが小さくなっており，女子の不良行為経験に対する，居住地域の活動状況と本人の学業成績との交互作用を示唆する結果が示されている。これは，非行防止や青少年健全育成を目的とする活動が盛んな地域に居住することで，地域の人からサポートを受けたり，社会参加活動を通して学業以外に打ち込めるものを見出したりして，結果として学

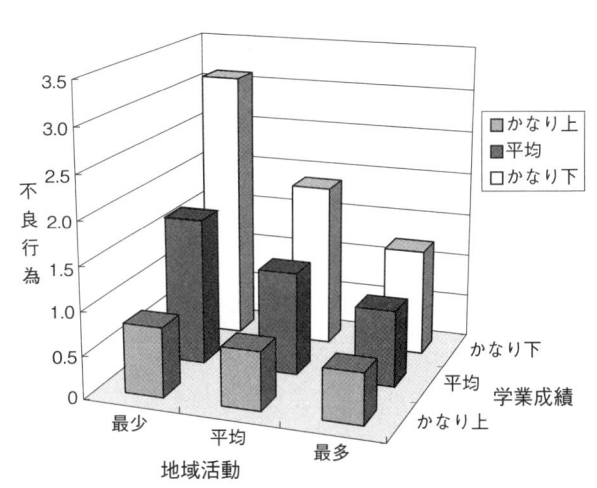

図4-14　学業成績の程度別にみた地域活動と不良行為の関連（女子）
(小林・鈴木，2005の図5)

業が不振な女子中学生の非行化が抑止されうることを意味しているといえよう。

❸……出会い系サイトの利用

これまで，女子非行が近年増加していることの説明として思春期発達に関わる現象を検討したわけであるが，今度は現代的な性関連非行として，出会い系サイトへのアクセスについて若干詳しく検討することにしたい。

(1) ── 問題の所在

女子少年が携帯電話を用いて出会い系サイトにアクセスすることは，援助交際等の性非行に発展しうる不良行為である。同時に，出会い系サイトにアクセスすることでトラブルに巻き込まれ，暴力や性犯罪などの被害に遭う事案が近年増加しており，青少年の健全育成にとって非常に憂慮すべき事態となっている。こうした状況をうけて，警察庁は学識経験者等から構成される「青少年問題調査研究会」を2003年に設置して，青少年の携帯電話や出会い系サイトの利用の実態および行動等を調査し，その分析を行った。筆者も研究会の委員として，調査の企画と分析を分担しており，本稿では，出会い系サイト利用に関わる主要な調査結果（主に筆者が再分析したもの）を紹介する（小林，2004）。

(2) ── 調査の方法

調査票を用いて，一般少年と非行少年の両方を対象に調査を実施した。一般少年については，6府県から中学校および高等学校を各3校選定し，さらに各校の第2学年から3クラスを抽出して，そのクラスに在籍するすべての生徒を対象とした。一方，非行少年については，調査期間中に，全国の都道府県警察で，刑法犯を行って検挙・補導された少年のうち，中学2年生または高校2年生を対象とした。女子の分析対象者数を示すと，中学生が1100名（一般少年920名，非行少年180名），高校生が925名（一般少年791名，非行少年134名）である。女子の非行少年が犯した刑法犯の主要な罪種をあげると，万引きが55％，占有離脱物横領が11％，傷害と自転車盗がともに7％である。調査実施期間は，2003年9〜12月である。

(3) ── 出会い系サイトの利用実態

　この調査では，調査対象者にまず，自分の携帯電話（PHSを含む）を持っているか否かを尋ね，持っていると回答した者を対象に，携帯電話や出会い系サイトの利用状況等を尋ねている。一般的に，出会い系サイトには広義と狭義の定義があり，広義には「面識のない者同士が出会うことを目的としてインターネット上に設置されたサイト」と理解され，狭義には「面識のない異性間の出会いの場を提供するサイト」と理解されている（ちなみに2003年9月から施行されている「出会い系サイト規制法」では，狭義の出会い系サイトについて規制を行っている）。本調査では，広い定義に従って出会い系サイトの利用状況と利用目的の態様を尋ねているが，青少年の健全育成の上で特に問題となっているのは狭義のサイトであり，狭義の出会い系サイトの利用実態をみることにする。

　調査結果は表4-2のとおりで，いずれも各群の分析対象者全体に対する％を示してある。女子の分析対象者全体では，1割の者が異性との出会いを求めて出会い系サイトを利用している。中学生と高校生のいずれも，一般少年よりも非行少年で経験者率が高くなっており，女子の非行少年の2割が異性を求めて出会い系サイトを利用していることがわかる。さらに，一般少年については，中学生よりも高校生で経験者率が高いが，非行少年については，高校生よりも中学生で若干経験者率が高いことが示されている。なお，本調査よりも新しいデータとして，2006年12月に社会安全研究財団が行った調査の結果を挙げると，出会い系サイトへのアクセスを経験した者は，一般女子の中学2年生で

表4-2　携帯電話と出会い系サイトの利用（異性との出会いを求めるもの）　　　　　　　　（％）

	中学生女子		高校生女子		女子全体
	一般	非行	一般	非行	
自分の携帯電話を所持	40.8	66.7	93.7	93.3	67.2
①異性の友人を作るために利用	3.6	20.0	12.1	18.7	9.4
②恋人を作るために利用	0.4	7.8	3.0	7.5	2.6
③援助交際の相手方を探すのに利用	-	3.9	0.6	3.7	0.8
①～③のいずれかあり	3.6	21.7	12.4	19.4	9.7

（小林，2004の表1）

7.1％，高校2年生で8.7％であった（社会安全研究財団，2007）。

　さらに，異性を求めて出会い系サイトを利用した者（196名）を母数にして，自分の年齢を年上と偽って書き込んだ者の割合を求めると，26.0％であった。同様に，異性を求めて出会い系サイトを利用した者を母数にして，出会い系サイトで知り合った人と実際に会った者，実際に会って何らかのトラブルに巻き込まれた者の割合をそれぞれ求めると，前者が43.9％，後者が6.1％（実際に会った者をベースにすると14.0％）となる。なお，異性との出会い以外，すなわち同性の友人や同じ趣味を持つ仲間を作ること等を求めて出会い系サイトを利用した者については，実際に人と会って何らかのトラブルに巻き込まれた者は全くいなかった。この調査結果は，相対的にみて，異性を求めて出会い系サイトを中学生や高校生が利用し，知り合った人と実際に会うことに大きなリスクを伴うことを示唆している。したがって，中学生や高校生が出会い系サイトでトラブルに巻き込まれたり，犯罪被害に遭わないようにするためには，異性を求めて出会い系サイトを利用しないように働きかけることが重要であるといえよう。

(4) ── 地域社会との関わり

　次に，出会い系サイト（異性間の出会いを目的とするもの）の利用を抑止する要因として，地域社会との関わりを検討したい。異性を求めて出会い系サイトを利用することが，情報化社会の進展で出現した新しい形態の不良行為，すなわち未成年者の健全育成にとって望ましくない行為と考えられるわけであるが，筆者は，こうした新しい不良行為についても，従来から行われている地域の非行防止活動や青少年育成活動が防止効果をもちうると期待している。こうした期待がどの程度妥当性をもつかを検証するために，地域社会との関わりを尋ねた結果をみてみよう。

　調査結果は表4－3に示したとおりであり，異性を求めて出会い系サイトを利用した群と利用しなかった群に女子の分析対象者全体を分けて，結果が示されている。上から4項目は，対象者が住んでいる地域の大人（家族以外）に対してどのように思っているかを尋ねており，いずれも肯定的な回答（「まったくそう思う」あるいは「そう思う」）を行った者の割合を示してある。出会い

表4－3　地域社会との関わり　　　　　　　　　　　　　　　　　　　　　　　　（％）

	異性間の出会い系サイト		女子全体
	利用有	利用無	
地域の人は，私をあたたかく見守ってくれている	37.8	52.4	51.0
地域の人は，困ったときに力になってくれる	33.8	44.6	43.5
地域の人が喜ぶようなことをしてあげたい	38.5	54.5	53.0
地域の人が悲しむようなことはしたくない	61.5	77.1	75.6
自然体験活動（ハイキング，田植え，芋掘りなど）	23.5	33.0	32.1
環境美化活動（公園の掃除，花を植えるなど）	32.1	42.6	41.6

（小林，2004の表2）

系サイト利用の有無で比較すると，異性を求めて出会い系サイトを利用した群は利用しない群と比べて，4項目いずれについても肯定的な回答が11〜16ポイントほど少なく，地域の遵法的な大人から見守られたり，アドバイスを与えられたりして，情緒的な強い結びつきを形成している者の少ないことが明らかである。

　一方，表4－3の下の2項目は，地域で行われている青少年対象の活動，すなわち自然体験活動と環境美化活動に，過去2〜3年間に参加したことのある者の割合をそれぞれ示してある。こちらも利用の有無で比較すると，異性を求めて出会い系サイトを利用した群は利用しない群と比べて，自然体験活動あるいは環境美化活動に参加した者が10ポイントほど少なくなっている。以上の結果は，地域活動に対する参加や地域の遵法的な大人との交流が青少年の遵法的な規範意識を育むことを通して，女子少年が異性を求めて出会い系サイトを利用することを抑止しうることを示唆していると思われる。

　さらに，表4－3の上の4項目を得点化しその合計得点を用いて，女子の分析対象者全体を，地域の大人との結びつきの強い群と弱い群にほぼ2等分し，さらにその2群を親子関係の良否（「親は自分のことをわかってくれている」に対して肯定的か否か）で分けて4群を作り，4群別に，異性を求めて出会い系サイトを利用した者の割合を算出した。その結果は図4－15に示したとおりで，親子関係の良否にかかわらず，地域の大人との結びつきが強い群は弱い群と比べて，出会い系サイトの利用（異性間の出会いを目的とするもの）の出

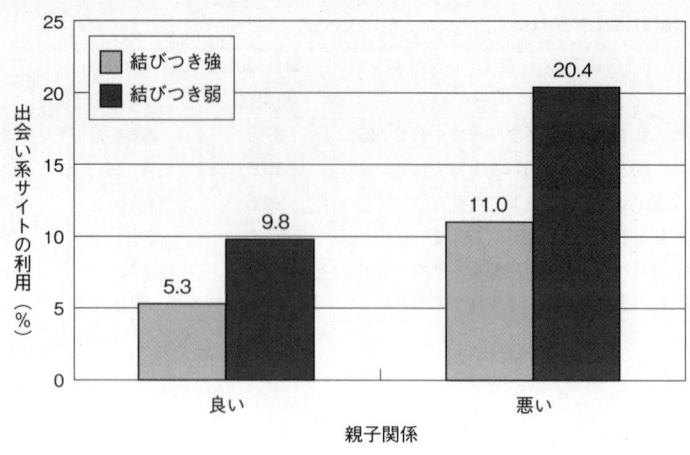

図4-15 親子関係の良否別にみた地域との結びつきと出会い系サイトの利用との関連
(小林, 2004)

現確率がほぼ半分となっている。また，親子関係がよいことか，地域の大人との結びつきが強いことのいずれかが満たされれば，こうした出会い系サイトの利用が1割程度に抑えられることが示されている。

(5) ── 今後の課題

　ここでは，女子中学生と女子高校生について，携帯電話と出会い系サイトの利用の実態および行動等を調査した結果を紹介した。分析対象者全体の1割が異性との出会いを求めて出会い系サイトを利用しており，利用した者の6.1％（利用して実際に相手と会った者の14.0％）が何らかのトラブルに巻き込まれていることがわかった。女子少年が異性を求めて出会い系サイトを利用することの背景として，家庭に心地よい居場所が存在しないことが考えられるが，家庭の機能不全を多少とも補完するために，地域の非行防止活動や青少年育成活動が重要であることを調査結果は示唆していた。出会い系サイトに関わる女子少年の性関連非行や犯罪被害を防止するためにも，出会い系サイトの規制を強めると同時に，青少年対象の地域活動をよりいっそう推進していくことが今後の課題であろう。

❹……まとめ

　本節では女子少年の非行について考察したが，女子は男子と比べて非行が一貫して増加しており，その増加を説明する要因をまず検討した。関連要因として，発達加速現象に伴う成熟ギャップの拡大と，学業達成のプレッシャーの増大を取り上げた。前者については，海外で行われた調査研究の結果を紹介したが，わが国での同様の実証的検証が待たれる。後者については，筆者が関わった実証的研究の結果を紹介した。

　身体的早熟と学業不振のいずれも，女子少年にとって非行化の危険因子といえるが，そうした非行化のリスクをもつ女子少年，つまり身体的成熟の早い者や学業不適応の者も周囲の働きかけ次第で非行の発現を未然に防ぐことが可能であると考えられる。したがって，思春期の女子少年をサポートするネットワークを構築することによりいっそう努力する必要があるといえよう。

　さらに，現代的な性関連非行として，出会い系サイトへのアクセスを検討した。そうした危険な行為を防止する方策として，インターネット上の規制を強化することも重要であるが，地域社会で青少年をサポートするシステムを地道に推進していくことが肝要であることが確認された。

　男女共同参画社会を推進する上で，女子少年が非行化して自他ともに大きな代償を負うことのないように，行動科学に基づく研究と非行防止の実践を進めていくことが重要であるといえよう。

3節 被害から加害への転化

❶……暴力の連鎖

　非行少年という場合，非行行為によって他者に危害を加える，という加害者としての側面に目が向けられがちであるが，非行少年自身が過去に何らかの被

4章2節の「3　出会い系サイトの利用」は，小林（2004）を加筆修正したものである。こうした形での利用を許可された財団法人青少年問題研究会（矢島正見理事長）に謝意を表したい。

害に遭っているという，被害者としての側面にも近年目が向けられてきている。この非行少年における被害と加害のつながりを検証するために，従来から「暴力の連鎖」（Cycle of Violence. Widom, 1989）として，過去の被害経験と非行との関係が研究されている。この「暴力が暴力を生む」という概念が最初に出てきたのは1960年代であるといわれるが（Haapasalo & Pokela, 1999），これは米国の小児科医ケンプら（Kempe et al., 1962）が「被殴打児症候群」を発表し，児童虐待が社会的に認知され始めた時期でもある。カーティス（Curtis, 1963）は，殺人に関する先行研究を引用して，殺人犯の過去を調べると児童期に親から激しい暴力を受けているケースが少なくないことを指摘し，そうした虐待を受けた者が後に暴力的になることは十分に考えられることであると述べている。その一方で，そのような虐待を受けた子どもの全員が凶暴な犯罪者になるというのもありそうにないと述べ，被害から加害への転化という問題を理解する重要性を指摘している。

　カーティスの指摘から40年以上が経つ現在も，児童期や青年期に受ける虐待，暴力の被害，いじめの被害，ドメスティック・バイオレンス（DV）の目撃などが，その後の加害につながるかを検証する研究は多い。しかしながら，被害を受けた者のすべてが加害者になるわけでないことは意見の一致をみているものの，被害の影響がなぜ異なるのかについては解明されていない部分も多い。本節では，これらの研究によって現在までに明らかにされている被害と加害の関係について，実証的な先行研究，理論的モデル，被害から加害への転化を抑制する保護因子に焦点を当てて説明する。

　ここで，本節で取り上げる「被害」についてその定義を述べたい。「被害」とは「その個人以外の行為者が社会的規範を犯すようなやり方で行動することによって，個人が被る損害」（Finkelhor & Kendall-Tackett, 1997）であるという定義がみられるが，具体的にはさまざまな被害を含む。ここでは主に暴力の被害（性的暴力や児童虐待を含む）に関する研究に焦点を当てる。また，この領域では，少年本人が直接的に被害を受ける場合のほか，他者が暴力的被害を受けるのを実際に目撃する場合（テレビやビデオ等のメディア映像で被害を見る場合は除く）も含めて，「暴力への曝露」（exposure to violence）と表現されることが多い。そこで，暴力への曝露には，直接的被害と目撃（間接的被

害）の双方を含めることとする。

❷……被害が与える影響

　暴力に曝された少年は，さまざまな否定的影響を受けることが知られている。例えば，抑うつ，不安，恐怖，悲嘆，PTSD（Post Traumatic Stress Disorder：外傷後ストレス障害），身体化（心理社会的な刺激に対して，精神的にではなく身体的に反応する傾向で，種々の疼痛や消化器系の症状などとして現れる），怒り，攻撃性や暴力，アルコール乱用や薬物乱用を含む物質乱用，ハイリスクな性行動，自傷行為，自殺念慮や自殺行動などの問題が指摘されている。さらに，こうした症状や問題行動と関連して，学校での不適応（教師とのトラブル，学業の低下など）を含む社会的不適応にもつながるとされている（Boney-McCoy & Finkelhor, 1995）。このうち，攻撃性や暴力，物質乱用の問題などが犯罪や非行に該当することになる。

　そこで，被害経験と主に非行との関連を指摘する研究をみていくことにする。その前に，研究方法の問題について簡単に整理したい。1つは，横断的研究と縦断的研究である。前者は，調査対象者に被害経験と非行経験を同一時点で尋ねる研究である。そのため，被害と非行に関連があると判明しても，因果の方向性までは主張できない。後者は，被害経験を測定した後，一定期間が経ってから非行経験を測定する研究である。こちらは，関連するその他の要因の影響を十分に統制した場合，被害→加害の方向性をより強く示唆する知見となる。

　また，調査対象者の選定方法によっても結果は異なる。非行少年を収容する施設や，被害に対する支援機関，医療機関等で対象者を選ぶ場合（臨床サンプル）と，学校における一斉調査や地域に住む少年をランダムに抽出して行う調査（地域サンプル）で比較すると，被害と加害の関連は臨床サンプルの方が強く出る傾向がみられる（Delsol & Margolin, 2004）。

　また，犯罪や非行の発生には，性別，年齢，社会経済的地位，家庭背景，居住地区などのデモグラフィック要因が影響するが，これらは被害の発生とも関連するといわれる。そのため，こうした交絡要因を統制した上で，被害と加害の関連を調べる必要がある。

　以下の研究は，被害経験として児童虐待（主に身体的虐待）と地域等におけ

る暴力への曝露を取り上げ，ほとんどの研究において，デモグラフィック要因を統制した上で，非行との関連を検討している。なお，横断的研究と縦断的研究，臨床サンプルと地域サンプルの相違に留意したい。

(1) ── 児童虐待と非行との関連

横断的研究は，非行少年の多くに被虐待経験があることを指摘している。臨床サンプルを用いた調査として，ハミルトンら（Hamilton et al., 2002）は英国で殺人を含む重罪の判決を受けて施設収容されている少年79人のうち，79.2％に被虐待歴（家庭外の被害を含む）があり，暴力犯罪または性犯罪を犯して収容されている者の74％，非暴力犯罪で収容されている者の33％に複数の被害経験がみられたとし，複数回の被害が暴力的犯罪と関連すると報告している。わが国でも，法務省法務総合研究所（2001）が全国の少年院の中間期教育過程に在籍する全少年を対象として家族から受けた加害行為（身体的暴力，性的暴力，不適切な保護態度）を調査し，1つ以上の被害経験がある者が7割，1つ以上の被虐待経験がある者が5割以上であると報告している。

地域サンプルの調査では，高校2年生449人の公的記録から虐待通報歴と非行歴を参照した結果，虐待の通報記録は非行あり群（21.4％）の方が非行なし群（6.1％）よりも有意に多かったという報告（Scudder et al., 1993）がある。こうした結果は，虐待の被害と非行の関連を示唆するものである。

続いて，縦断的研究についてみることにする。臨床サンプルによる研究として，ウィドム（Widom, 1989；Widom & Maxfield, 2001）は11歳未満に虐待の裁判所記録がある被虐待群（身体的虐待，性的虐待，ネグレクト）と，性別，年齢，人種，社会経済的地位のマッチングを行って抽出した一般の対照群が，平均26歳および33歳になった段階で警察記録を調べた。その結果，被虐待群の方が非行歴，犯罪歴を有する者が多く，はじめて検挙された年齢も早く，犯行の頻度も高いことが明らかとなった（表4-4）。対象者が平均33歳の時点の調査では，対象者の大半が犯罪の頻度がピークとなる20代前半を過ぎているため，対象者の今後をさらに追跡した結果とほぼ変わらないといえよう。また，デモグラフィック要因を統制すると，身体的虐待とネグレクトは犯罪や非行を予測したが，性的虐待は犯罪や非行とは強い関連がみられなかった，と報

表4-4 被虐待群と対照群の調査結果

調査時の対象者	Widom (1989) 平均26歳の時点		Widom & Maxfield (2001) 平均33歳の時点	
	被虐待群 ($n=908$)	対照群 ($n=667$)	被虐待群 ($n=908$)	対照群 ($n=667$)
少年時の検挙歴がある者	26.0%	16.8%	27.4%	17.2%
成人時の検挙歴がある者	28.6%	21.1%	41.6%	32.5%
過去に暴力犯罪の検挙歴がある者	11.2%	7.9%	18.1%	13.9%
初回検挙時の平均年齢	16.5歳	17.3歳	16.5歳	17.3歳
過去の犯行の平均回数	2.4回	1.4回	2.4回	1.4回
起訴5回以上の者	17%	9%	17%	9%

(Widom, 1989, Widom & Maxfield, 2001 より作成)

告している (Widom, 1989)。

　地域サンプルの研究として，スミスとソーンベリー (Smith & Thornberry, 1995) は公立学校の中学1～2年生の生徒を対象とした調査について，社会サービス局の情報から被虐待群を特定し，それ以外の対照群と比較した。その結果，非行経験者の割合は被虐待群 (45%) の方が対照群 (32%) より高く，デモグラフィック要因を統制しても，被虐待経験は非行経験や非行頻度を予測し，特に軽微な非行よりも重大な非行の危険因子であることを報告している。

(2) ── 学校や地域における暴力の被害と非行との関連

　次に，学校や地域など家庭外における被害経験に焦点を当てた海外の研究として，対象者1000人以上の比較的大規模な地域サンプルを用いた研究について取り上げる。

　横断的調査研究では，暴力行為に関連するデモグラフィック要因を統制した上で，被害経験と暴力・攻撃行動との関連を検討している。シュワブ＝ストーンら (Schwab-Stone et al., 1995) は，都市部の公立学校の生徒（小学6年生，中学2年生，高校1年生相当）2248人に対して，過去1年間の銃撃または刃物による暴力に曝露された経験について調べた。階層的重回帰分析の結果，性別，学年，社会経済的地位，人種を統制した上でも，過去1年間の暴力への曝露は反社会的行動やアルコール使用と有意に関連していた。

表4-5 各被害経験の有無別にみた非行経験者の割合

	男子		女子	
	被害あり	被害なし	被害あり	被害なし
身体的暴行の被害	46.7%	9.8%	29.4%	3.2%
身体的体罰の被害	44.6%	15.1%	20.0%	5.2%

(Kilpatrick et al., 2003 より作成)

また、キルパトリックら（Kilpatrick et al., 2003）は、全米の12～17歳の少年4023人に対する電話調査を行い、性的暴行、身体的暴行、家族による身体的体罰、（家庭の内外における）暴力の目撃の被害経験と、FBIの指標犯罪8種（殺人・過失でない致死、強姦、強盗、加重暴行、侵入盗、窃盗、自動車・オートバイ盗、放火）のうち1種以上の犯行の有無（生涯経験）を調べた。その結果、身体的暴行や身体的体罰の被害経験がある者の方が、被害経験がない者よりも「非行経験をもつ者の割合」が高かった（表4-5）。

縦断的調査研究からも被害経験と非行との関連が示唆されている。ブルックマイヤーら（Brookmeyer et al., 2005）は、2000年と2001年に実施した調査の双方に参加した公立学校の生徒（小学6年生、中学2年生相当）1599人のデータを分析した。過去1年間の暴力行為6項目（ケンカや傷害など）について2001年のデータを従属変数とし、過去1年間の暴力への曝露（被害と目撃各7項目）、暴力行為、貧困、性別など、2000年に実施したデータ項目を独立変数とした階層的重回帰分析の結果、被害経験は有意に1年後の暴力行為を予測したと報告している。

❸……被害と加害の双方向性

こうした研究から、被害と加害には一定の関連があり、縦断的研究の結果からは被害→加害という方向性が示唆される。すなわち、被害を受けたことが原因で、非行が始まったという因果関係が推測できる。その一方で、加害行為を行うようなライフスタイルを送る少年は、逆に被害に遭いやすい、という説明もある。非行少年は非行仲間と交友関係をもつことにより、暴力行為を行ったり他人の物を盗んだりするような人と接する機会が増え、その結果、自分自身が被害に遭うリスクを高め、結果的に被害少年と非行少年は重なっていると示

唆する研究もある（Lauritsen et al., 1991）。

　そこで，被害→加害と加害→被害の両方の方向性を含むモデルで縦断的データを分析した研究をみることにする。シェイファーとルーバック（Shaffer & Ruback, 2002）は米国の中高校生約5000人を対象とし，デモグラフィック要因のほか，友人と過ごす時間，物質使用，抑うつ，ソーシャルサポート，銃器へのアクセス等の変数を統制した。その結果，暴力の被害経験があった者は1年後に暴力行為を行いやすく，暴力の被害にも遭いやすかった。さらに暴力の加害経験があった者は1年後に暴力行為を行いやすく，暴力の被害にも遭いやすかった。この結果から，被害は加害とさらなる被害をもたらし，加害は被害とさらなる加害をもたらす，という様相がうかがえ，被害と加害の当事者として「被害に遭う非行少年」が描かれてくる。

　しかし，実際には非行経験のない被害少年や被害経験のない非行少年もいるわけで，「被害少年＝非行少年」という重なりだけでは被害と加害の関係を十分には説明できない。

　そこで，被害少年の異質性を調べた研究を取り上げる。キューバスら（Cuevas et al., 2007）は，全米の電話調査による横断的データ（10～17歳，994人）を用いて，過去1年間の被害経験と非行経験の数から少年の分類と比較を行った。その結果，非行経験・被害経験ともにある群（ここでは，非行＋被害群とする），被害のみ群，非行のみ群，被害・非行なし群の割合は，順に男子で26.1％，17.8％，15.6％，40.4％，女子で19.8％，20.2％，9.8％，50.1％であり，非行のない被害少年（被害のみ群）もある程度みられた。この分類を男女込みで年齢別にみると，非行のみ群は1割強で一定だが，被害のみ群は年齢とともに減少する一方，非行＋被害群の割合は年齢とともに増加し，特に13歳と14歳の間に急激な増加がみられた。この変化は，非行のみ群の被害経験が増えるというよりも，被害のみ群のなかから非行を始める者が出てくると解釈できるとキューバスらは指摘する。さらに，性的被害または虐待被害のある者をみると，それらの被害のみの群は，それらの被害と非行経験の両方がある群よりも平均年齢が低かった。このことから，性的被害または虐待の被害を受けた後，しばらくは非行がみられないが，年齢が上がるにつれて非行を行うようになる，という発達的な道筋が考えられることも指摘している。また，非行＋被害群は，

表4-6 非行＋被害群の下位分類

[暴力非行＋被害] 群
　大半が男子，平均14歳，被害と非行の種類が多く，成人からの被害も多く，児童期の逆境レベル*も高く，怒りが高い。

[非行＋性的被害または虐待被害] 群
　大半が女子，平均15歳と高く，非行は物質使用や軽微なものが多く，家庭内の成人からの被害が多く，抑うつと怒りが高い。

[財産非行＋被害] 群
　大半が男子，平均14歳，被害レベルが低く，家庭内の者からの被害が少なく，相対的に抑うつ，不安，怒りが低い。

*逆境レベル：被害以外のトラウマ経験（深刻な病気，事故，親の投獄など）や慢性的なストレス（親の口論，家庭の経済的困難など）の度合い。

(Cuevas et al., 2007 より作成)

　被害のみ群や非行のみ群よりも怒り・抑うつ・不安といった心理的症状のレベルが高く，さらに非行＋被害群の下位群によっても心理的症状のレベルが異なることが示された（表4-6）。

　キューバスらの研究は，被害少年が非行を犯すようになり，被害少年＝非行少年の重なりが増えてくること，被害と非行の種類によって少年の特徴が異なることを示唆しており，重要な指摘であるといえよう。

❹……被害から加害への転化に関する理論的背景

　被害経験がその後の犯罪や非行につながる道筋を説明するのに用いられる理論はいくつかあるが，ここでは主要なものを説明する。

(1) ── 社会的学習理論

　これは，バンデューラ（Bandura, 1977）が提示した理論であるが，暴力的な被害を受けたり目撃したりすると，対人的な葛藤状況に直面するなどフラストレーションを抱えた状態になった場合に，問題解決の手段として暴力を模倣するというものである。さらに，問題解決のために暴力を使ってもかまわないと認識したり，暴力そのものを肯定したりするようになるなど，暴力を用いることが規範であるという誤った価値観を持つことにつながる。

(2) ── 社会的情報処理モデル

これは社会的手がかりの認知に関する理論である。ドッジら（Dodge et al., 1990）は，虐待を受けた児童は社会的な手がかりに相手の敵意を読み取ることに非常に敏感になる一方，敵意を含まない社会的手がかりに注意が向かなかったり，敵意があるものと誤って認識したりしやすいことを見出した。例えば，廊下で偶然にぶつかってきた他の生徒が，わざとぶつかってきたと思いこみ，攻撃し返すといった状況である。他者が自分に対して常に敵対的な態度を持つと解釈し，他者に対して攻撃的に反応しやすい。そのため，向社会的な問題解決スキルが発達しないという問題も生じる。

(3) ── トラウマモデル

これは，被害という心理的な外傷体験（トラウマ）を経験することによって，さまざまな問題が生じ，非行につながっていくという説明モデルである（Haapasalo & Pokela, 1999）。その理論には，上で示した社会的情報処理モデルも含まれ，より統合的なモデルであるといえよう。以下，多少詳しく説明したい。

例えば，フォードら（Ford et al., 2006）は，心理的トラウマへのコーピング（対処行動）として非行化の背景を説明する。虐待や暴力への曝露によって生命や身体的傷害の危険を体験すると，傷つき，怒り，絶望感，不信感，空虚感という感情を体験する。こうした感情をやり過ごすためにあらゆる手段をとるという段階を，「生存者コーピング（survival coping）」と名付けた。この段階の行動は助けを求める叫びといってよい。この生存者コーピングを続けるなかで，絶望感や孤独感に対処し，安心感と自己コントロール感を回復するための防衛的な対処として，他者への無関心あるいは反抗的・攻撃的態度をとるように変化する。これをフォードらは「被害者コーピング（victim coping）」と名付けた。この被害者コーピングには，①情動のコントロールに関わる問題と，②思考と判断による情報処理の問題という2つの大きな問題が関与する。前者は，特に恐怖，怒り，混乱，落胆といった感情がコントロールできず，それらの感情に圧倒されて行動化したり，逆に何も感じなくなってしまうといった問題を指す。後者は，思考や判断の仕方が刺激に対する固定化された応答パター

ンのように柔軟性がなく，衝動的，挑戦的になるという問題であり，先の社会的情報処理モデルと重なる。これらの問題によって，自尊心は低下し，自己や仲間，他者との関係性に対する見方は歪み，日常的な問題解決すら困難になる。それに伴い，不信感，回避行動，他者に対する反抗的態度が支配的な反応様式になる。

　この感情と認知の問題が，被害経験とどのように関連するかを示唆する研究がある。シュウォーツとプロクター（Schwartz & Proctor, 2000）は，一般の小学生を対象とした横断的調査を行い，構造方程式モデリングを用いて分析した。それによると，暴力の被害経験は，情動のコントロール力に否定的な影響を与え，その結果，攻撃性の増加，仲間からの拒絶，いじめの被害につながっていた。一方，暴力の目撃経験は，社会的情報処理の問題に否定的な影響を与え（暴力を肯定的にみるようになるなど），攻撃性が高まると指摘している。

　攻撃性が高まると向社会的な仲間関係が築きにくくなる。ある被虐待児に関する縦断的研究では，被害児童は高い攻撃性を示し，その結果，仲間から拒否されていたが，虐待の被害から引きこもりを生じた場合，仲間の拒否とは関連しなかった（Bolger & Patterson, 2003）。向社会的な仲間から拒否されると，反社会的な仲間との交友が始まり，非行に向かう者も出てくる。

(4) ── 非行への転化

　以上，被害経験から非行への転化に関する主な説明モデルを示した。しかし，こうした理論だけでは，被害経験から非行に至る道筋がイメージしにくい。そこで，被虐待経験のある非行少年の事例を記述する橋本（2004）の指摘を取り上げたい。

　虐待を受ける被害少年は，虐待からの回避行動として，家出や盗みを始める。家出は虐待者からの回避であり，盗みはネグレクトによって食事を与えられていない状況下での生存のためであったり，また与えられない愛情の代償であったり，さらには救助を求めるサインであるという。橋本は，これらの逸脱行動を「虐待回避型非行」と名付けた。

　また，先のフォードら（Ford et al., 2006）の指摘のように，被害少年は感情コントロールの問題（感情の爆発，感情の麻痺），歪んだ認知や価値観など

の問題から，学校不適応を起こすなど社会的に孤立してゆく。さらに対人関係上の問題として，他者への不信感，低い自尊心，孤独感や空虚感，恨みの感情，対人関係における過敏さや傷つきやすさが問題になると，橋本は指摘する。こうした状況のなかで不良仲間と知り合うことで，仲間といる楽しさや一体感，解放感，刺激やスリルを味わう。すると，不良仲間とつき合う時間が増え，不良仲間への迎合などもあり，非行行為への抵抗感も乏しく，非行が常習化し，エスカレートしていく。橋本は，虐待回避型非行がエスカレートして家出や万引を繰り返す事例のほか，「暴力粗暴型非行」「薬物依存型非行」「性的逸脱型非行」の類型に移行する事例を描写している。

対人的暴力を振るう「暴力粗暴型非行」では，虐待者（親など）から受けた攻撃的言動を学習し（社会的学習理論），「弱い被害者」ではなく暴力を振るう「強い加害者」に同一化し，今まで受けた虐待から生じる恨みを他者に転化するといった機制が指摘される。また，感情コントロールに問題があるために，すぐに感情を爆発させたり，感情や感覚を遮断してしまう「解離」によって，激昂状態のなかでパニックになったり，暴力を振るう相手への手加減がなくなることもあるという。また，被害は自分ではどうすることもできないものとして体験されるが，その被害体験を自分のなかでコントロールできる体験にするために被害を自ら反復する「マスタリー」の機制なども指摘している。「薬物依存型非行」では，薬物使用に向かう理由として，孤独感や空虚感を埋めてくれる不良仲間との一体感，低い自尊心を背景とした自傷行為としての薬物使用，薬物の作用による現実逃避といった問題点を指摘している。さらに，女子少年に多くみられる「性的逸脱型非行」では，性に対する歪んだ認識や価値観，自分を大切にできない自傷行為としての性的逸脱，性交渉のなかで相手の男性に父親像を求めるといった道具としての性などの問題点を指摘している。

さらに，藤岡（2001）は「被害者」であった少年が「加害者」に転回する過程を理解する上で，他者への愛着を切ること，加害者に同一化すること，そして社会的孤立のなかで反社会的ネットワークと接触し，反社会的価値観や態度を強めることが，重要な鍵概念であることを示唆している。

以上の示唆から，被害少年が非行・犯罪へと向かっていく道筋がみえてくると思われる。被害の影響として情動のコントロールの問題，認知の歪みの問題

等が生じ、問題行動を起こすことで社会的に孤立し、やがて反社会的ネットワークに接触するなかで非行化が進んでいくという様相がうかがえよう。

❺……保護因子

最後に、被害の影響を緩和する保護因子について言及する。保護因子は、大きく内的な資源と外的な資源に分けて考えることができる。内的な資源とは、被害を受ける個人の資質（自尊心など）やコーピング（対処行動）を指す。一方、外的な資源とは、被害を受ける個人を取り巻く環境を指し、家族やそれ以外の社会的関係を持つ人々からのサポートを含む。

被害経験と非行との関連については、外的資源である家族機能を検討した研究がみられる。スラム街に居住するアフリカ系アメリカ人を対象とした縦断的研究（Gorman-Smith et al., 2004）では、家族機能の高い家庭（情緒的なつながりが強く、強い家族志向があり、一貫した養育がみられ、家族内の役割や責任が組織化されている家庭）は、暴力への曝露から暴力の加害に向かう関係を有意に弱めたとして、家庭のしつけや監護力だけではなく、情緒的なサポートの重要性を示唆している。また、公立小中学校の生徒を対象とした縦断的調査（Brookmeyer et al., 2005）では、暴力に曝露された場合の保護因子として、親の情緒的サポート（男子）、社会的手がかりを向社会的に認知する仕方（女子）を男女別に特定している。特に、保護者によるサポートに関しては、大人は物理的安全と心理的安心を提供できるという点が重要である。安心して受け止めてくれる保護者とトラウマ的な体験やそれにまつわる感情について話す機会を持つことが、不安や抑うつの低下をもたらした（Kliewer et al., 1998）という知見は、保護者のサポートが少年の感情の問題を緩和することを示している。こうした研究は、保護者によるサポートや向社会的な情報処理の重要性を示唆しているが、これらは先述したトラウマモデルにおける感情と認知の問題に対応した保護因子であるといえよう。

❻……おわりに

従来からいわれるように、犯罪等の被害を受けた者の多くがその後に非行や犯罪を犯すわけではない。しかし、前出の調査（Widom & Maxfield, 2001）では、

被虐待経験のある少年のうち25年経った時点で交通犯罪以外の検挙歴を有していた者が49％に上っていたという。このことは，被害と非行や犯罪のつながりが無視できないことを示唆している。被害によってさまざまな否定的な影響を受けるなかで，非行（加害）という行動によって対処せざるをえなかった状況を考えていくことが，被害から加害への転化を理解する上で重要であり，少年非行の理解の枠組みを広げていくものと思われる。

第2部 実践編

5章 非行を未然に防止する活動

1節 地域社会における非行防止活動

❶……非行防止の分類

　まず，実践編のはじめにあたって，非行防止に関わる活動の分類について述べておきたい。端的にいうと，少年非行に関わる実践はすべて非行防止を目的としている。その場合の非行防止とは，非行の未然防止だけでなく，非行を行った少年の再非行を防止することも含んでいる。
　予防精神医学における疾病予防モデル（Caplan, 1964）を援用して，非行防止を次の3つに分類して考えたい。

(1) ── 一次予防

　一次予防は，問題行動や問題傾向が始まる前に，子どもに対して非行抑制因子（規範意識，遵法意識，忍耐力，自尊心等）を育んだり，親に適切な子育てのあり方について知識を付与することを通して，非行の未然防止を図るものである。こうした活動の多くは，非行防止を明示的にその目的に掲げているものではなく，また担当する公的機関も，捜査や司法に関わる機関よりも，教育や児童福祉に関わる機関の果たす役割が大きいといえる。なお，一次予防の活動は，特定の個人というよりは，学校，学級，地域といった集団を単位に実施されることが多い。

(2) ── 二次予防

　二次予防は，問題傾向が現れ始めた者に対して，その問題傾向がエスカレー

トして本格的な非行に至ることを防止する活動や，過去の経験や知見から非行化のリスクが高いと考えられる者を選んで予防的な働きかけを行うことを意味する。具体例としては，詳細は後で述べられるが，警察の少年相談が挙げられる。警察が行う少年相談では，飲酒，喫煙，家出や深夜徘徊といった不良行為を行った少年とその保護者を対象として，そうした少年が本格的な非行，すなわち犯罪行為等の少年法に規定される非行を犯すに至らぬように働きかけを行っている。

(3) ── 三次予防

三次予防は，既に非行を行った少年に対して再び非行を犯さないように立ち直りを支援する活動を意味する。ここでいう，既に非行を行った少年とは，少年法に規定される非行を行って，少年事件の法的手続きに則って取り扱われる少年を意味する。こうした少年は，家庭裁判所，少年鑑別所で調査や鑑別を受けて，少年審判の結果に従って，少年院や保護観察所等で保護処分という働きかけを受ける。対象となる少年の問題性に応じて，受ける働きかけの内容は大きく異なるが，いずれも対象とする少年の更生，すなわち非行からの立ち直りを目的としている。

一般的な傾向として，一次予防から三次予防に至るほど，対象とする少年の問題性が深まり，年齢も上昇し，対象者一人あたりの働きかけの労力が大きくなる。いずれにしろ，少年非行について，一次予防，二次予防，三次予防のいずれも重要な活動であるので，実践編では，該当する活動について順次，説明を行い，その内容をみていく。

❷……地域の非行防止活動とは

そこで本節では，少年非行の一次予防として，地域で実践されている非行の未然防止の活動について，その効果的な態様がどのようなものであるかをみていきたい。地域で実践されている非行防止活動のなかで，住民参加を伴う非行防止活動をみていくが，そうした活動はその内容から，内的非行抑制因子を育むための活動と，青少年が非行を行う機会を除去する活動に大別される。

まず，前者の内的非行抑制因子を育む活動は，青少年の社会参加活動あるい

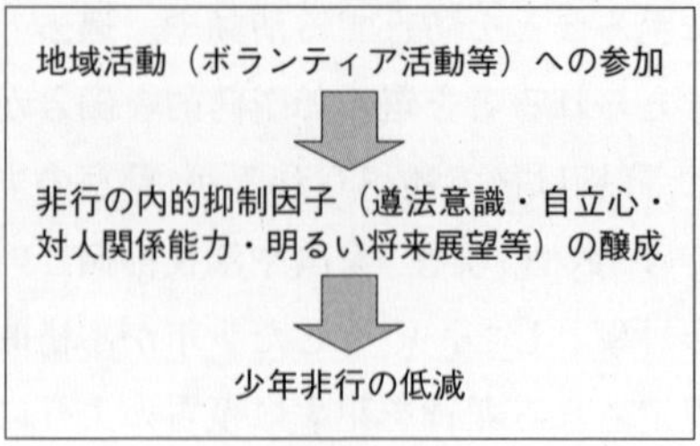

```
┌─────────────────────────────┐
│ 地域活動（ボランティア活動等）への参加 │
└─────────────────────────────┘
              ↓
┌─────────────────────────────┐
│ 非行の内的抑制因子（遵法意識・自立心・ │
│ 対人関係能力・明るい将来展望等）の醸成 │
└─────────────────────────────┘
              ↓
        ┌──────────┐
        │ 少年非行の低減 │
        └──────────┘
```

図5-1　社会参加活動で期待される関連

は，近年は青少年の居場所づくりと呼称されるもので，犯罪学の専門用語では「社会的犯罪予防」あるいは「発達的犯罪予防」に該当するものである。社会参加活動では，スポーツ活動，自然体験活動や社会奉仕活動などに青少年やその保護者が参加することによって，規範意識，遵法意識，忍耐力，自尊心，他者との愛着といった内的抑制因子を青少年の心のなかに育むこと，つまり適切な社会化を通して少年非行を防止することを目指している。その期待される非行防止のプロセスを図示すると，図5-1のとおりとなる。一般の小学生や中学生を参加対象とする社会参加活動では，非行防止を目的として明示的に掲げたものは少ないが，青少年の健全育成や自立支援を目的として，青少年関係機関と地域住民の協働によって広く実施されてきた。

　もう一方の，青少年が非行を行う機会を除去する活動とは，繁華街でピンクビラを取り除いたり，成人向け雑誌の自動販売機を撤去したりする環境浄化活動や，繁華街での街頭補導活動やパトロールを行うことを意味している。こうした活動は犯罪学の専門用語では「状況的犯罪予防」に該当するものである。こうした活動では，地域の成人のボランティアが活動の主体であり，未成年者は主体ではなく，場合によっては活動の客体となるものである。以上，2種類の非行防止活動を説明したが，両方の活動はわが国の各地域社会の状況に応じて相互補完的に実施されているようである。

❸……非行防止活動の実施概要

　住民参加を伴う非行防止活動の企画ならびに運営の方法であるが，わが国では長らく，公的機関と地域住民が協働して取り組むべきものとして実施されて

きた。関係する公的機関として，警察，学校，自治体，保護観察所など多くの機関が関わってきたが，そのなかで警察が最も中心的な役割を果たしてきたと考えられる（小林，2007）。

そして，各公的機関は，中核的な住民ボランティアとして，町内会・自治会役員，少年補導員等の少年警察ボランティア，PTA役員，青少年育成協議会役員，保護司，BBS会員などを委嘱し，公的機関と住民ボランティアが連携して，各地域の実情に応じた非行防止活動を企画し，運営してきた。ちなみに，警察は全国で次のような少年警察ボランティア約5万9600人を委嘱している（内閣府，2007，132頁を参照）。

・少年指導委員（約6700人）：「風俗営業等の規制及び業務の適正化等に関する法律」に基づいて，都道府県公安委員会から委嘱され，少年を有害環境の影響から守るための少年補導活動や風俗営業者等への協力要請活動に従事している。
・少年補導員（約5万2400人）：街頭補導活動，環境浄化活動をはじめとする幅広い非行防止活動に従事している。
・少年警察協助員（約500人）：非行集団に所属する少年を集団から離脱させ，非行を防止するための指導・相談に従事している。

このように，公的機関と住民ボランティアが連携して企画される地域の非行防止活動に，中核的な住民ボランティア以外の一般住民や青少年も参加しており，一般住民や青少年の地域活動への参加を促す上で，住民ボランティアが果たす役割は非常に大きいと考えられる。実際には，非行防止活動の企画や運営において，住民ボランティアがどの程度主体的に関与しているかは，地域差がかなり存在するようである。

❹……非行防止活動を活性化するプロセス

(1) ── 説明モデル

次に，警察が住民ボランティアと協働で行う非行防止活動について，その活動を活性化させるプロセスを検討する。筆者は，従来からコミュニティ心理学の知見に基づいて，非行防止活動に対する住民参加の説明モデルを提示しており（小林，1999），図示すると図5-2のとおりとなる。それは，「活動集団の

```
┌─────────────┐     ┌─────────────┐     ┌─────────────┐
│ 活動集団の  │     │ 地域に対する│     │ 参加者の活動│
│  組織特性   │     │   統制感    │     │ への取り組み│
│             │  ⇒  │             │  ⇒  │             │
│・住民リーダー│     │・地域に対する│     │・活動頻度   │
│  の働き     │     │  自己効力感 │     │             │
│             │     │             │     │・活動       │
│・警察の     │     │・地域の問題 │     │  参加意欲   │
│  働きかけ   │     │  解決能力へ │     │             │
│             │     │  の信頼     │     │             │
│・他機関の   │     │             │     │             │
│  協力・援助 │     │             │     │             │
└─────────────┘     └─────────────┘     └─────────────┘
```

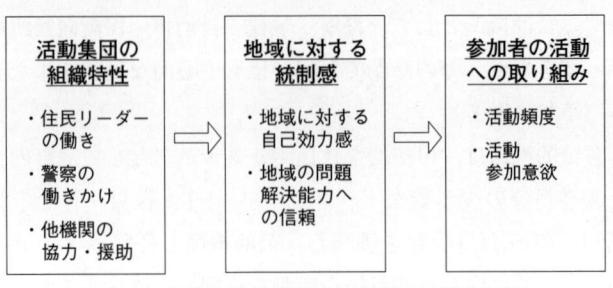

図5−2 非行防止活動に対する住民参加の説明モデル

組織特性」「地域に対する統制感」「参加者の活動への取り組み」を主要な構成要素とし，「活動集団の組織特性」→「地域に対する統制感」→「参加者の活動への取り組み」という連鎖的な関連を想定している。以下，この説明モデルの内容を説明したい。

　まず，住民参加を促進する「活動集団の組織特性」の内容は，「住民リーダーの働き」「警察の働きかけ」「他機関の協力・援助」に大別される。「住民リーダーの働き」には2つの特徴が含まれる。1つ目は「参加民主主義的リーダーシップ」であり，活動参加者すべてに対して，重要な決定事項に関わる意見を表明する機会と，各々の適性を反映し，個人の技能の発達に寄与する役割を遂行する機会が与えられることを意味する。さらに，2つ目の特徴として，目標とする成果を生むように効率的に活動が運営されることがあげられ，具体的には，活動計画がきちんと立てられ，警察などの公的機関や他の民間団体などと連絡・調整が緊密に行われることを意味する。このような民主主義的で実務能力に長けたリーダーシップが効果的な活動運営にとって重要であると想定している。一方，「警察の働きかけ」は，警察が住民の活動を支援するために必要な情報提供，すなわち地域の正確な非行発生状況や非行防止のノウハウの提供等を適切に行うことを意味しているが，この場合も警察が住民サイドの要望や主体性を十分に尊重して，地域の非行防止活動に関わることが重要であると考えられる。また「他機関の協力・援助」は，警察以外の機関，すなわち自治体や学校や地域の企業やNPO（例えば，ガーディアン・エンジェルス）がよく支援してくれること（例えば，青少年の活動に利用できる施設や資器材等を提供してくれる

こと），換言すれば，地域における多くの社会資源が動員されていることを意味している。

次に「地域に対する統制感」の内容は，主に「地域に対する自己効力感」と「地域の問題解決能力への信頼」に大別される。「地域に対する自己効力感」とは「住んでいる地域の状況に自分が主体的に影響を及ぼすことができるという感覚」を意味しており，「地域に対する自己効力感」を高めることが住民個々人のエンパワーメントであると考えられる。「地域に対する自己効力感」の内容を詳述すると，自分の行うことが地域の状況を変えうるという状況認識に加えて，具体的に誰に働きかければ状況が変わるのかといったノウハウの理解も含まれる。一方，「地域の問題解決能力への信頼」とは「自分が住んでいる地域において住民同士が協力して問題を解決できると考えること」を意味する。概ね，「地域の問題解決能力への信頼」の高いことが「地域に対する自己効力感」をもつことの必要条件であると考えられるが，「地域の問題解決能力への信頼」の高いことは必ずしも特定個人の「地域に対する自己効力感」が高いことを意味しない。最終的に，活動参加者個々人の「地域に対する自己効力感」を高めることが，非行防止活動に対する積極的な住民参加を維持することにとって重要であると想定している。こうした連鎖的プロセスの最終的な結果として，「参加者の活動への取り組み」，すなわち，参加者の「活動頻度」や「活動参加意欲」が高くなると考えられる。

(2) ── 実証研究の結果

こうした説明モデルの妥当性を検証する研究が実施されており，その分析結果は図5-3に示すとおりである（小林，2007）。この研究の調査手続きを簡単に述べると，日本全国の各都道府県から，公立中学校の校区を単位として，住民の連帯意識の高いあるいは低いと考えられる地域を1つずつ選定し，各地域において非行防止活動の企画および運営に関わっている住民ボランティア（町内会・自治会役員，少年補導員，PTA役員などの役職を務めている人）15名ずつを対象に質問紙調査を実施した。調査手続きに不備のあった地域の調査票等を除いて，92地域の住民ボランティア1421名の回答を分析対象とした（調査の実施時期は2000年1～3月）。

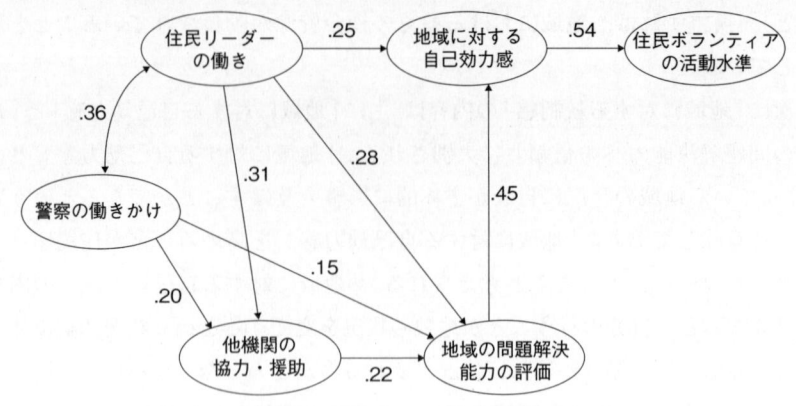

図5−3　分析結果：住民ボランティアを活性化するプロセス
(小林, 2007 の図1)

　分析方法としては，住民ボランティア個々人を分析単位とする構造方程式モデリング（潜在変数を用いたパス解析）を行ったが，分析には，住民ボランティアの回答から説明モデルの各要素に関わる変数を作成して用いた。図5−3の変数間のパスに付けられた数字は標準化したパス係数の値であり，分析結果は，概ね説明モデルを支持する内容となっている。「活動集団の組織特性」については，警察が住民の自主性やニーズを尊重した働きかけを行い，適切な情報提供を行うことや，住民のリーダーが民主的で効率的な活動運営を行い，関係機関との緊密な連携を図ることが，警察以外の機関や団体の支援を得ること，すなわち地域内の多様な資源の動員につながることが示されている。また，非行防止活動に対する住民ボランティアの活動水準を高めるためには，各住民ボランティアが活動を通して，地域に対する自己効力感を高めることができるような活動運営を行うことが必要であることが示されている。
　さらに，追加的な分析として，住民による非行防止活動が効果を生むプロセスについても分析を行っており，図5−4の結果を得た。分析に用いたデータは先の図5−3の分析と同じであるが，住民ボランティアの調査データに加えて，各調査対象地域において公立中学校の3クラス分の生徒とその保護者を対象に行った質問紙調査のデータも含まれている。図5−4の各要素について簡単に説明すると，まず「住民ボランティアの活動水準」は，住民ボランティア

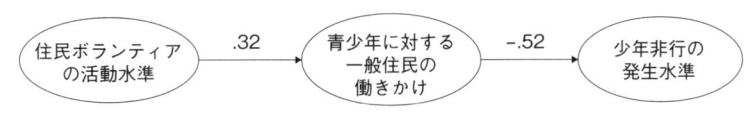

```
住民ボランティア   .32   青少年に対する   -.52   少年非行の
の活動水準    ────▶   一般住民の     ────▶   発生水準
                      働きかけ
```

図5－4　分析結果：非行防止活動のプロセスと効果

(小林，2007の図2)

が過去1年間に行った青少年対象の社会参加活動の頻度と，社会参加活動以外の非行防止活動の頻度を指標としている。「青少年に対する一般住民の働きかけ」は，中学生の保護者が過去5年間に青少年のための地域活動（社会参加活動や環境浄化活動など）に参加した頻度と，中学生が「地域の人は，私をあたたかく見守ってくれる」と回答した度合いを指標としている。また「少年非行の発生水準」については，中学生が過去1年間に行ったと自己申告した不良行為（飲酒・喫煙・深夜徘徊などの10行為）と犯罪行為（暴行・器物損壊・占有離脱物横領・万引きの4行為）の頻度を指標としている。3つの構成要素ともに，地域レベルの平均値を観測指標とする潜在変数を構成し，構造方程式モデリングで分析した。

図5－4の分析結果をみると，非行防止活動における中核的な住民ボランティアの活動水準が高い地域ほど，中学生による非行の発生が少なくなっているが，その関連が，青少年に対する地域住民全般の働きかけの多さによって媒介されていることが示されている。したがって，非行防止活動を効果的に推進するために，町内会・自治会役員や少年補導員等の中核的な住民ボランティアは地域の非行防止活動を自分たちだけの活動にとどめることなく，地域住民全体の幅広い活動となるように配慮して活動することが重要であり，中核的な住民ボランティアには，地域住民全体の幅広いニーズを汲み取り，非行防止活動の運営に反映させることができる高度の調整能力が求められるといえよう。

❺……非行防止活動の効果的な態様

今度は，住民参加を伴う非行防止活動のうち，どのような内容の活動が非行防止の上で効果的であるかをみることにしたい。先の図5－3，図5－4と同

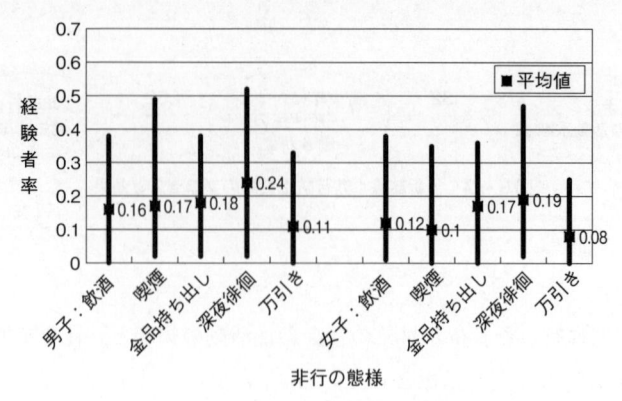

図5-5 過去1年間の非行の経験者率

じ調査データを用いて分析を行った（小林，2003）。分析方法としては，地域単位で，各種非行防止活動の態様ごとに参加者率（中学生の男女別と保護者について過去5年間）を算出し，中学生が過去1年間に経験した不良行為の頻度（飲酒，喫煙，金品持ち出し，深夜徘徊などの回数の平均値）や万引きの経験者率との間で相関係数を算出した。その結果は，表5-1から表5-3に示した。さらに，保護者については，地域で行われている青少年対象の地域活動について評価を求め，各項目に対する肯定者率と不良行為頻度あるいは万引きの経験者率との相関係数を地域単位で算出した。こちらの結果は表5-4に示した。ちなみに，不良行為（飲酒，喫煙，金品持ち出し，深夜徘徊の4行為）と万引きについて，男女別に地域単位の経験者率を図示すると図5-5のとおりとなる。■は92地域の平均値であり，最小値と最大値の間，すなわちレンジが縦棒で示されている。男女とも非行の発生について地域差がかなり存在することがわかる。

(1) ── 中学生の参加経験

表5-1には，各種社会参加活動に対する中学生の参加者率について，記述統計量ならびに少年非行の発生水準との相関係数を示してある。少年非行の発生水準との相関係数をみると，男女とも絶対値の小さなものを除けば，相関係数は負の値となっており，各活動に対する参加者率が高くなるほど，非行が少

表5－1 社会参加活動に対する中学生の参加（参加者率） (N=92)

		平均 （標準偏差）	範囲	不良行為との 相関	万引きとの 相関
お祭りや盆踊りなどの行事	男	87 (7) %	33 (67～100) %	-.14	-.16
	女	87 (8)	43 (57～100)	-.12	-.23 *
柔道・剣道・野球・サッカーなどのスポーツ活動	男	65 (11)	48 (38～86)	.01	.01
	女	43 (13)	59 (16～75)	-.26 **	-.24 *
公園の掃除や，花を植えるなど地域をきれいにする活動	男	56 (13)	63 (17～80)	-.17 *	-.29 **
	女	58 (16)	68 (26～94)	-.27 **	-.24 *
ハイキング，田植え，芋掘りなど，自然に親しむ活動	男	50 (12)	57 (23～80)	.01	-.09
	女	48 (12)	58 (20～78)	-.19 *	-.32 **
竹馬・たこ・わら細工などを自分で作る活動	男	29 (11)	54 (7～61)	.01	-.00
	女	29 (10)	44 (13～57)	-.27 **	-.29 **
お年寄りの家庭や施設でのボランティア活動	男	23 (12)	57 (2～59)	-.03	-.24 *
	女	31 (14)	63 (5～68)	-.16	-.14

相関係数の有意水準は次の通り　* P<.05　** P<.01

（小林，2003 の表5）

なくなっている。男子では，不良行為については，「公園の掃除や，花を植えるなど地域をきれいにする活動」で統計的に有意な相関係数が得られ，万引きについては，「公園の掃除や，花を植えるなど地域をきれいにする活動」と「お年寄りの家庭や施設でのボランティア活動」で統計的に有意な相関係数が得られた。一方，女子では，不良行為については，「お祭りや盆踊りなどの行事」と「お年寄りの家庭や施設でのボランティア活動」を除いた4つの活動で統計的に有意な相関係数が得られ，万引きについては，「お年寄りの家庭や施設でのボランティア活動」を除いた5つの活動で統計的に有意な相関係数が得られた。男女合わせてみると，不良行為と万引きのいずれについても有意な関連がみられない，すなわち，非行防止効果がほとんどないと考えられる活動は1つもないが，最も一貫して関連がみられるのは「公園の掃除や，花を植えるなど地域をきれいにする活動」である。

次に，表5－2には，社会参加活動における中学生のさまざまな経験の経験

表5-2 社会参加活動における中学生の経験（経験者率）

(N=92)

		平均 （標準偏差）	範囲	不良行為との相関	万引きとの相関
他の人と協力して最後までやりとげた	男	67 (11) %	45 (42～87) %	-.15	-.30**
	女	73 (10)	42 (51～93)	-.28**	-.27**
親といっしょに参加した	男	65 (11)	51 (38～89)	-.10	-.25**
	女	74 (10)	59 (33～92)	-.17*	-.41***
年上の人に面倒をみてもらった	男	57 (10)	45 (30～76)	.04	-.14
	女	62 (11)	50 (36～85)	-.04	-.14
年下の人の面倒をみた	男	50 (11)	55 (19～75)	.08	-.09
	女	60 (11)	53 (38～91)	-.05	-.19*
リーダーの役割を果たした	男	31 (9)	47 (13～60)	-.02	-.14
	女	29 (9)	43 (11～55)	-.08	-.21*
自分の考えを積極的に主張した	男	30 (8)	38 (13～51)	-.02	-.18*
	女	26 (8)	41 (12～53)	.01	-.17*

相関係数の有意水準は次のとおり。 * $P<.05$　** $P<.01$　*** $P<.001$

(小林, 2003の表6)

者率について，記述統計量ならびに少年非行の発生水準との相関係数を示してある。少年非行の発生水準との相関係数をみると，男女とも絶対値の小さなものを除けば，相関係数は負の値となっており，各経験に関わる経験者率が高くなるほど非行が少なくなっている。男子では，不良行為については統計的に有意なものはなかったが，万引きについては，「他の人と協力して最後までやりとげた」「親といっしょに参加した」「自分の考えを積極的に主張した」の3つで統計的に有意な相関係数が得られた。一方，女子では，不良行為については，「他の人と協力して最後までやりとげた」と「親といっしょに参加した」で統計的に有意な相関係数が得られ，万引きについては，「年上の人に面倒をみてもらった」を除いた5つの活動で統計的に有意な相関係数が得られた。表5-2で男女共通して絶対値が.20以上の相関係数がみられるのは，「他の人と協力して最後までやりとげた」と「親といっしょに参加した」の2つである。

(2) ── 保護者の参加経験と評価

　表5-3には，各種非行防止活動に対する保護者の参加者率について，記述統計量ならびに少年非行の発生水準との相関係数を示してある。少年非行の発生水準との相関係数をみると，男女とも絶対値の小さなものを除けば，相関係数は負の値となっており，各活動に対する保護者の参加者率が高くなるほど，中学生の非行が少なくなっている。男子では，不良行為については，「お祭りなどのレクリエーション」と「清掃活動，慰問などの社会奉仕活動」の2つで統計的に有意な相関係数が得られ，万引きについては，「スポーツ大会，運動会」「清掃活動，慰問などの社会奉仕活動」「青少年の健全育成のための講演会・懇談会」の3つで統計的に有意な関連が示された。一方，女子では，不良行為については，7種類の活動すべてで有意な相関係数が得られ，万引きについては，「スポーツ大会，運動会」と「補導活動，パトロール，環境浄化活動」を除いた5つの活動で有意な相関係数が得られた。男女合わせてみると，不良行為と万引きのいずれについても有意な関連がみられない，すなわち，非行防止効果がほとんどないと考えられる活動は1つもないが，最も一貫して非行との関連

表5-3　非行防止活動に対する保護者の参加（参加者率）　　　　　(N=92)

	平均 (標準偏差)	範囲	不良行為との相関		万引きとの相関	
			男	女	男	女
お祭りなどのレクリエーション	82 (8) %	42 (52～94) %	−.18*	−.26**	−.16	−.20*
スポーツ大会，運動会	78 (12)	49 (48～97)	−.13	−.26**	−.18*	−.13
清掃活動，慰問などの社会奉仕活動	70 (12)	55 (33～88)	−.17*	−.32**	−.21*	−.22*
登山，キャンプ，芋掘り，潮干狩りなど自然にふれる活動	40 (10)	47 (18～65)	.01	−.20*	.01	−.25**
伝統文化の継承，郷土民芸品等作品の制作	16 (7)	27 (3～30)	−.02	−.30*	−.05	−.23*
青少年の健全育成のための講演会・懇談会	57 (13)	63 (20～83)	−.12	−.41***	−.17*	−.28**
補導活動，パトロール，環境浄化活動	57 (18)	71 (22～93)	−.13	−.24*	−.05	−.00

相関係数の有意水準は次のとおり。　* $P<.05$　　** $P<.01$　　*** $P<.001$

（小林，2003の表7）

がみられるのは「清掃活動，慰問などの社会奉仕活動」である。

さらに，表5-4には，地域活動に対する保護者の評価について，記述統計量ならびに少年非行の発生水準との相関係数を示してある。男子では，「青少年のニーズにあった活動が行われている」「青少年の自主性を育む活動が行われている」「指導者が少ない」の3項目で，統計的に有意な相関係数が得られた。すなわち，青少年の個々のニーズにあった活動が実施されている地域ほど不良行為あるいは万引きが少ないが，青少年指導者が十分に確保できていない地域では不良行為と万引きが多いことが示されている。女子では，「青少年のニーズにあった活動が行われている」「青少年の自主性を育む活動が行われている」「指導者が少ない」の3項目で，男子とほぼ同様の結果が示されており，さらに，「地域住民の意見や主体性が生かされている」についても統計的に有意な相関係数が得られた。すなわち，青少年の自主性や地域住民の主体性が尊重される活動が実施されている地域ほど非行が少なくなっている。

以上の分析結果を総括すると，非行の発生と一貫した負の関連が見出されたのは環境美化活動であり，中学生と保護者のいずれについても，参加者率の高い地域ほど，一貫して不良行為と万引きが少ないことが示された。また，中学生が社会参加活動で人と協力して物事を達成することと，親子が一緒に参加することについても，経験者率が非行と一貫した負の関連を示し，これらの経験

表5-4 青少年対象の地域活動に対する保護者の評価（肯定的回答の割合） (N=92)

	平均 （標準偏差）	範囲	不良行為との相関		万引きとの相関	
			男	女	男	女
青少年のニーズにあった活動が行われている	9 (4) %	21 (2～23) %	-.20*	-.33**	-.10	-.10
青少年の自主性を育む活動が行われている	12 (6)	22 (2～24)	-.09	-.24*	-.24*	-.11
地域住民の意見や主体性が生かされている	7 (3)	13 (1～14)	-.06	-.20*	-.04	-.01
活動に利用できる施設や場所が十分にある	13 (6)	32 (0～32)	-.02	-.13	-.04	-.13
指導者が少ない	61 (7)	31 (43～74)	.23*	.25**	.18*	.24*

相関係数の有意水準は次のとおり。 * $P<.05$　** $P<.01$　*** $P<.001$

者率の高い地域ほど，男女中学生の万引きと女子中学生の不良行為が少ないことが示された。環境美化活動において最も明示的に非行抑止的な関連が示されたことは有益な知見であり，今後，青少年とその保護者の参加を伴う地域の環境美化活動を積極的に推進すべきであろう。また，社会参加活動で人と協力して物事を達成することが非行防止につながることを示唆する知見も非常に有意義である。この知見の含意として，社会参加活動を通して，青少年に協調的な対人関係能力を取得させることが重要であり，そのような要素を活動内容に多く盛り込むように配慮すべきであると考えられる。

なお，環境美化活動は他の社会参加活動と比べて，活動の成果（例えば公園がきれいになったこと）がみた目に明らかであり，達成感が得られやすく，周りから感謝されることも多いために，非行抑止的な効果が生じやすいのではないだろうか。さらに，青少年が落書き消しに取り組むことで，自分自身がバンダリズムを行って他人に迷惑をかけることに対して心理的な抵抗を高め，非行を思いとどまることも考えられる。

さらに，地域の非行防止活動がその効果を生むためには，協力する青少年指導者を十分に確保しながら，参加する青少年の主体性を育み，青少年の個々のニーズを満たすような活動を展開することが重要であることが明らかとなったが，個々の青少年の関心は多様であり，参加可能な地域活動について多くの選択肢を用意することが必要となる。しかしながら，多様な活動の機会を小さな地域（例えば，公立中学校校区）のなかで準備することは，指導者や施設等を確保する点で極めて困難である。その解決策として，各地域で実施可能な活動（例えば，サッカーあるいは和太鼓のチーム）を1つずつ立ち上げ，青少年個々人の関心に応じて居住する地域外の活動にも参加できるようなシステムを構築すべきであろう。

❻……まとめ

本節では，住民参加を伴う非行の未然防止活動について，活動を活性化するプロセスと非行防止に効果的な態様について，研究知見を紹介しながら説明を行ってきた。既存の研究知見を総括すると，わが国では非行防止活動の実施に地域差がかなりみられるが，非行防止活動が盛んに行われている地域では非行

の発生が少なく，一定の成果があがっていると推定される。今後もこうした活動を推進する意義が大きいといえよう。

　非行防止活動を活性化するプロセスについては，中核的な住民ボランティアが地域に対する自己効力感を高めることができるような活動運営を行うことが重要であり，また中核的な住民ボランティアには，地域住民全体の幅広いニーズを汲み取り，非行防止活動の運営に反映させることができる高度の調整能力が求められることが明らかとなった。警察等の公的機関もこうした点を十分に認識しながら，地域住民の非行防止活動を支援していく必要があると考えられる。具体的には，公的機関は，民主的で効率的なリーダーシップを発揮できる人材を発掘して，非行防止活動の中核的な役割を委嘱したり，または従来から委嘱している住民ボランティアが民主的で効率的なリーダーシップを発揮できるようにトレーニングの機会を提供することが求められている。

　その場合も，公的機関は住民リーダーの活動状況を見極めながら，補完的に必要十分な支援を行うことが肝要であると考えられる。例えば，住民リーダーが関係機関と連絡調整する役割を十分に果たしていない場合には，公的機関が補完的に，他機関やNPOなどに協力を依頼するなどの働きかけを行い，徐々に関係機関の協力を引き出すノウハウを住民リーダーに体得してもらうように配慮すべきである。公的機関固有の機能（例えば，警察の場合は地域の非行発生状況や非行防止のノウハウに関わる情報提供等）を除けば，公的機関はあくまでも補完的に地域の非行防止活動の企画ならびに運営に関わり，黒子的な役割に徹するべきであると考えられる。そうすることが住民主体の非行防止活動を活性化することにつながるだろう。

　さらに，非行防止に効果的な活動の態様については，環境美化活動などで協働作業を経験することが非行防止効果を生んでいると示唆された。したがって，社会参加活動は参加する青少年の対人関係能力や自尊感情や明るい将来展望を育むものでなければならない。さらに，社会参加活動に関係する公的機関は，熱心で調整能力に長けた青少年指導者を十分に確保しながら，参加する青少年の主体性を育み，対象とする青少年の発達段階に対応し，かつ青少年個々のニーズを満たす活動を展開することが重要であると考えられる。以上の結論は，概ね非行傾向の発達していない一般の中学生から得られた結果であり，少年非行

の未然防止の活動として行われる社会参加活動に該当することである。しかしながら，同様の社会参加活動が保護観察や家庭裁判所の試験観察を受けている少年を対象として，その立ち直りを支援するために実施されることも近年増加している。非行少年の更生に効果的な社会参加活動の態様を明らかにすることが，今後の重要な検討課題である。

2節 警察における少年相談

❶……少年サポートセンターにおける非行防止および健全育成活動

従来から，少年警察活動においては，少年事件や触法事案などの発生に伴う捜査・調査活動と，街頭補導や少年相談など少年の非行防止および健全育成活動が，2つの大きな柱として推進されており，後者の活動の中核となっているのが全国191か所に設置されている少年サポートセンター*である。

都道府県の少年サポートセンターでは，喫煙や深夜徘徊など不良行為を行う少年を早期に発見するための街頭補導活動をはじめとして，保護者や少年自身さらには学校関係者からの少年相談の受理，不良行為などを中心に少年や保護者等に対する指導・助言を行う継続補導，また，犯罪等の被害に遭った少年へのカウンセリング等による支援活動が行われている。さらに，地域によっては，料理教室やスポーツ教室などの開催による少年の居場所づくり活動，落書き消しや老人ホーム慰問などのボランティア体験を通じた社会参加活動を行っている所もあり，少年の非行防止および健全育成のための幅広い活動が進められている。

これらのうち，少年相談の受理および継続補導の活動は，専門的知識および技能を有する少年補導職員（ここでは，各都道府県に配置されている「少年相談専門職員（心理職）」を包めた職員をいう）が，カウンセリングやケースワー

---

* 少年サポートセンターの名称は，「少年警察活動規則」（平成14年国家公安委員会規則第20号）による包括名称のため，各都道府県により若干異なる。なお，東京都の場合は，少年センターという名称である。

クなどの手法を用い，非行等の問題行動（本節における問題行動とは，少年による犯罪や不良行為等をはじめ，不登校，家庭内暴力，犯罪被害など，少年の非行防止や健全育成の観点から問題とされる行動をいう。以下同じ）への対応に苦慮している保護者や少年等に対して問題解決のための心理的援助活動を行っている。

　以下本節では，本格的な非行に至ることを未然に防止する活動として少年サポートセンターにおける「少年相談および継続補導」を取り上げる。そのなかでは，少年の問題行動が顕在化した事案に対して，少年相談専門職員が単一で対応する場合，関係機関と連携して取り組む場合，それぞれについて警視庁の少年相談専門職員（心理職）である筆者の実践を紹介したい。なお，本文中に引用した事例は，プライバシー保護のため，一部内容に変更を加えてあることをお断りしておく。

❷……少年相談の概要

(1)── 少年相談の法令上の位置づけ

　警察が行う少年相談については，「少年警察活動規則」（平成14年国家公安委員会規則第20号）の第2条において「少年の非行の防止及び保護に関する相談」と定義されている。ここでいう少年相談は，警察で取り扱う非行少年（少年法第3条第1項に規定される犯罪少年，触法少年，ぐ犯少年）をはじめ，不良行為少年（非行少年には該当しないが，飲酒，喫煙，深夜徘徊その他自己または他人の徳性を害する行為をしている少年），被害少年（犯罪その他少年の健全な育成を阻害する行為により被害を受けた少年），要保護少年（児童虐待を受けた児童，保護者のない少年その他の児童福祉法による福祉のための措置またはこれに類する保護のための措置が必要と認められる少年）に関する相談のほか，いじめ，不登校，家庭内暴力，精神保健等の問題に関する相談など，少年の非行の防止および保護に関連したあらゆる相談が含まれている。なお，少年相談のなかで犯罪行為に該当するものについては，捜査・調査活動を行い，事実認定できたものは，家庭裁判所または児童相談所へ送致・通告する措置がとられている。

　また，同規則第8条第1項において「少年又は保護者その他の関係者から少

年相談を受けたときは，懇切を旨として，当該事案の内容に応じ，指導又は助言，関係機関への引継ぎその他適切な処理を行うものとする」と規定されており，少年相談は，少年または保護者等からの申し出による任意の措置として位置づけられている。

次に，少年相談に係る継続補導については，同規則第8条第2項において「少年相談に係る少年について，その非行の防止を図るため特に必要と認められる場合には，保護者の同意を得た上で，家庭，学校，交友その他の環境について相当の改善が認められるまでの間，本人に対する助言又は指導その他の補導を継続的に実施するものとする」とされている。ここでいう継続補導の対象となるものは，「不良行為少年」および「触法少年又は14歳未満のぐ犯少年であって児童福祉法第25条の規定により通告すべきものに該当しない少年」のほか，非行の防止を図るため特に必要と認められる少年である。

そして，同規則第8条第3項および第4項において，継続補導の実施にあたっては，原則として，少年サポートセンターに配置された少年補導職員等が実施するものとし，必要があるときは，保護者の同意を得て学校関係者その他の適当な者と協力して実施するものとしている。

したがって，少年警察活動における少年相談や継続補導等は，専門的知識や技能を有する少年補導職員等により実施されるもので，上記法令の枠組みのなかで行われる心理臨床活動であり，必要に応じて関係機関と連携を行いながら推進されているところである。

(2) ── 少年相談の受理状況

非行等の問題行動の発生に伴い，当該少年やその対応に苦慮している保護者や学校関係者等から相談を受理し，必要な措置を講ずることとなる（図5－6）。警察署では，取り扱った事案のうち事件化されるものを除き，警察署の担当者が，必要に応じて保護者等に対して少年サポートセンターの相談窓口を紹介するほか，学校や児童相談所など関係機関の紹介により保護者が来所する場合がある。関係機関からの紹介の背景としては，関係機関で形成されているネットワーク（警察・学校・児童相談所等による非行対策，児童虐待防止対策，いじめ・不登校等の教育施策）の存在があり，それぞれの実務担当者が関係機関の

```
                    ┌─────────────────────┐
                    │ 非行など問題行動の発生 │
                    └──────────┬──────────┘
                               ▼
┌─────────────────────────────────────────────────────────┐
│ ○警察署から紹介  ○関係機関から紹介    ○広報による認知    │
│                  ・学校 ・児童相談所   ・新聞雑誌 ・TVラジオ │
│                  ・教育相談所 ・福祉事務所 ・市区町村紙    │
│                  ・保健所 ・医療機関等  ・インターネット    │
└─────────────────────────────────────────────────────────┘
                               │
                               ▼
                    ┌─────────────────────┐
                    │ 少年サポートセンター │
                    │   少年相談の受理    │
                    └─────────────────────┘
       ┌──────┬──────┘         └──────┬──────┐
       ▼      ▼                        ▼      ▼
    ┌─────┐┌─────┐              ┌─────┐┌─────┐
    │助言 ││継続 │              │他機 ││送致・│
    │指導 ││補導 │              │関委託││通告 │
    └─────┘└─────┘              └─────┘└─────┘
```

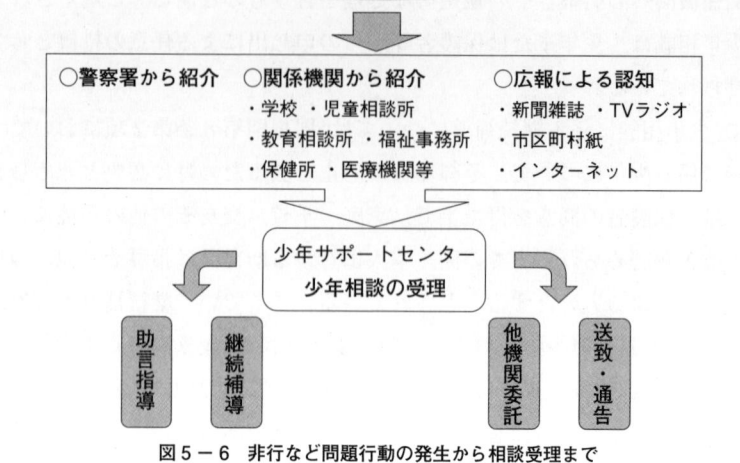

図5−6 非行など問題行動の発生から相談受理まで

機能を把握した上で紹介していることを示している。また，マスコミ等の広報活動を通じて相談に来所する事案も多く，あらゆる媒体を使って単発でなく恒常的な広報活動が行われている。

　警察における2006年中の全国の少年相談受理件数は8万6926件で，うち少年からの相談が1万9245件(22.1%)，保護者等からの相談が6万7681件(77.9%)であった。相談対象者別に相談内容の占める割合をみると，少年からは，交友問題16.8%（友人関係，異性交遊等），学校問題14.1%（いじめ，進路・進学等），犯罪被害12.7%の順に多く，保護者等からは，非行問題32.8%（窃盗，暴力行為等），家庭問題17.1%（しつけ，家庭内暴力等），学校問題14.4%（いじめ，不登校等）の順に多かった。なお，相談内容の非行問題は，犯罪および不良行為を含むものである。

　最近の相談内容に係る背景としては，少年の資質面では，相手の感情を自分のこととして感じることができる共感性の欠如，いわゆる「キレる」に代表される感情のコントロールの欠如，対人関係を形成する能力の未発達などの問題がみられる。また，家族の抱える問題としては，保護者としての養育に対する責任感の欠如，希薄な親子関係，家族間のDVやアルコール依存などがあげら

れる。さらに，社会病理としては，いじめ，携帯電話やインターネットに起因する問題などがみられ，これら個人・家族・社会の各要因が複合的に重なり合っていることが特徴的である。

(3) ── 少年相談の特徴

① 相談内容の多様性

警察における少年相談の窓口は，面接・電話・メールなどにより開設されている。この窓口は広報紙，リーフレット，インターネットホームページ，相談カードなどさまざまな媒体を通じて広報されている。そのため，少年からは，友人や異性などの交友関係の悩み，恐喝や暴行等による犯罪被害やインターネットサイトからの架空請求，進路やいじめ・不登校など幅広い内容の相談を受けている。一方，保護者や学校関係者等からは，思春期を迎えた少年への対応から，万引きや暴力行為，家出，怠学，家庭内暴力，薬物乱用や売春など，比較的軽微な内容から顕在化した犯罪や不良行為等の深刻なものまで多様な相談を受理している。

② 警察に求められること

警察で受理する少年相談の多くは，少年が日常生活で悩みを抱えていたり，保護者がわが子の問題行動に対する不安を抱えて対応に苦慮しており，なかには緊急に危機介入を要する事案もあり，警察に対しては，問題解決のための具体的対応や介入を求めている。このことは，いわゆる相談者との治療契約に基づいて進められる一般のカウンセリングとは，その構造からして異なるものといえる。したがって少年相談の受理にあたり，相談者に対する受容や傾聴，共感的理解という基本的姿勢はカウンセリングと同様であるが，問題の全体像を把握した上で，相談事案に応じた助言，対応，情報提供をはじめ，訪問相談なども行っている。

③ 事案に対する組織的対応

少年補導職員が受理した少年相談は，問題解決に向けて，電話や面接による助言や指導などが必要に応じ継続的に行われている。しかしながら，相談事案のなかには，例えば，母親に対する暴力に歯止めがきかずエスカレートした中学生，薬物乱用による幻覚妄想から自傷行為を行った高校生，家出中に恐喝被

害に遭い自ら保護を求めてきた無職少年などのように，緊急措置を要する事案があり，必要に応じた訓戒や身柄の保護，さらには家庭裁判所・児童相談所への送致・通告や医療機関への委託などが行われている。また，少年が児童買春など福祉犯罪の被害に遭った場合，これを端緒として事件化を図り，被疑者を検挙する一方で被害少年に対しての継続的支援活動を行うなど，警察として組織的対応を図っている。

❸……少年相談における少年および家族への支援

(1) — 支援の基本

　少年相談という心理的支援活動を行うにあたり，担当者には，まず，臨床・児童・犯罪心理学，教育学，児童精神医学等の知識，そして，カウンセリングや心理療法等の技法の習熟が求められる。また，相談への取り組み姿勢としては，人の不幸に寄り添いながら，人を支援していくという基本的なものに加えて，人を扱う臨床家としての「目の前の困っている人に対して，自らを投げ打って手をさしのべていく」といった利他の姿勢も必要である。さらに，人が人を支援していく際，支援する側は，知識・技法および支援の姿勢について修練していくことが不可欠である。

　次に，支援のツールとしての面接は，人と人の対話を通じて人の心にふれていくことであり，その対話は人の一生を左右することがあることを十分に理解しておく必要がある。面接の過程においては，①相手の話を聴く（担当者は聴く能力を磨き，相手の話す意欲と能力を向上させる），②相手を観察する（面接は相手の感情や行動を測る場でもある），③相手との関係作り（言語レベルでは的確な理解，非言語レベルでは暖かさや優しさ）の3つの側面が相互に関連している（神田橋，1984，1990）。また，面接そのものが専門技術でもあることから，担当者にとっては面接技術をいかに高めていくかが課題である。

(2) — 支援における手法

　少年の問題行動への支援手法には，カウンセリング，ガイダンス，ケースワーク等があるが，特に不良行為などの問題への支援については，カウンセリングよりも，指導・助言を中心としたガイダンスおよび環境調整によるケースワー

クの2つを折衷的に取り入れながら，問題を抱えた保護者や少年へのアプローチが行われている。この理由としては，わが子の不良行為などの問題を抱えた保護者は，例えば，「家出した」「暴力を振るっている」少年に対する当面の具体的対応として処方箋を求めているのに対し，相談者の洞察等に重きを置くカウンセリングは，保護者等への助言に具体性が乏しく，また，解決までに相当の時間がかかるため，心身の発達途上にある少年への適用には検討を要することなどが挙げられる。

また，問題行動の発生に共通する背景として，対人関係の葛藤など家族の機能不全を抱えている事案が多いことから，問題解決のために，親子関係の調整を中心とした少年および家族への支援が進められていくことになる。

なお，受理したすべての事案に対して少年や保護者等との面接が行われているわけではない。少年相談は，少年または保護者等からの申し出による任意の措置であり，少年の来所に対して強制力を伴うものではないことから，担当者が少年に対して来所を促すものの，少年が拒否する事案もあり，担当者は，手紙や電話・メール等により少年への働きかけを行っている。しかし，少年が働きかけを拒み続けた場合，担当者は保護者等との面接を通じて少年への対応を助言したり，定期的な継続面接を通じて経過の報告を受けながら助言指導を繰り返すなど，保護者を経由した少年への間接的指導を行うことが多い。

さらに，取り扱った事案の内容によっては，面接室での対応だけでなく，学校訪問や家庭訪問などの訪問活動，さらに関係機関との連携や多角的な情報収集等を目的にケースワーカーとしての活動が求められる場合も多く，必要に応じて関係機関が役割分担の上で対応するサポートチームを形成する場合もある。

(3) ── 支援のプロセス
① 初期段階における「見立て」

問題解決のための支援活動は，保護者等との面接を通じて，聴取した少年の生育歴も含んだ情報を得ることから始まるが，たとえ情報が精緻さに欠けることがあっても，担当者には，初期の段階で暫定的な方向性を立てて進むことが求められる。そして，可能な限り少年の関係者から情報を得る努力を行い，新たな情報が出てきたならば，当初の方向性を変更しながら支援を進める柔軟性

も必要である。

　いずれにせよ初期の段階において，担当者が，少年の生育歴をはじめパーソナリティや問題行動の内容などの情報を得て，家族状況等を把握した上で，大まかな方針と目標を立てていくという，いわゆる「事案の見立て」を行うことは必須である。

　② 事案のアセスメント

　事案の見立てが，初期段階における少年の理解と大枠における方針や目標を立てることであるのに対し，アセスメントは，事案の見立てからさらに踏み込んで，少年や家族さらには関係者からの多角的な情報収集および少年や家族への標準化された心理検査等の実施などにより，少年および家族の状態像を理解し，より具体的な支援を検討していくものである。

　この際，少年と家族について精度の高いアセスメントを行うことが問題解決の成否を決定することから，担当者にとっては，相談活動の勝負どころといえるポイントである。ただし実際のアセスメントにあたっては，保護者が正確な生育歴を覚えていなかったり，少年が来所しないなどの理由から，取り扱った事案について質量ともに十分な情報がそろわないことも多い。

　また，アセスメント自体は，あくまでも仮説であることから，その後の支援過程で得た変容や情報等を通じながら検証を行い，ときには修正することも必要である。

　少年のアセスメントのうち，力動的アセスメント（少年の行動を生育歴や精神発達などの側面から理解する）では，保護者や少年自身との面接を通じて，それぞれの少年にとっての問題行動の内容とその行為の持つ意味を理解したり，少年の身体・言語発達を把握し，少年の精神発達的側面の発達課題等を明らかにすることが行われる。また，客観的診断軸によるアセスメント（少年の行動を標準化された検査や診断基準等を用いて理解する）では，テストバッテリーを組んで知能，性格等の心理検査を実施したり，DSM-Ⅳ-TR（アメリカ精神医学会による精神疾患の診断基準マニュアル）や ICD10（世界保健機構の設定した精神および行動の疾病分類）などを参考にする場合もある。

　なお，面接場面においては，来所した少年の多くは，自ら問題行動を改善しようとする問題意識は低く，内省力が不足していたり，ときには少年が拒否や

反抗などの態度をとる場合もある。したがって，少年との面接では，来所への動機付けを行うとともに，担当者が少年の興味関心などの特性を踏まえた「チャンネル合わせ」をしながら，少年が理解できるようなわかりやすい言葉を使い，少年が伝える言語レベルと非言語レベルの情報を読み取り，関わり，伝え合うといった対話が進められていく。

家族のアセスメントでは，家庭が少年にとっての居場所であったかどうかや社会性を育てるしつけの有無などを明らかにするとともに，保護者の生育歴等の聴取を通じて家族関係や家族間伝達，さらに問題行動へ対応をしていくキーパーソンの存在の有無を把握するなど，さまざまな角度からアセスメントが行われる。

なお，家族との面接では，少年の問題行動の内容を理解するために，家族からの正しい情報が不可欠であり，そのためにも家族との信頼関係の形成は欠かすことができない。また，少年の問題解決には家族全員の参加が必要であるが，実際には，母親や父親との面接を通じて，他の家族に働きかけることが多い。そして，来所する多くの保護者は，これまでにわが子の問題で周囲から批判され孤立していることが多く，まず，担当者が親の苦労に耳を傾け，ねぎらう姿勢が求められる。問題行動の原因を短絡的に親子関係に求めることは避けなければならない。

③ 継続補導

見立てやアセスメントを経て，継続的な指導を要する事案に対しては，図5－7のように継続補導が行われる。継続補導のツールである面接は，その初期から終結まで一貫して，話を聴く，観察する，関係作りの3つの要素が求められる。そして初期面接から週1回などの定期的面接を組む段階になると，事案によっては，これまでの問題行動が依然として続いていたり，新たな問題が生じることもよくみられ，そのつど具体的な対応を助言することとなる。事案のなかには，発生した問題行動の内容により少年の身柄を確保する必要性が生じたり，ぐ犯性の進んだ少年の場合，一定期間の継続補導を行った後，送致・通告の検討を要するなど，相談という任意の措置では対応が限界となるものもみられる。

また，数か月から数年にわたる継続補導は，担当者・少年・保護者の3者間

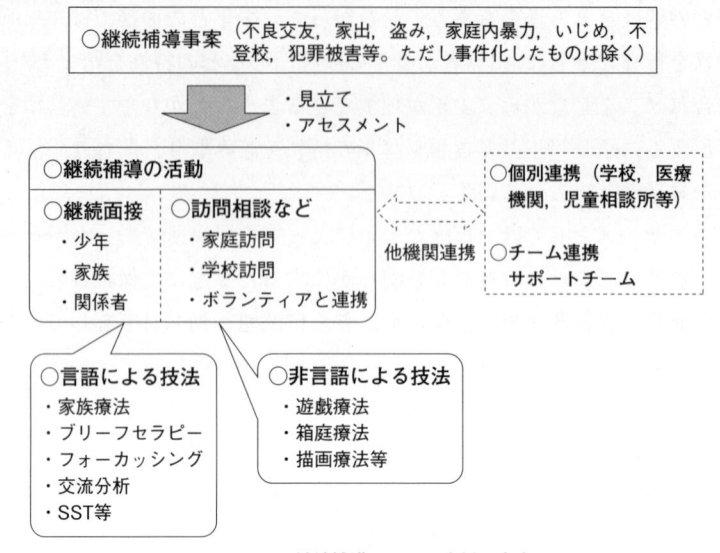

```
○継続補導事案（不良交友，家出，盗み，家庭内暴力，いじめ，不
                 登校，犯罪被害等。ただし事件化したものは除く）
                      ↓
                  ・見立て
                  ・アセスメント

○継続補導の活動                    ○個別連携（学校，医療
○継続面接   ○訪問相談など           機関，児童相談所等）
 ・少年      ・家庭訪問    他機関連携  ○チーム連携
 ・家族      ・学校訪問             サポートチーム
 ・関係者    ・ボランティアと連携

○言語による技法     ○非言語による技法
 ・家族療法         ・遊戯療法
 ・ブリーフセラピー  ・箱庭療法
 ・フォーカッシング  ・描画療法等
 ・交流分析
 ・SST等
```

図5－7　継続補導における支援の内容

で進められる支援活動であり，担当者からの一方通行ではなく，3者が相互に交流しながら進められる共同作業といえる。この経過において，担当者の指導・助言は，初期には軽く浅い内容で相談者の実行可能なものから始め，段階的に目標に近づけていく方法が一般的である。そして，少年が担当者に対して反抗や拒否などマイナスの言動を向けてきたときこそが，少年と担当者の関係が進展するポイントであり，自分を本当に引き受けているかどうか，担当者の責任と覚悟を少年が確認してきている場合もよく見受けられる。

　長期にわたる経過のなかで担当者は，継続補導の始まりから数週間ないしは数か月後の少年の状況を予測すると同時に，その判断の根拠を自ら確認していくことが求められる。さらに少年は可塑性に富み，一人ひとりが固有の精神発達をすることから，機が熟するのを待つことが必要な場合もみられる。

　継続補導において主に用いられる臨床技法は，言語による技法と非言語による技法に分けられるが，継続補導が終始一貫して1つの技法で進められるのではなく，実際には事案に応じて技法を使い分け，個別にアレンジされながら用いられている。なお，技法の選定には，問題行動の内容，パーソナリティ，発

達状態，年齢などを加味することが必要であるとともに，各技法の効果と限界を把握し，技法だけが浮き上がらないように配慮することが必要である。

　まず，言語による技法としては，家族同席面接（個別面接を行った後の，夫婦間や親子間の調整を目的とする面接），ブリーフセラピー（なぜ問題が起きたかよりも問題解決に何が必要かという視点により短期の解決を志向する技法），フォーカッシング（傷つき孤立している保護者に未来志向的思考を方向付ける技法），交流分析（相手を認める具体的言動等を教示する技法），ソーシャル・スキルズ・トレーニング（SST：謝罪や自己主張などのスキルを高める技法）などが挙げられる。

　次に非言語による技法として，少年の発達段階や特性を考慮した上で，遊戯療法，箱庭療法，描画療法などが行われている。なお，これらの技法は，面接への導入部に使われたり，面接と面接の間に行われたりすることが多く，特に言葉による表現が不得手な少年や年齢の低い少年，さらに発達障害など特別な事情をもつ少年に対して，面接の補助的手段として用いられることが多く，今回遊戯療法を行えば，次回は描画療法を行うなど，技法を組み合わせながら進められていくことが一般的である。

　継続補導のプロセスにおいて，保護者の課題は，わが子の発達課題が親からの独立と自己の確立であることに気づき，しつけのモデルチェンジを行うことであり，少年の課題は，問題行動への歯止めとなるブレーキの形成であり，ときには現実原則（現実との適合を図りながら欲求を充足させようとする傾向）を身につけるために自分の問題行動に対する年齢相応の責任をとることに気づくことである。なお，継続補導の道は，決して平坦なものではなく，むしろ紆余曲折を経ることがほとんどであることから，担当者が，その経過について専門家から指導を受けることは必須である。そのため，部外の児童精神科医や臨床心理士を招いて，継続補導の段階で対応の困難な事案について定例的に事例検討会を開催し，アセスメントや処遇等を中心にスーパービジョンを受ける機会が必要である。

　○継続補導事例　家からの金の持ち出しと万引き
（事案概要）少年（女子11歳）は，小学5年の後半から，アニメのカード購入やゲーム代のために母親の財布から数百円単位でお金を持ち出すようになった。その

後，母親が鍵をかけるなど金銭管理をしたところ，弟のお金を持ち出したので厳しく叱り，本人も「もうやらない」と誓約書まで書いた。しかし，1か月も経たずに，近くのスーパーから文具類の万引きをしたとの連絡を受けた。今回は警察に通報しないということであったが，心配した母親が電話相談したことから来所したもの。

（経過と結果）少年は，両親と5歳違いの弟の4人暮らし。少年の父親は，休日も職場に出勤するなど仕事一筋で，何か事があると叱りつけるだけで，母親は，子育て不安から一時ノイローゼとなって通院歴があり，少年に対する自己表現が苦手な様子であった。そして少年は，5歳下の弟が生まれる前から3年間くらい吃音や夜尿が続いていた。このような背景から，「両親との交流が希薄なため，依存・愛情欲求が満たされず，お金や物を盗むことにより親への異議申し立てを行っている小学生の少年」と理解した。

　継続補導を進めるにあたり，担当者2名（親担当と少年担当）で対応した。親担当は，子育てにおける父母の役割の不明確さや少年への言葉かけやスキンシップの不足など，子育て機能がうまく働いていないことから，両親同席の定期的面接を重ね，親のあり方や少年の受容としつけについて具体的な対応を示すなど，家族療法的アプローチや交流分析の技法を用いながら，両親のしつけのモデルチェンジを図っていった。当初は，仕事で休暇をとってまでの来所を渋っていた父親だが，趣味のパソコンで少年との会話がスムーズにできたことから自信を持ち，父親主導で家族旅行を計画できるまでに変容し，母親は，少年へのメッセージの伝え方などのヒントを実践するとともに，少年を受容しながら関われるようになった。一方で，少年担当は，家族画や箱庭療法，性格検査など主に非言語的技法を用いながら，自分の問題行動にブレーキをかけていく大切さを話し合っていった。両親が，少年の問題を家族の問題として受け止めて取り組み，少年は，自分に目が向けられ家族単位で行動するようになったことで，親子の絆が形成され，中学に入学する頃には，問題行動は消失し終了となった。

④ 関係機関との連携
　a. 実務者同士の連携
　従来から，少年相談活動に関わる警察と関係機関（学校，児童相談所，子ど

も家庭支援センター，精神保健福祉センター，家庭裁判所，医療機関等）との連携については，担当者が事案の取り扱いのつど，必要に応じて関係機関の担当職員と連絡をとり，適切な機関を紹介したり，また，機関同士で情報交換を行いながら事案に対応するなど役割分担をして問題解決を図ってきているところである。個別事案により連携が行われる場合，多くは関係機関の現場担当者同士の実践を通じたものであり，例えば少年相談専門職員と生活指導担当教諭，児童福祉司，病院の精神保健福祉士（PSW）など2者の組み合わせであり，組織的な合意に基づいて連携が進むことは希である。このような連携の効果は，各機関担当職員の専門的力量の度合いによるところが大きく，一方で，問題解決が進まないと関係機関に対して不信感を抱いたり，責任を回避するなどの問題が生じる場合もある。

　b. サポートチームによる連携

　2002年1月，文部科学省の提唱により，少年非行等の問題行動に適切に対応するため，問題行動を起こす児童生徒の状況に応じ，教育委員会を中心に学校，教育委員会，警察等の関係機関が連携対応する事業として「サポートチーム等地域支援システムづくり推進事業」が推進されることとなった（図5－8）。サポートチームは，関係機関の実務担当者で構成され，当該少年に関する情報交換，事例分析，保護者および学校への援助活動を行うものである。サポートチームの設置根拠は，「学校教育法の一部を改正する法律」（2002年1月施行）であり，第26条第4項において「市町村教育委員会は，出席停止の命令に係る児童生徒の出席停止の期間における学習に対する支援その他教育上必要な措置を講ずるものとする」とされている。そして「情報連携から行動連携へ」というスローガンのもと，個別のサポートチーム活動が展開されている。

　○サポートチーム事例

　教師への暴力行為により保護観察処分となった男子中学生は，処分後も，精神的に落ち着かず怠学や粗暴な行為を繰り返していたことから，教育委員会を事務局として学校，警察，保護観察所，福祉事務所，医療機関からなるサポートチームが結成された。サポートセンターでは，少年を担当する保護司と情報交換しながら少年への継続面接を行い，少年の粗暴性や衝動性の問題は医療のケアに結びつけ，また，福祉事務所と学校が連携して，卒業後の就労支援のた

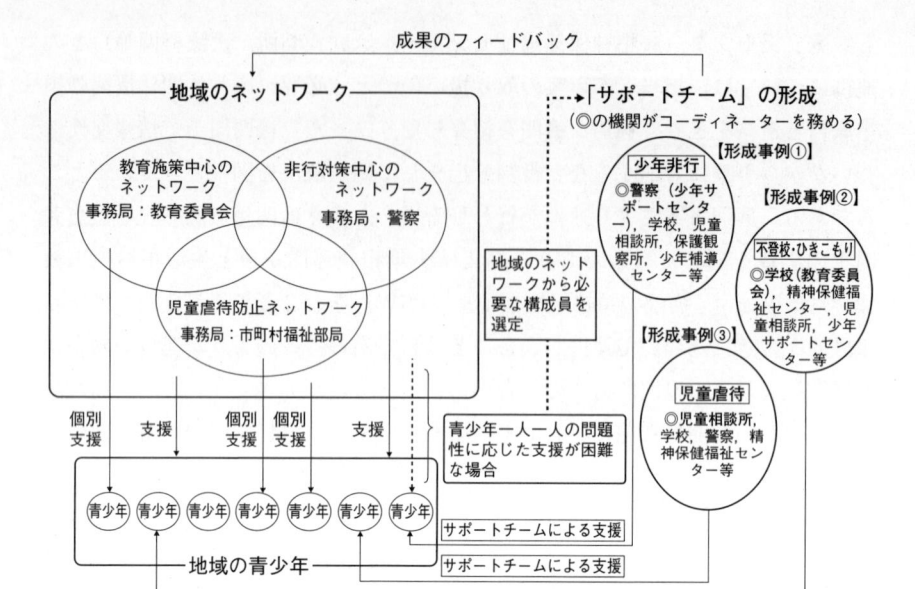

図5-8　関係機関等による「サポートチーム」のイメージ図

（内閣府資料より）

めの職場体験を行うなど，参加機関の役割分担により少年への継続的支援を進めた。その後，少年は精神的安定を取り戻し，中学卒業後，就職した建設会社に休まず通い続けている。

　一方，サポートチームがうまく機能しなかった場合では，チームを立ち上げたものの参加機関の機能の理解がお互いに不十分であったり，必要な情報提供が得られずに不信感を増幅させたり，処遇方法の合意が難しく協力を得られなかった等の問題点がみられている。

　サポートチーム運営の成否の大きな鍵は，チームの連絡調整役（コーディネーター）が握っているといえる。連絡調整役が，事例検討を通じて相互理解を図り，役割分担のために関係機関の機能と限界や主管法令等を把握するとともに，対応について，大枠で関係機関の合意を得ることなどが必要であるといえる。

❹……おわりに

　警察における少年相談について概説してきたが，警察で受理した少年相談や継続補導のなかには，一定の時間を経て問題の解決が図られる事案がある一方で，必要な助言や指導を行ったものの，少年が犯罪を犯し少年事件として家庭裁判所送致される事案も散見される。後者の送致事案は，担当者が継続補導の必要性を感じていても，相談者が途中で来所しなくなるなど，少年相談が相談者の任意に基づくものであることからくる「少年相談の限界」ととらえることもできる。しかし，問題行動の発生に伴い，少年や家族と直接関わった第一次機関としての警察の責務を忘れてはならないと思う。特に，少年や家族に関わった担当者をはじめとする関係者が，警察としての役割は果たせたのか，問題解決のために知恵を出し合うことができたか，連携した機関との情報共有はできたか，解決の障害となったものは何だったか，などについて謙虚に検証していく積み重ねが，次の相談事案の解決に役立つであろうし，非行防止活動にも結びついていくはずである。

　5章2節は，筆者が警視庁少年育成課副参事（少年相談専門職員）在職時に執筆したものである。

column ⑨
修復的司法

　近年，少年犯罪の加害少年と被害者を対面させて，加害少年の立ち直りと被害者の回復の両方を支援するアプローチとして，修復的司法（restorative justice）が注目を受けている。修復的司法では，加害少年に事件を起こした動機や謝罪の言葉を述べさせて自らの責任を自覚させ更生を促進させると同時に，被害者が事件で受けた精神的ショックや加害者に対する心情を打ち明けることで心の傷を和らげようとする。英語圏の先進国（米国，英国，豪州，ニュージーランド）では，少年司法手続きの一部，あるいは司法手続き前の段階で，修復的司法に基づく実践が行われている。一般に，比較的軽微な非行を行った初犯少年に適用されることが多く，警察官等の職員や住民ボランティアが専門的トレーニングを受けて，修復的司法の実務を担当している。評価研究も実施されており，被害者と対面する会合で，「自分の意見を表明する機会を与えられた」と感じ，償いの方法に納得した加害少年ほど，再犯率の低いことが明らかとなっている。

　わが国では，警察，家庭裁判所，保護観察所といった公的機関が導入を検討し，試験的な実施が始まっている（警察庁は，2007年11月から，比較的軽微な少年事件について，修復的司法に基づく「少年対話会」を正式に導入した）。しかしながら，修復的司法の実践は民間団体が先行している。民間団体による実践では概ね，弁護士が中核となってカウンセラーや市民ボランティアと連携・協力しながら，対人援助的な役割を果たしている。民間の先駆け的な活動としては，千葉市に本部を置く「被害者加害者対話の会運営センター」の実践があげられる（同様の取り組みは，大阪のNPO法人「被害者加害者対話支援センター」においても行われている）。

　「被害者加害者対話の会運営センター」は，少年事件で修復的司法の実践を推進するNPOであり，2001年に約130人の会員を得て設立された。この団体は，もともと緩やかな連携をもっていた「千葉少年友の会」（調停委員・元調停委員の組織），「千葉ファミリーカウンセリングルーム」（元家庭裁判所調査官の組織），千葉県弁護士会の3団体を母体としており，2002年には，活動に参加する市民ボランティアの学習会を開催し，多彩な経歴をもつボランティア70名の登録を得ている。

　この団体が行う，加害少年と被害者の対話の進め方であるが，申し込みは，加害少年，被害者，各々の家族，代理人弁護士から行われ，加害少年が非行事実を認めていることが要件となる。対話に向けた準備として，団体の進行役は，加害少年，被害者やその家族等と面談して，対話を行う目的・意義を十分に説明し，

両当事者に参加する意思があるか,相手の人格を尊重して対話ができるか等を確認する。両当事者の希望により,家族や支援者や地域の人も参加でき,対話は当事者の都合のよい日時に,双方にとって公平で安心できる場所で実施される。

対話は非公開と秘密保持を原則としており,以下の4段階で進められる。第1段階では,自己紹介の後,各参加者が当該事件に関連して自分自身が体験したこと,事件によって受けた影響等を話す。第2段階では,被害者が疑問や不安に思っていること(どうして自分が被害者に選ばれたのか等)を加害少年に尋ねる。第3段階では,加害少年の更生や被害の回復に何ができるか,加害少年に実行可能で柔軟な償いの方法が話し合われる。第4段階では,話し合いが合意に達した場合,進行役は合意文書をまとめ,参加者全員が署名を行う。対話の後で,合意文書の約束事が守られたかどうかが確認され,フォローアップの対話の会合が開かれる場合もある。なお,この団体はその発足から6年間で40件以上の事案(粗暴犯が過半数を占める)について対話の申し込みを受理し,そのうち14件について対話を成立させている。

このような加害少年と被害者との対話では,トレーニングを受けた市民ボランティアが進行役を務めており,進行役には,非行少年の立ち直りと被害者支援に携わる援助者一般に求められる共感能力に加えて,加害少年と被害者の両者を公平に扱う調整能力が求められる。共感能力と調整能力の両方を備えたボランティアを育成するために研修を充実させることが今後の課題である。さらに,修復的司法の実践については,加害少年の立直りに被害者が利用される方向で制度化されることや,被害者が二次被害に遭うこと(犯罪被害の後に周囲の対応で傷つくこと)を懸念する向きも少なからずある。こうした懸念を払拭するためには,個々の被害者の意思やニーズが十分に反映されて,被害者の回復に寄与する実践にしていくことが重要である。こうした課題は,民間団体だけでなく,公的機関が修復的司法に基づく実践を行う際にも十分に配慮されるべきである。

6章 少年事件の法的手続き

1節 家庭裁判所における対応

❶……家庭裁判所とは

　家庭裁判所とは,「家庭の平和と健全な親族共同生活の維持」(家事審判法第1条),そして「少年の健全な育成」(少年法第1条)を図ることを目的に,戦後新たに創設された裁判所である。非行少年の処遇は,家庭裁判所において決定される。

　家庭裁判所では,少年事件のみならず,離婚調停,遺産分割,後見開始などの家事事件や離婚訴訟などの人事訴訟事件など多様な事件を取り扱っている。これらの事件の特徴は,夫婦,親子などの親族間の複雑な人間関係の実態や,非行少年の資質や行動面の問題などを的確に把握した上で,適正妥当な解決を図る必要があるという点にある。このため,家庭裁判所では,必要に応じて,医学,心理学,社会学,経済学その他の専門的知識を活用するよう規定されている(家事審判規則7条の3,人事訴訟規則20条1項および少年法9条)。こうした人間関係諸科学の知見の活用が求められているところに,家庭裁判所が,地方裁判所などの従来の伝統的な裁判所から独立して新設された理由の1つがあるといえよう。

　家庭裁判所には,このような人間関係諸科学の知見を活用するために,他の裁判所にはない専門職が配置されている。それが,医務室技官(医師および看護師)と家庭裁判所調査官(以下,家裁調査官)である。

　このうち家裁調査官は,心理学,社会学,社会福祉学,教育学,法律学などを専攻した者から,裁判所の採用試験によって家庭裁判所調査官補として採用

され，その後，研修所において約2年間の養成研修を受けた後に任官する。現在，全国に約1500人が配置されており，高等裁判所や家庭裁判所において，家事事件，人事訴訟事件，少年事件などにわたる多様な職務に従事している。

❷……家庭裁判所における少年事件手続き

はじめに，家庭裁判所における少年事件手続きの概要について，簡単に説明しておきたい。

(1) ── 対象少年

家庭裁判所の少年審判の対象となる非行少年は，次のとおりである。

①犯罪少年（罪を犯した14歳以上20歳未満の少年）
②触法少年（刑罰法令に触れる行為をしたが，その行為のとき14歳未満であったため法律上罪を犯したことにならない少年）
③ぐ犯少年（20歳未満で，きちんとした理由がないのに保護者の指導に従わないとか，家庭に寄りつかないとか，いかがわしい場所に出入りするとかの行い（ぐ犯事由）があり，その性格や環境からみて，将来罪を犯しまたは刑罰法令に触れる行為をするおそれ（ぐ犯性）のある少年）

このうち，ぐ犯少年のように，未だ罪は犯していないが，将来犯罪少年や触法少年となるおそれのある少年についても審判の対象とされていることに，家庭裁判所の特徴が現れているといえる。

また，これらの非行少年は，すべて家庭裁判所に送致され処分が決められるが，14歳未満で刑罰法令に触れる行為をした触法少年およびぐ犯少年で14歳に満たない者については，都道府県知事または児童相談所長から送致を受けたときに限って，家庭裁判所は審判を行うことができる（少年法第3条第2項）。すなわち，14歳未満の少年については，第一次的な処分決定権は児童相談所が持っていることになる。

(2) ── 調査

少年審判の対象となるのは，非行少年の犯した行為（非行事実）と，非行少年たちがその性格，環境に照らして将来再び非行に陥る危険性や矯正教育に

よってその犯罪的危険性を除去できる見込みや可能性など（要保護性）の2つである。この要保護性を審判の対象としているところに，少年を対象とする少年審判と成人の刑事裁判との大きな違いがある。

家庭裁判所は，少年事件が適法に受理されると，その事件について調査を行う。調査には，①審判の条件や非行事実等が存在するか否かについて，主に事件記録によって行う法的調査，②それらに問題がないと認められた事件について，要保護性を判断するための社会調査がある。このうち，法的調査は，裁判官自らが書記官に補佐をさせながら行い，社会調査は，裁判官の命令を受けて家裁調査官が行っている。

また，非行や行動傾向等に照らして，より精密で重点的な心身鑑別が必要と判断された場合には，家庭裁判所は，これらの法的調査と社会調査に並行して，少年を少年鑑別所に送致し，少年鑑別所の技官らによる心身鑑別を行うことがある。

(3) ── 審判

調査の結果を踏まえ，裁判官が必要と認めた少年について，審判が開かれる。

審判は,非公開とされており,少年と保護者が出席するほか,付添人（弁護士），学校の先生，雇用主，保護司などが出席することもある。裁判官は，事件記録，家裁調査官が作成した少年調査票，観護措置のとられた少年については鑑別結果通知書，付添人等から提出される意見書などを調べた上で，審判廷において，少年や保護者などから発言を聴き，最終的な処分を決めることになる。審判は，懇切を旨としながらも，非行のある少年に対し，自己の非行について内省を促し更生を図るため，厳しさのある雰囲気で行われる。

非行少年に対する処分の内容としては，まず，①少年を帰宅させ，保護観察官や保護司による指導監督や補導援護を行う保護観察，②少年を児童福祉施設に送致する児童自立支援施設等送致，③矯正施設に収容してさまざまな教育や指導を行う少年院送致，といった保護処分がある。また，一定の罪を犯した14歳以上の少年について，刑事裁判によって処罰するのが適当であると判断される場合等には，事件を検察官に送致し，地方裁判所において大人と同様の刑事裁判を受けさせることもある。

さらに，裁判官，家裁調査官等による教育的措置によって保護処分に付すまでの必要はないと判断される場合には，審判を開いた上で不処分決定がなされたり，審判を開くことなく審判不開始決定がなされることになる。

(4) ── 試験観察

最終的な処分をより適切に行うために必要と判断された少年については，その処分決定を一時留保し，その間，家裁調査官による観察を行う試験観察という措置が講じられることがある。試験観察には，在宅の少年に対して家裁調査官が自ら行う在宅試験観察と，民間の補導委託先に少年の身柄を預けるなどして行う補導委託という方法がある。その詳細については後述したい。

(5) ── 被害者への配慮

なお，少年事件の被害者などへの配慮として，平成12年の少年法改正により，被害者などによる記録の閲覧・謄写（少年法5条の2），被害者などの申し出による意見聴取（同法9条の2），審判結果などの通知（同法31条の2）の各制度が新設され，さらに，平成20年の少年法改正により，記録の閲覧・謄写の範囲および意見聴取の対象者が拡大されるとともに，被害者などによる少年審判の傍聴（同法22条の4）および被害者などに対する審判状況の説明（同法22条の6）の各制度が新設されている。このように，少年事件手続きにおいても，犯罪被害者などの権利利益の一層の保護が図られている。

❸……家裁調査官による社会調査の実際

このように，家庭裁判所は，非行少年の非行事実と要保護性に基づいてその処遇を決定しているが，このうち要保護性の調査は，主として家裁調査官が担っている。家裁調査官が行う社会調査の目的は，心理学，教育学，社会学等の人間関係諸科学の知見を活用して，非行発現の機制（メカニズム）を解明し，少年に最も必要とされる処遇を選択することにより，再非行を防止し，少年の健全育成と社会の安全を確保することにある。

以下，家裁調査官による社会調査の実際について，手続きの流れに沿ってみていきたい。

(1)── 記録調査，照会調査

　家庭裁判所の審理は，検察官，司法警察員，児童相談所長などからの事件送致によって始まる。その際，各機関からは，送致書とともに，事件の経緯，少年や保護者，被害者らの陳述内容，非行現場の状況などに関する各種の事件関係記録が送られてくる。

　また，少年によっては，前歴があって，前件の社会調査の結果や執行機関における処遇状況等の情報を活用できる場合がある。さらに，家庭裁判所は，警察官，保護観察官，保護司，児童福祉司または児童委員に対して必要な援助をさせ，また，公務所，公私の団体，学校，病院その他に対して必要な協力を求めることができるとされており（少年法第16条），これらの援助，協力依頼に基づいて，各関係機関における必要な情報を集めることができる。

　家裁調査官は，最初に，これらの事件記録，照会回答結果等を調べることになる。その際，漫然と情報収集を行うのではなく，その少年についての合理的なケースイメージ，すなわち調査仮説を形作りながら，情報の意味を読み込み，整理している。

　例えば，ある事件（事例は，少年のプライバシーに配慮して複数のものから合成している。以下同じ）では，深夜，盗んだオートバイを無免許で乗り回して送致された男子高校生の事件記録に，中学まで補導歴はなく，第一志望の高校に進学したが，その頃に自分が養子であると知ったとあった。少年の非行と少年が養子であると知ったこととは関係があるのだろうか。少年が養子の事実を知ったことでなぜ生活が乱れ，非行行動をとるようになったのか。こうした疑問点から，少年が抱えている問題点について，人間関係諸科学の知識や実務経験に照らしながら理論的に明確化していくことになる。青年期の発達課題や自己認識といった心理学的な問題，地域や学校の実情や交友関係などの社会的な要因，少年の出自に関連する負因の有無など，心理・社会・生物学的な視点から，少年の非行の内容，家庭状況，人格理解などを検討していくのである。

　社会調査は，このように心理・社会・生物学的視点から分析，検討された調査仮説を，少年や保護者との面接や心理テストなどによって検証し，より真実に近いものに修正していくことにより，非行発現のメカニズムを解明し，再非行防止のための適切な処遇選択を実現していく作業ということができる。

(2) ── 面接調査

　調査官の面接は，精神医学や臨床心理学において活用されている面接技法を基本としつつ，家族療法的視点，ケースワーク的視点，教育・育成的視点，訓戒・指導的視点など，複数の観点から多様な面接技法を多角的に取り入れて行われている。

　① 面接の導入

　まず，面接の導入では，少年や保護者が積極的に面接に参加するよう動機付けを行うとともに，少年事件手続きについて正しい知識を持たせることが重要となる。多くの少年は，不安と防衛で身構え，緊張しながら家裁に出頭してきており，それらは，しばしば沈黙，多弁，怒り，泣き，笑い，落ち着きのない動作，ふてくされた態度などの形で現れる。家裁調査官は，自らの感情をコントロールして，受容的態度で冷静に受け止め，共感的理解を示しながら，少年との関係を作っていくことになる。それと同時に，調査面接においては，非行の事実関係を確認しながら明確にし，少年をこれに直面させるとともに，その問題性を自らのものとして考えさせ，再非行防止のために必要なことは何なのかを一緒に考えていくということも重要となってくる。

　このような，受容的な面接姿勢と事実を究明していくという現実的姿勢とは，多くの場合相反する性質を持っている。その両者を統合しながら，少年の調査面接への参加を動機付けていくところに，家裁調査官の調査面接の特質と難しさがあるといえるだろう。

　② 面接の展開

　次に，面接の展開段階では，少年との関係を深めつつ，それまで得られた事実に基づいて問題の核心を探究し，明確化し，それを正しく理解していくことになる。その際には，①正確な非行事実を究明すること，②その非行のメカニズムや再犯リスクを理解すること，③そうした過程を通して少年や保護者の理解や内省を深めていくこと，などが重要となる。

　前述のオートバイ盗の高校生の事例では，まず，少年がオートバイを盗み，無免許で乗り回していた経緯について，丹念に聴いていく。その際，客観的事実のみならず，そのとき少年がどう思い，感じていたかという主観的事実についても大切に取り上げていく。家裁調査官としては，その両者を厳しく峻別し

ながらも，それらの総体として少年の非行の全体像を理解していく。少年には，どこか現実を認めたくない，無力感から逃れたいという欲求や，男性的な力を発現したいという気持ちがあったのではないだろうか。家裁調査官は，そのような理解を少年や保護者に適切な言葉で返していく。家裁調査官としてわかったこと，あるいはまだわからないことを少年や保護者に返しながら，お互いの歩調を合わせつつ，少年らとともに理解を深めていくことになる。個々の事実を断片的にとらえるのではなく，想像力をふくらませ，非行という行動化が，その少年の生き方を端的に表しているものとして理解できるように聴いていくのである。

　社会調査においては，通常，少年とともに保護者にも面接が行われる。同席面接や単独面接を組み合わせながら，現実の親子間の人間関係をより深く把握することができ，このことも，家裁調査官の面接の特徴の1つとなっている。

　本事例では，やがて面接の焦点は，青年期の自立という発達上の課題を背景としながら，少年がどのように自己を認識し，統合しようとしているのか，そのなかで自分の出自についてどう受け止めているのか，そうした自己意識と本件非行がどのように関連しているのか，などといった問題に移っていった。その際，少年と保護者に個別に面接を行うことにより，過去の親子間のやりとりについてより確かに把握することができ，また，親子同席面接では，現在の親子関係のありようについて実際に観察することができるのである。また，同時に，少年は自分というものが混乱していった心細い気持ちを保護者に伝え，また，保護者も心のなかに蓋をするかのように抱えてきた思いを少年に語ることができた。こうして，少年と保護者には新たな気づきが生まれ，これからの親子にとって大切なものは何かについて考えていくようになったのであった。

　③ 面接の終局

　面接の終局段階では，それまでの過程で家裁調査官が理解し得たことを整理し，要約して少年に示し，改めて少年とともに吟味して明確にする。また，まだ語りたい何かを持っていればそれを十分聴き取ると同時に，次回の調査面接または審判への動機付けを行う。

　このようにして，わかること，わからないことを意識しつつ，調査仮説を見直しながら，より確かな非行理解に近付いていくのである。その際，家裁調査

官には，調査の進行に応じて，当初の調査仮説を修正，補足できる柔軟性が重要となってくる。また，家裁調査官の個人的な感情や価値観が，合理的な調査仮説の形成に影響を及ぼす可能性があり，主に捜査機関で作成された資料が鵜呑みにされやすい危険性もあることから，自らの性格行動傾向をよく知っておくことが特に求められている。

(3) ── 心理テスト等

　面接調査だけでは少年の要保護性の理解が必ずしも十分でない場合には，面接に加えて，各種の検査が行われることがある。この検査には，心理学的検査（心理テスト）と医学的検査とがある。心理テストとして実務上よく用いられているものとしては，性格検査として，ロールシャッハ・テスト，TAT，描画法，SCT，Y-G性格検査，TEGなど，知能検査として，田中ビネー知能検査，ウェクスラー知能検査（WISC，WAIS）など，投影法から質問紙法までの多様な心理テストがある。これらの心理テストの実施により，①非行少年の再非行危険性などの要保護性をより的確に把握することができる，②言語表現能力が不足する少年について，より深いコミュニケーションを交わすための補助となる，③少年の自己理解が促進されることを通じて保護的，教育的作用をもたらす，といった効果が期待されており，調査官は，こうした心理テスト等の効果や目的を踏まえ，その少年の問題性や非行内容などに基づいて，最も必要とされる心理テスト等を選択し，それらをテストバッテリーとして組み合わせて実施している。

　また，科学調査官室という心理テストを専門に行う部署が設けられている家庭裁判所では，専門のスタッフに依頼して心理テストが実施される。特に，最近になって，広汎性発達障害の疑いのある少年の非行が問題となっており，その鑑別，診断のための各種検査や調査方法の研究や医務室技官の活用方策などが課題となっている。

　なお，心身鑑別の必要等が認められて少年鑑別所に収容されている少年については，少年鑑別所の心理技官による心理テストや医師による医学的診断が行われる。その場合，家裁調査官は，少年の人格理解をより確かなものとするため，少年鑑別所の心理技官とカンファレンスを行うなどしている。

6章　少年事件の法的手続き

(4) ── 環境調査

　家裁調査官は，必要な場合には，家庭，学校，職場，地域などを訪問して，直接その環境を調査することがある。ケースワーク的な手法を用いながら，少年を取り巻くさまざまな環境を実際に把握するとともに，そのなかにおける少年や保護者の現実の姿を直接観察することができる。

　ある事例では，母子家庭の男子少年が，実母の小言に耐えかねて刃物を向けるという事件を起こした。少年は自分の行為を反省しつつも，実母の執拗さを訴えており，また，裁判所で面接した実母の言動にもどこか奇妙なところがうかがわれた。このため，精神科医である医務室技官が実母を面接することになり，併せて家裁調査官による家庭訪問が実施された。少年の自宅は，窓ガラスがほとんどが割れたままとなっており，居室内はゴミで足の踏み場もない状態であった。また，裁判所での様子と比べ，自宅での実母の言動の異常がより顕著に認められた。医務室技官の診断は，実母には入院が必要となる精神疾患が認められるというものであった。少年にはほかに頼れる親族がなかったことから，急きょ，法律扶助による付添人弁護士が選任され，少年の帰住先の確保と実母の治療への導入が試みられることになった。また，少年は，一時期，地域の児童相談所に係属したことがあり，担当の児童福祉司と少年の問題について協議した。児童相談所によると，地域の自立支援団体の居住施設が利用可能であったことから，付添人が中心となって同施設との調整が進められた。その結果，審判によって，少年は保護観察処分となり，同施設に帰住することになった。この間，実母は，地域の福祉保健センターの保健師の訪問を受け，その援助のもとで通院治療を受けるようになった。こうした家裁調査官によるケースワークは，司法機関が行うため，限界があるが，少年の非行性をより的確に把握し，その過程で非行性の除去を図ることのできる有力な方法となっている。

(5) ── 審判出席

　以上のような社会調査の結果，少年の非行発現の機制（メカニズム）を解明し，再非行を防止するための処遇を選択することになる。家裁調査官が行った社会調査の結果は書面で報告するものとされており，その書面には，家裁調査官としての処遇上の意見を付すことになる（少年審判規則第13条1項，同条2項）。

家裁調査官は，意見を形成するにあたって，少年鑑別所の心理技官，保護観察所の保護観察官，児童相談所の児童福祉司らとの間で十分な情報交換を行うとともに，随時，裁判官および書記官との間でケースカンファレンスを行っている。さらに，非行事実が重大であったり少年の問題性が大きな事件については，複数の調査官が共同して担当するなどして，適切な処遇意見形成に努めている。

　家裁調査官は，審判に出席し，裁判長の許可を得て意見を述べることができる（少年審判規則第28条2項，第30条）。審判の場は，少年や保護者にとって大きな意味を持っている。それは，そこで処遇が決定されるということに止まらず，審判の場での裁判官や家裁調査官とのやりとりが，その後の少年や保護者の生き方や親子関係のあり方に大きな影響を及ぼすことが少なくないからである。また，家裁調査官にとっても，審判の場における少年や保護者の発言内容は，そのままそれまでの社会調査の結果の妥当性を検証する場ともなっている。

　なお，社会調査の結果を編てつした調査記録は，少年が保護処分に付された場合にはそのまま執行機関に引き継がれ，少年の処遇に生かされることになる。

(6) ── 試験観察

　前述のとおり，試験観察とは，終局処分を一時留保して，少年の生活状況，行動等を観察するために行われる中間決定である。その間，担当の家裁調査官が指定され，少年を特定の場所や条件の下に置きながら，さまざまな教育的働きかけを行いつつ少年を観察することになる。同じような機能を有する保護処分として保護観察があるが，保護観察においては既に事件に対する処分が決定されているのに対し，試験観察においてはそれが留保されているために（したがって，成績によってはすぐに少年鑑別所に措置されたり，少年院送致等の処分決定を受けることになる），少年にとってより強い心理的強制が働くことになる。

　試験観察の方法としては，①家裁調査官が直接観察を行うもの（このうち遵守事項を定めてその履行を命じたり，条件を付して保護者に引き渡す場合もある），②家裁調査官による観察に併せて，民間の篤志家である補導委託先など

に少年の身柄を預け，補導を委託して行うもの，③薬物や交通事犯に対する集団講習などのグループワークによるもの，などがある。

　ある事例では，男子少年は，中等少年院を仮退院して間もなく，友人に誘われて軽微な非行を犯してしまった。その少年は，幼児期に母親が家出してしまい，実父にパチンコ店の屋根裏部屋のようなところで育てられたが，栄養失調から何度か児童相談所に保護され，生き延びてきたという過去を持っていた。物心つく頃から盗みが始まり，養護施設，児童自立支援施設，少年院と，それまでのまだ短い人生の多くを施設で過ごしてきた。家裁調査官との調査面接において，少年は，少年院を仮退院してやり直そうと決意していたのに，父親や周囲の人たちの目がいっそう冷たく，厳しいものに感じられたこと，最近になって親に迷惑をかけてしまったという思いを持つようになったが，顔も知らない母親への整理できない感情が湧いてくるようになって思い悩んでいることなどを語った。被害が軽微であり，被害回復がなされていたことも踏まえ，少年は，試験観察決定を受けて，身柄をある果樹栽培農家の補導委託先に委託されることになった。その中年の受託者夫婦は，両親の代からの補導委託先であり，子どもはなかったものの，子どもたちの小さな変化にも気が付くことができるこまやかな心と温かい愛情を持ちながら，情熱を持って農業に取り組んでいる人たちであった。少年は，そうした受託者と同じ屋根の下で寝食をともにしながら，その人柄にふれ，何度か規則違反があったものの，徐々に落ち着いた生活を送るようになっていった。家裁調査官は，少年や受託者から報告を受けながら，随時，少年に面接したり，受託者に助言したりしながら，少年の動向を見守っていった。最終審判において，少年は，受託者に対する感謝の言葉とともに，実母に見捨てられた寂しい思いを涙を流しながら語り，同じ過ちを繰り返さないと決意を示していた。保護観察決定を受け，受託者が紹介した近隣の住み込みの雇用先に帰住した少年は，その後再非行はなく，収穫時期になると受託者を訪問して農作業の手伝いなどをしている。

　試験観察における家裁調査官の活動内容は事例に応じて多様であり，この事例のように補導委託する場合のほかに，少年や保護者に継続的に面接を行いながら，少年の問題性への洞察を深める働きかけを行ったり，家族療法的手法によって家族関係の調整を図ったり，作文，日記等を用いたカウンセリングを行っ

たり，箱庭療法等の心理テストを継続的に実施したりなどの手法がとられている。

❹……非行理解の方法

　非行や犯罪をどのように理解し，その再発防止のためにどのような取り組みが必要なのかは，古典的な犯罪学が成立して以来，今もなお問い続けられている課題である。これまでにも，生来の遺伝的特徴や脳内の器質的機能を重視する生物学的な理論をはじめとして，非行少年の生活環境に身を置いたフィールド調査に基づき，彼らがどのように非行行動を身に付けていくのかを分析していった社会学的な理論，乳幼児期の親子関係の影響や無意識の働きによって非行行動に至ると考える精神分析的な理論など，多くの非行理論が提唱されてきている。

　家裁調査官は，少年非行事件を対象に，少年や保護者との面接を中心としながら，各関係機関から必要な情報を収集，分析し，必要に応じて，心理テストを実施したり，環境調査を行うなどして，その少年について，非行発現のメカニズムを究明し，適切な処遇選択を実現するという活動を行っている。そこは，まさに非行対策の現場，すなわち非行臨床ということができる。そこでの臨床実践を踏まえると，犯罪学などで提唱されているある特定の単一理論のみでは，少年の非行を理解するのは困難なのではないかと思われる。

　例えば，人はもともと犯罪を犯す傾向があるが，家族などの親しい人間関係や学業や職業生活などとの関わりによって犯罪を犯すことを思い止まっているというハーシの絆理論や，自分だけでなく誰でも悪いことはしているなどという言い訳をして非行を実行するというサイクスらの中和の技術などの非行理論を学び，それらに精通するよう努力しながらも，実際の社会調査においては，現実の非行少年や保護者との関わりを通して，心理・社会・生物学的な多角的な視点から，多様な非行理論を総合的に活用し，少年の非行理解につなげている。

　このような非行理解の方法について，図式化を試みたのが図6－1である。中央に「少年の性格行動傾向」とあるが，これは非行少年自身と考えてもらってよい。少年は，ある家族のなかで生育し，その後，交友関係や地域・学校・雇用関係を結んでいくようになる。こうした周囲の環境要因が，少年の人格形成に大きな影響を与えることになる。こうした少年が，あるとき非行行動をと

図6-1 非行理解に関する概念図

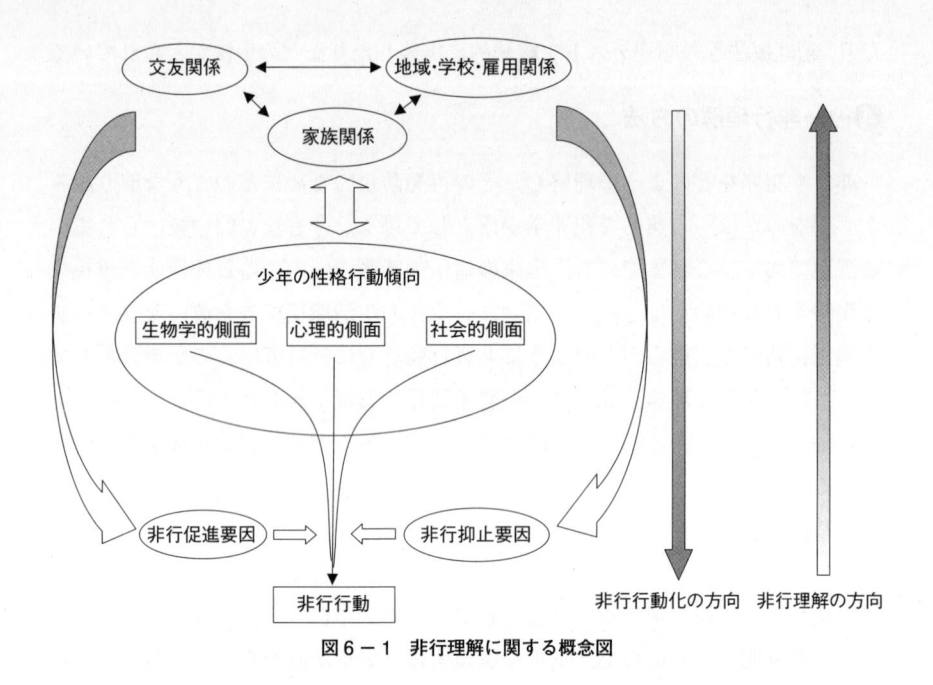

るわけであるが，その背景には，少年の遺伝的性質などの生物学的側面，心理メカニズムなどの心理的側面，交友関係や地域の影響などの社会的側面などの要因が影響している。そして，実際に非行行動を選択するに際しては，不良な交友関係や犯罪を犯しやすい地域性などの非行促進要因と，処分に対する怖れや家族を悲しませたくないという思いなどの非行抑止要因が作用することになる。

実際の非行行動の発現は，以上のような経過をとるものと考えられるが，非行臨床における非行理解とは，ちょうどこれとは逆の方向をたどるプロセスとみることができるであろう。すなわち，ある1つの非行行動の分析を通して，そこに作用している非行促進要因と非行抑止要因（非行のリスク要因）を把握し，それらを通じて，少年の心理・社会・生物学的要因を明らかにしていく過程とみることができる。そして，少年の人格と家族とを理解することによって，その少年の再非行可能性，すなわち要保護性を判断することになるのである。

また，このような少年の非行理解を進めるにあたっては，非行のリスク要因

の的確な把握に加え，なぜこの少年がその非行をしたのか，少年にとって非行はどういう意味があるのか，を問いかけることも重要となっている。先の事例でも，少年には，保護者からの自立という青年期の危機に直面するなかで，自らの出自を含め自分とは何なのかといった問題について考えるとともに，もう一度保護者と向かい合い，その関係を立て直していくことが求められていた。少年の非行の発現は，そうした危機のサインであり，また，これにより新しい人間関係や自己成長を遂げていくための契機であったともみることができよう。このように，非行の意味を問うことを通して，少年の非行を総合的に理解するよう努め，少年のために最も必要と考えられる処遇を選択している。

❺……保護的措置の多様化

　家庭裁判所では，処分決定までの過程において，非行少年や保護者に対する再非行防止に向けたさまざまな教育的な働きかけ，すなわち保護的措置を行っている。先の事例においても，家裁調査官の調査面接によって少年の非行のメカニズムを究明する過程で，少年や保護者には少年が直面している課題についての内省や洞察が促され，そのことがその後の親子関係の改善への取り組みへの契機となっていった。こうした効果は，保護処分決定を一時留保され，家裁調査官の継続的な面接を受けることになる試験観察決定を受けた少年の場合には，より顕著にみることができる。このように，家庭裁判所の調査，審理に副次的に伴う教育的な働きかけは，再非行の防止に相当程度の効果を発揮していると考えられる。

　ところで，最近の非行少年の特徴として，自分の感情や思いを認識したり，それを言葉で表現することが苦手であり，短絡的に非行などの行動に出てしまう子どもが増えているように思われる。また，人に対する思いやりや人の痛みに対する感受性が乏しかったり，自分の感情をコントロールする力が低下していたり，社会の基本的なルールを守ろうとする意識が希薄になっているという特徴も指摘されている。このような少年たちの更生を図るためには，自律した規則正しい生活習慣を身に付けさせるとともに，自尊感情や自己効力感を回復させ，また，社会への帰属意識や公共心を涵養することが必要となっている。

　家庭裁判所では，こうした非行少年の特徴に対応して，教育的働きかけをよ

り効果的なものとするためのさまざまな取り組みが進められている。例えば，家裁調査官による面接指導に加えて，高齢者施設での介護補助や地域の清掃活動などのボランティア活動に参加させて，地域社会とのつながりや自尊感情の大切さを体験的に学ぶことができる場を設けたり，罪障感や自らの非行の社会的影響などに対する自覚を深めさせるために，犯罪被害者の視点に立った被害を考える講習を受講させたり，少年と保護者とのコミュニケーションを回復させ，また，保護者の監護能力を高めるべく，保護者と一緒に合宿して共同生活を経験させるなどといった取り組みが各家庭裁判所で行われている。その際には，個別面接の技術だけでなく，ロールプレイ，エンカウンター，グループワークなどの体験的な技法が活用されている。

このような保護的措置の例として，実際に実施されている保護的措置としての体験学習および社会資源を活用した措置の一覧を表6−1に示す。ここにあるように，従来からの家裁調査官の個別面接による働きかけや，学校，保護観察所，児童相談所等との調整活動に加えて，近年の非行少年の特徴や問題性に対応して，必要性の認められる事例について，その少年に最も効果が期待できる多様な教育的措置が選択，実施されるようになっている。

❻……おわりに

このように，家裁調査官は，非行少年の適切な処遇決定のために，個人，家族，集団，地域などの多様な対象に，個別面接，心理テスト，家族関係調整，グループワーク，ロールプレイ，講義や演習などといった多様な技法で関わっている。さらに，家裁調査官は家事事件も担当しており，夫婦の離婚，子どもの奪い合い，高齢者の扶養などといったさまざまな家族問題にも関与しており，ときにそれは調整的な働きかけを伴っている。

こうした多様な活動のなかで，家裁調査官の実践を支えているのは，医学，心理学，教育学などの人間関係諸科学の知識であり，それに裏打ちされて積み重ねられてきた実務経験であるといえよう。そして，それらを教育，支援するために，新人からベテランを通じて，研修所や各裁判所において継続的な研修が行われており，そこでは，最新の知見が導入され，また，現在の実務の理論化や家裁調査官全体への一般化のための各種の研究も進められている。

表6－1　体験学習および社会資源を活用した保護的措置の例

種類			対象*	目的・内容・方法等
薬物教室			薬物への依存性が初期段階の少年	医務室技官（医師または看護師）の指導，視聴覚教育，心理テストを行い，薬害等について正しく理解させる（シンナー，覚せい剤，大麻，MDMA等）。
思春期教室			性の問題を抱える少年	医務室技官（医師または看護師）の指導，視聴覚教材を通じて，性感染症の恐ろしさを教える。その後，グループワーク，心理テスト等を行い，少年固有の問題などについて指導助言を行う。
被害を考える教室 （万引き被害を考える教室） （バイク盗被害を考える教室）			万引き，バイク盗への罪障感が乏しく，被害の実情や被害者の心情をリアリティや共感性をもって理解させることにより内省を深めさせ，抑止力を高める必要のある少年	調査官の講義，万引き防止協会などのゲストスピーカーの話の後，少年，保護者別にグループワークを行う。少年同士で謝罪場面のロールプレイを行う。最後に，振り返りのための作文を作成させる。
交通教室	自庁無免許講習		原付・二輪車の無免許運転で初回係属の少年	ビデオを視聴させた後，調査官が講義を行う。交通法規の大切さや，交通事故被害の悲惨な実情について十分に理解させる。
	自庁事故講習		被害が比較的小さい事故で，初回係属の少年	
	委託講習		被害が比較的大きい，原付・二輪車・自動車による人身事故で，初回係属の少年	自動車教習所，民間研修施設などで実施。交通指導員が講義を行い，ビデオを視聴させた上で，実技指導，事故事例研究，ビデオ視聴，グループ討議等を行う。
社会奉仕活動	対人援助型		社会的弱者の世話をすることで，人の役に立ち感謝される体験を通じて自尊感情を高め，人への共感性や信頼感を涵養する必要のある少年	特別養護老人ホームや乳児院等において，入所者の介助の補助をしたり，話し相手（遊び相手）になったり，シーツ交換などの業務の補助を行う。社会的弱者の世話をすることによって，自分が社会に役立っているという感情を持つことで，自尊感情を高め，人に対する信頼感が深まることが期待できる。
	地域美化型	①自分の気持ちを言葉で表現できないため，体験を通して実感したことをきっかけに内省や洞察を深めさせる必要がある少年		地域の活動に参加させることにより，地域の方やボランティアの方とのふれあいを通して，社会の一員としての自覚を高め，公共心や規範意識を育み，協調性や社会性を身につけさせる。NPO団体，都立公園，障害者福祉施設，少年友の会などと連携して実施する。
		②社会や被害者に及ぼした影響を自覚させ，具体的な行動で自らの反省を示し，深めさせる必要がある少年		○軽度の心身障害者等の作業手伝い（椎茸栽培，腐葉土作り）や養護学校のトイレ清掃，市内の資源ゴミの回収，リサイクル活動等 ○道路，駅前，公園，トイレなどの清掃，商店街の閉店後のシャッターの落書き消し等 ○公園内の木の手入れ，伐採，切った枝の処理，球根の植え付け（グリーンボランティア）
少年合宿 親子合宿		①非行性が著しく進んでいない試験観察中の少年		野外における共同作業を通して，生活体験の幅を広げる。また，集団生活における自分の行動傾向や人とのコミュニケーションのあり方について考えさせ，課題達成を通して自尊感情を高め，自分の可能性に気づかせる。合宿場所は，青少年センターなどを利用する。
		②生活体験が乏しく，集団への適応がやや困難な少年		【少年合宿】少年は，オリエンテーリング，球技，創作活動，ハンディキャップ体験，グループワークを体験。親は，裁判所で保護者会に参加
		③豊かな自然環境の中で少年の情操を育み，創作活動，グループワーク等がその更生のために有益であると認められる少年		【親子合宿】親子でオリエンテーリング，親子でロールプレイ，少年がアクセサリーを作って親にプレゼント，ハンディキャップ体験，たき火を囲んでディスカッションなど
保護者の会		①少年の監護に自信を喪失している保護者		保護者の監護意欲を回復させ，保護者としての責任に基づいて再非行防止のため具体的に行動させる。グループワークを行い，必要に応じて，親業訓練・ロールプレイを実施する。
		②少年の生活状況に問題意識を持っているものの具体的な対処方法がわからず悩んでいる保護者		
		③思春期の心身の状況について理解を深めたいという意欲を持っている保護者		
		④少年の非行に対する責任感の希薄な保護者		

* 原則として，対象少年の保護者も参加

（竹内ほか，2006より一部修正の上引用）

社会の変化に伴い，非行少年への対応も，時代に即応させて改善，向上させていくことが求められている。家庭裁判所という法的領域においても，人間関係諸科学の知識や経験をいかに活用することができるのか，また，それが本当に効果を生むものであるのかということが，真に問われ始めている。

2節 少年鑑別所における対応

❶……少年鑑別所とは

　少年鑑別所は，「主として，家庭裁判所により観護措置の決定がなされた者を収容するとともに，家庭裁判所の行う少年に対する調査，審判等に資するため，<u>医学，心理学，教育学，社会学その他の専門的知識に基づいて，少年の資質の鑑別を行う法務省の施設</u>」である。一般の方にはあまり知られていない施設であり，特に少年院との違いがわかりにくいと思われるが，少年院は非行からの立ち直りのための教育を行う機関で，審判後に少年と関わるのに対して，少年鑑別所は非行の原因を探る機関であり，審判前に少年と関わっている（図6－2）。

　すなわち，少年鑑別所は，家庭裁判所での審判までの期間，少年（少年法の用語としての「少年」であり，男女両方を含む）を収容し，審判に向けて心の

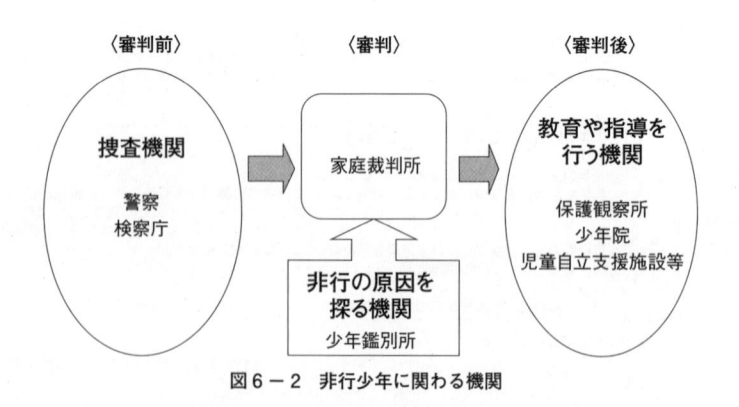

図6－2　非行少年に関わる機関

準備をさせるとともに，少年本人の資質の問題を明らかにし，非行の原因を探り，非行への処方箋とでもいうべき「鑑別結果通知書」を作成して，家庭裁判所に送付することを業務としている。非行事実の認定に関して証人尋問等を行う場合を除けば，少年鑑別所の収容期間は4週間までとされており，その期間内に審判が行われるので，「鑑別」は実質3週間足らずの期間で行っている。

❷……「鑑別」とは

「鑑別」とは，少年の心身の状況を詳しく調べ，知能や性格，疾病・障害の有無等を明らかにし，少年自身の資質の問題に焦点を当てて非行の原因を分析し，問題性を改善して再非行を防止し立ち直りを図るための教育や指導の方針を示す作業である。病気の場合にたとえれば，重い病気が疑われる場合には検査入院をして，病気の原因や症状の程度を検査や問診等によって精密に探り，治療方針を立てた上で治療を進めていくこととよく似ている（吉村，2006a）。

少年鑑別所では，鑑別技官（心理技官），観護教官，医師が鑑別に携わっている。鑑別技官は面接と心理検査を，観護教官は行動観察を，それぞれ心理学・教育学・社会学等の専門知識に基づいて実施し，医師は医学的検査・診察によって少年の心身両面の疾病・障害等の有無を調べる。このように，異なる職種の職員が異なる視点から異なる手法で少年にアプローチし，相互に連携しながら多面的に資料収集を行うことで進めていくのが鑑別の特徴である（図6－3）。

図6－4は，少年鑑別所に収容して行う鑑別の流れを図示したものである。全国の少年鑑別所で，同じシステムで鑑別を行っており，こうした標準的な手

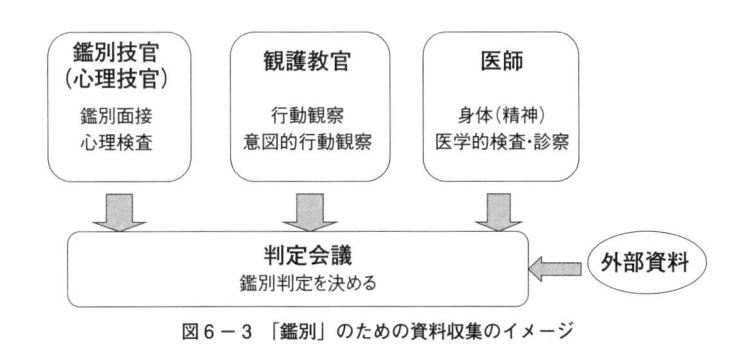

図6－3 「鑑別」のための資料収集のイメージ

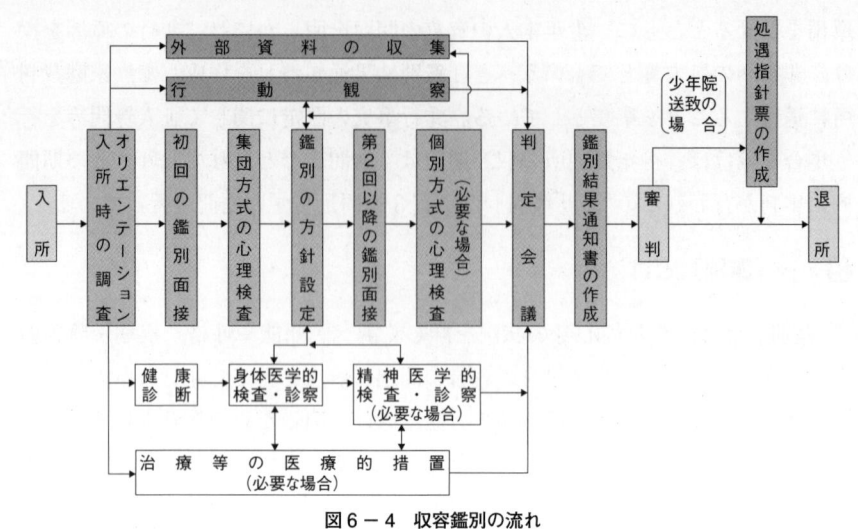

図6−4 収容鑑別の流れ　　　（法務省法務総合研究所，2007より）

続きが定められていることで，鑑別の妥当性や信頼性が担保されている。

　鑑別の手続きは，「鑑別の方針の設定」よりも前に行う概括的な資料収集の段階と，それ以降の，方針に沿って詳細な資料収集を行い検討する段階とに分けられる。少年が入所すると数日のうちに，鑑別技官は初回面接を行うとともに集団方式の心理検査を実施し，医師は健康診断を行う。また，観護教官は入所した瞬間から少年の行動を注意深く観察している。そして，これらの初期の段階で得られた資料に基づいて，少年の特質および問題の所在に見当をつけ，その後の鑑別の方針（個別に実施する心理検査や医学的検査，鑑別面接や行動観察において重点を置く項目等）を定めて進めていくという方式をとっている。鑑別に与えられている時間は決して長くはないが，限られた期間内に，必要かつ有用な資料を漏らすことなく収集し，効率的に鑑別を進めていくための工夫を積み重ねるなかで，こうした鑑別手続きが確立されている。また，技官，教官，医師は，ばらばらに自分たちの作業を進めているわけではなく，頻繁に情報交換をするなかで，他の職員の視点を取り入れて，自分では気付かなかったことに気付いたり，自分のアプローチの仕方に修正を加えることも多い。このように，鑑別方針は，一度設定した後も修正を加えていくものである。そして，

互いに連携しながら集めた情報や資料を，判定会議において，所長をはじめとする多くの職員で検討し，統合し，ケースの見立てをしていくことになる。こうした判定会議の実施も，鑑別の妥当性，信頼性を高めるための大切なシステムである。

❸……「鑑別」の方法

(1) ── 鑑別のためのオリエンテーション

　少年鑑別所に収容されている少年たちは，裁判官の決定によって強制的に身柄を拘束されたのであり，入所の時点では，相談機関や医療の場に自ら訪れるクライエントのように，自分の問題を自覚し，改善したいと思っているわけではない。また，少年鑑別所が鑑別を行う機関であることを理解しておらず，非行への罰として収容されたと思っている者も多い。そうした少年たちに「鑑別とは何か」を説明し，審判は少年の更生のために行われること，その審判に必要な資料を作成することが鑑別であること，鑑別は少年と職員とが協力して進めていくものであることを，少年が理解しやすいように噛み砕いて説明するのが，鑑別のためのオリエンテーションである。これは，医療の場での「インフォームド・コンセント」に似ているが，単に説明し了解を求めることが目的ではなく，職員との信頼関係を築くための第一歩でもある。というのも，少年と職員との間に信頼関係がなければ，鑑別面接や心理検査場面において，審判への不安や職員への警戒心による防衛が強く働き，支障をきたしてしまう。また，鑑別面接や課題作文等で，少年がこれまで突き詰めて考えたり表現せずに済ませてきた事柄について言語化したり洞察することを求められる場面も多く，こうした課題に少年が積極的に取り組み，洞察した内容を言語化して伝える努力をしてくれなければ，鑑別は立ち行かないのである。したがって，鑑別の質を高めるためには，少年が，鑑別が自分のためのものであることを理解し，進んで鑑別を受けようとする構えを形成することが大切であり，鑑別についてのオリエンテーションは，そのための必要不可欠な手続きである。

(2) ── 鑑別面接

　鑑別面接では「初回面接」と「2回目以降の面接」とを分けて考えている。

鑑別担当者となった鑑別技官は，まず「初回面接」を行う。初回面接では，自分が鑑別担当者である旨の自己紹介をし，鑑別のためのオリエンテーションの内容を確認し，「なぜ，今回のような非行を行ってしまったのか，また，今後非行を繰り返さないためにはどうしていったらよいのかを一緒に考えていこう」と，鑑別面接の目的を説明して，少年の面接への動機付けを高める。そして，入所時に記入させた予備調査票に基づいて，家族歴，生育歴，非行・問題行動歴，本件非行の概要，心身の健康状態，現在の心配事等について，概括的に話を聞いていく。少年との出会いである初回面接は，少年との関係作りを行うためにも，少年の資質の特徴や非行の進み具合等の問題の所在に見当をつけ，鑑別方針の設定に必要な情報を得るためにも，非常に大切なものである。

　また，鑑別技官は，初回面接で得られた情報が処遇場面でも活用されるよう，簡潔な書類にまとめて，処遇を担当している部署に速やかに伝達している。

　「2回目以降の面接」で何を聞くかは鑑別技官個々人によって異なるが，筆者の場合は，本件非行に至るまでの少年の十数年間の人生を1つのストーリーとしてたどる形で話を聞いている。これは，土居健郎が「ストーリーを読む」（土居，1977）と称しているのと同様であると思われる。すなわち，生育史上の出来事を追うのみでなく，少年が，家族や友人などの身近な人たちとどのような関係を持ち，どんな気持ちで何を考えて生活し，何に打ち込み，困難にぶつかった際にはどのように乗り越えてきたのか等を詳細に聞くことによって，ストーリーの主人公である少年の性格をつかみ，適応状態や問題解決の様式，対人関係の持ち方の特徴，価値観や社会的態度等を明らかにしていくのである。

　「ストーリーを読む」ように話を聞くのは，本件非行について聞く際も同様である。非行場面での少年の行動について，なぜそうした行動に至ったのか，その背景となった少年の問題は何なのかを明らかにするためには，鑑別技官が，少年が見聞きし，考え，感じていたのと同じように自分も感じていると思えるまで，そしてストーリーが自然に流れるまで，丁寧に話を聞くことが肝要である。非行は，それまでの人生にみられる適応様式や問題解決様式の縮図であり，いいかえれば，本件非行場面で展開されるストーリーを読み解くために，本件に至るまでの人生のストーリーを読み込んでいるのだということもできる。

　ただし，非行行動を理解するためには，個々の少年にまつわるストーリーを

読み込むだけでは事足りない。非行の進み具合や非行に至りやすい準備状態がどの程度高まっていたのかを査定するために，少年が関わってきた非行別に聴取すべき事項がある。例えば，暴走行為を行った少年であれば，暴走族への加入歴や不良集団内での地位，集会に参加した頻度等について，薬物を乱用した少年であれば，使用した薬物の種類やその使用歴，使用頻度や量，入手経路等について，また，窃盗を行った少年であれば，窃盗の態様や手口，その手口を知った経緯，共犯との役割分担，盗んだ金品の使途等についてといった具合に，それぞれの非行ごとに，進み具合を確認するための指標となる事柄を聞くことが不可欠である。加えて，不良集団内で共有されている価値観や不良文化の取り入れの程度，不良交友の広がりや深まりの程度，社会規範に対する態度等，非行臨床ならではの着眼点や調査事項について確認していくことも欠かせない。

　なお，鑑別面接は，少年の心のなかですでに明確に意識されていることのみを聞き出していく作業ではない。そもそも非行を行った少年たちは，総じて自分の気持ちや感情を言語化することが苦手である。しかも，考えるよりも先に行動するタイプが多く，特に，嫌な気分に陥ったりつらく不快な体験をした際には，そのことについて深く考えて落ち込むことを避けるために，とりあえず目を向けないようにしてやり過ごし，処理しきれない感情を非行によって発散している場合が多い。したがって，鑑別面接は，少年がこれまで目を向けずにきたもやもやとした気持ち，整理されていない思いを，鑑別技官が媒介となって，明確化し，整理し，意味を汲み取っていくプロセスでもある。具体的には，断片的で漠然とした表現に込められた少年の気持ちや考えを，できるだけ共感の幅を広げて汲み取り，「それは，こういうことなのか」と，鏡になったかのように少年にフィードバックする。その内容が少年にとってしっくりくるものであれば，お互いに理解を共有して先に進む。しっくりこなければ，少年の反応を手がかりにして，また別のフィードバックを返す。こうしたキャッチボールのようなやりとりを根気強く繰り返すことによって，少年は次第に自分の内面に目を向けるようになり，自分なりに考えを深め，それを相手に伝えようと努力するようになり，そのことがさらに内省や洞察を促すというよい循環を生んでいく。鑑別面接はアセスメントのための面接であり，非行性の除去といった治療的な目的の下に行うものではないが，鑑別技官に支えられながら，自分

自身について，また自分の非行の意味について深く掘り下げる体験は，深いレベルでの気付きや洞察を生じさせることがあり，そうした体験を通じて，少年が，非行からの立ち直りのきっかけをつかんでいくこともしばしばある。

　言語で自分の気持ちや考えを表現することが苦手な少年たちとの面接においては，少年が何を語ったかという言語内容もさることながら，視線，表情，姿勢，声の調子，語る際の間合い等の，非言語的なチャンネルを通じて送信される情報を読み取ることが大変重要である。また，鑑別技官の側も，自分自身が非言語的なチャンネルを通じて発信するサインに気を配ることが大切であり，面接技術の基礎となる「話を聴くスキル」の修得が必須である。少年鑑別所では，先輩技官がマンツーマンでスーパービジョンを行うスーパーバイズ制によって鑑別技官の養成を行っており，新人技官はスーパーバイザーである先輩技官の面接を見学したり自分の面接に同席してもらったりすることを通じて，面接技術のトレーニングを行っている。また，採用1年目，5年目，10年目といった節目に行われる集合研修でも，鑑別面接のスキルアップを図っている。

(3) ── 心理検査

　図6-5は，少年鑑別所で使用されている代表的な心理検査等である。少年鑑別所では種々の心理検査を実施しているが，鑑別の手続きとしては，「集団方式の心理検査」と「個別方式の心理検査」とに分けて実施している。

　「集団方式の心理検査」は，資質鑑別のために入所した少年全員に対してスクリーニング・テストとして実施し，資質の特徴を概括的に把握するとともに，個別心理検査の選択や，面接や行動観察において重点的に調査する事項を定めるための資料としている。例えば，集団心理検査で知的な問題が指摘されれば，知能のさまざまな側面について詳細に調べるために個別知能検査を実施するといった具合である。

　集団方式の心理検査には，非行少年や犯罪者に多くみられる特徴に焦点を当てて抽出するために法務省が開発した法務省式の心理検査が使用されている。これらの検査には，質問項目や尺度に非行との関連が認められるものが採用されており，非行・犯罪に結び付きやすい問題性を見出す上では，非常に使い勝手のよいものである。いずれの検査も，少年鑑別所を含む矯正施設で長年使用

	集団方式で実施する検査 → （より精密な検査が必要な場合）→ 必要に応じて個別に実施する検査
知 能	**新田中B式知能検査** 図形，数字等の非言語による設問により知能を測定。昭和27年に田中寛一らが作成。わが国で最もポピュラーな知能検査の1つ。 / ウエクスラー成人知能診断検査改訂版（WAIS-R） ウエクスラー児童用知能検査改訂版（WISC-Ⅲ） 田中・ビネー式知能検査法 鈴木・ビネー式実際的・個別的知能測定法 コース立法体組合せテスト
性格態度	**法務省式人格目録（MJPI）** 矯正施設に収容された者を対象とした性格検査として法務省が昭和42年に開発したもの。130の質問に対する答え方のパターンにより性格を測定。なお，平成11年に改訂されている。 **法務省式文章完成法（MJSCT）** 矯正施設に収容された者を対象とした性格検査として法務省が昭和40年に開発したもの。30の刺激語といわれる短い言葉に続けて，文章を作成させ，その文章の内容を分析することにより，思考や情緒の特徴，対人態度等を概括的に把握する。 **法務省式態度検査（MJAT）** 矯正施設に収容された者の社会的態度を測定する検査として法務省が昭和46年に開発したもの。なお，平成10年に全面的に改訂されている。 / （性格検査） ミネソタ多面人格目録（MMPI） 矢田部・ギルフォード性格検査（YG性格検査） 顕在性不安検査（MAS） コーネル・メディカル・インデックス（CMI） ロールシャッハ・テスト 絵画統覚検査（TAT） 幼児・児童統覚検査（CAT） 絵画欲求不満テスト（PFスタディ） ハンド・テスト ソンディ・テスト バウム・テスト 家・木・人の描画テスト（HTP） 内田・クレペリン精神検査 （適性検査） 新版職業レディネス・テスト 労働省編・一般職業適性検査 CRT運転適正検査 （その他） ベンダーゲシュタルト・テスト 箱庭療法 親子関係診断検査 東大式エゴグラム（TEG）
運転適性	**法務省式運転態度検査（MJDAT）** 矯正施設に収容された者の運転態度を把握するための検査として法務省が平成11年に開発したもの。	

注　法務省矯正局の資料による。

図6-5　少年鑑別所で使用される代表的な心理検査等
（法務省法務総合研究所，2005より）
法務省式文章完成法（MJSCT）は2006年に改訂されている。

されてきているが，非行少年や犯罪者の質的変化に対応して，また，青少年や社会全体の変化等も考慮に入れながら，適宜改訂作業を行っている。

「個別方式の心理検査」は，一般に使用されている心理検査を幅広く取りそろえており，適宜選択して実施している。よく使用されるのは，投影法ではロールシャッハ・テストや絵画統覚検査（TAT）等，描画法ではバウムテストやHTP等である。また無免許運転や暴走行為等の危険な運転を行ったり，交通事故を起こした少年に対しては，法務省式運転態度検査（MJDAT）やCRT

運転適性検査を実施する等，非行内容に応じた検査も行っている。

　このように，少年鑑別所では，集団方式，個別方式を問わず，数種類の心理検査を組み合わせて実施しており，特質の異なる複数の心理検査でテストバッテリーを組んで実施することで，多方向から光を当てているかのように少年の立体像を浮かび上がらせることができる。しかしながら，数種類の心理検査の結果を統合して解釈することは難しい作業であり，それぞれの心理検査の特質を十分に理解していないとできないことである。そこで，鑑別技官の集合研修や施設での実務研修において，各種心理検査の理論的背景や特質について学ぶ機会を数多く作り，特に実務研修においては，テストバッテリーの組み方や解釈の統合の仕方を，実際のケースを扱うなかで修得することに力を入れている。また，非行少年に多くみられる反応は何か，検査実施上の留意点は何か等を押さえた上で，非行臨床の実務に即して解釈のトレーニングを行う必要もあり，各施設において心理検査の解釈技術を高めるための研修会を行っている。

(4) ── 行動観察

　行動観察は，鑑別面接や心理検査から得られるものとは質の異なる情報が得られるという点で，「鑑別」の方法として大変重要なものである。すなわち，面接や心理検査では，言語表現や検査への反応を通して間接的に情報を得るのに対し，行動観察では，目に見える行動という形で直接情報を得ることができ，しかも，情報の内容は具体的な行動であるので理解しやすい。加えて，生活場面での自然な行動は，面接での言語表現や心理検査での反応に比べると防衛が働きにくいといえる。これらのことから，例えば，少年が，「僕は他人に気を遣う方です」と面接場面で述べたとしても，他の少年に対して配慮を欠くような具体的な行動が，所内生活のさまざまな場面で，かつ多くの職員によって一貫して観察されるならば，行動観察から得られた情報の方が，具体的な事実としての重みと説得力を持つことになる。少年鑑別所では，少年の行動を一日24時間つぶさに観察でき，このことは収容鑑別の大きな利点である。

　少年鑑別所での行動観察は，通常の生活場面の行動観察と，「意図的行動観察」とに分けられる。

　通常の行動観察は，「ありのままの姿をとらえる」（少年鑑別所処遇規則第

2条)という鑑別の理念に基づき,「自然的観察法」によって行われているが,鑑別を実施するための収容期間に限りがあるので,鑑別に役立つ情報を得るという目的に合った観察項目や観察方法を定めて組織的に観察を行う「組織的観察法」をとっている。また,行動観察を行う教官は,実際に少年たちの生活の世話をしたり生活上の指導を行いながら観察を行っているのであり,こうした「参加観察法」では,観察者である教官は,自分の存在が少年の行動にどのような影響を及ぼしているかを常に意識し,自分の働きかけがどのような反応を引き出したのかという相互作用の観点を持ちながら観察を行うことが求められる。

　少年鑑別所の行動観察では,入所時,居室内生活,運動,面会等の場面ごとにみられる行動に着目すると同時に,さまざまな場面にまたがって観察される行動特徴,具体的には,職員や他の少年に対する態度,所内生活のきまりや生活上の指導に対する態度,課題への取り組み方,職員の説明に対する理解力,生活習慣等にも着目して観察を行っている。また,収容期間は多くの場合1か月にも満たないが,審判を迎える心の準備ができ内省が深まっていくにつれて,少年たちは変化していくのが通常であり,そうした収容期間中の変化を行動を通じてとらえることも大切である。このように,少年鑑別所では,「場面」「行動特徴」「時間経過」という3つの次元を軸として行動観察を行っている。

　なお,鑑別においては,不良文化や反社会的な価値観の取り入れの程度等を確認することが必須であり,この点についても行動観察によって有用な情報が得られることが多い。具体的には,職員の指導に対する反抗的な態度,集団場面での虚勢を張り不良性を顕示する言動,言葉遣いや隠語の使用,絵画やはり絵等の題材の選び方,入所時の服装や所持品等に着目して,観察を行っている。

　「意図的行動観察」は,日常生活場面での自然な行動のみを観察していたのでは得られない情報を得るために,意図的な働きかけや刺激を与えて反応をみるものであり,課題を与えてその製作過程や作品そのものをみるといったことが数多く行われている。意図的行動観察種目としては,絵画,はり絵,日記,課題作文,感想文等が多くの施設で行われており,また,集団場面での言動や態度の特徴を観察する種目として,集団討議等を実施している施設もある。

　なお,行動観察の問題点として,観察者バイアスが挙げられるが,少年鑑別

所では，多くの教官の目によって組織的に行動観察を行うことで，観察者バイアスを少なくする工夫をしている。また，行動は，その前後の行動や出来事とのつながりのなかで意味をとらえることが大切であり，こうした「行動の文脈」をいかにしてとらえるかが，観護教官の専門性が発揮される点でもある。例えば，少年が絵画や作文等の課題に落ち着いて取り組んでいる，あるいは，集中して取り組めないという行動を観察した場合，それは，課題への意欲や集中力の程度を示していることもあれば，家族との面会や手紙のやりとりによって安心したり，逆に不安が募ったりした結果であることもある。こうした違いを見極めるには，行動を「点」としてとらえるのではなく，ダイナミックな「流れ」としてとらえる必要があり，さらに，人間の心の動きが行動にどのような影響を及ぼすのかといった心理学的な知識が必要であることはいうまでもない。特に，非行を犯した少年たちは，弱気になったり心情的に不安定になると，虚勢を張ったり，苛立ちを他にぶつけるような攻撃的な言動に出ることが多く，こうした，非行少年にしばしばみられる行動特徴を熟知していることも大切である。

　行動観察から得られた情報と，鑑別面接や心理検査等から得られた情報との統合については，判定会議で検討することになるが，日々行っている判定会議で，ケース理解を深めるための討議に参加することが，観護教官にとっても鑑別技官にとっても，実務に即した「生きた研修の機会」となっている。

❹……少年鑑別所での対応における「視点」

　少年鑑別所の入所少年は14歳から19歳までの年齢層が中心であり，この年代の少年たちの処遇や鑑別においては「発達」という視点が欠かせない。例えば，中学生と成人間近の少年とでは，対人関係の持ち方も，興味関心の対象も，直面する生活上の課題も大きく異なるので，そのことを踏まえて面接の話題を展開しなければならず，心身両面において年齢相応の発達を遂げているか否かを確認することも不可欠である。また，幼少期から家庭内で十分な愛情を受けずに育ち，親子関係において基本的な信頼感を獲得できなかったことがその後の対人関係や社会適応のあり方に影響しているケースもあれば，高校や職場での挫折から，いわゆる自分探しをするような形で健全な生活から逸脱すると

いった，青年期のアイデンティティの獲得がテーマとなっているケースもあるが，発達の初期の段階でつまずいたケースほど非行も深刻化している場合が多く，「発達課題*」は少年の問題性を査定する上での重要な手がかりである。

また，最近は，14歳未満の低年齢少年が入所してくるケースが増えてきているが，小学生や中学校に入学したばかりの者に，「鑑別」や「審判」の意義を理解させ，心情を安定させて審判のための心の準備をさせるためには，14歳以上の少年に対して行っている処遇をそのまま適用するのでは難しく，一人ひとりの発達レベルを見極めた上で，発達段階に応じたきめ細かい働きかけや処遇上の創意工夫を行えるだけの処遇力も求められている（吉村，2006a）。

ところで，鑑別とは，非行の原因を探り，再非行を防止するための教育や指導の方針を示すことであり，裏を返せば，原因を探っただけで，有効な処遇方針を示せなければ，鑑別を行ったことにはならない。したがって私たちは常に「処遇に結び付くアセスメント」を心がけている。例えば，非行に至った背景として何らかの社会不適応状態が認められる場合，その原因として性格面での問題を指摘することも大切であるが，「適切な仕方で他者とコミュニケーションを行う」「適切な手段で問題解決を図る」といった社会的スキルの獲得の不足として問題を分析するという視点も有効である。というのも，こうした視点から問題を分析すれば，少年に不足している社会的スキルの獲得を教育目標とすることができ，それに伴って，社会的スキルを獲得させるための指導方法や評価の観点を具体的に示すことができるからである（吉村，1998）。このように，できる限り具体的で，かつ有効な処遇指針を作成することを目指している。

❺……収容して鑑別を行う意義

少年鑑別所では非行からの立ち直りのための教育を行っているわけではないが，少年たちは，1か月にも満たない収容期間中に大きく変化していく。すなわち，入所直後は，収容されたことへの不満やつらさを訴えていた少年たち

---

* 人間の心身の発達の過程をいくつかの発達段階（例えば，乳児期，幼児期，児童期，青年期，成人期，壮年期，老年期等）に分けた場合，各段階において達成しなければならない発達課題があるとされている。研究者によりさまざまな発達課題が挙げられているが，エリクソン（Erikson, 1963）は，各発達段階で解決しておくべき葛藤（心理社会的危機）として，乳児期では「基本的信頼」対「不信」を，青年期では「同一性」対「役割の混乱」を挙げている。

column ⑩
非行のリスク・アセスメント

　少年法は，少年を健全に育成すること，すなわち非行少年が再び非行を行わないようにすることを目的としており，少年司法の各機関（少年鑑別所・家庭裁判所等）は，取り扱う少年について，その再犯危険性を判断し，危険性に応じて適切な対応を行うことが主要な任務となっている。さらに，少年法に規定される法的手続きではないが，警察は，非行の前段階である不良行為（深夜徘徊・喫煙等）を行う少年について，本格的な非行にエスカレートする危険性等を判断して，1回限りの注意指導か，継続的な補導・相談活動を行っている。

　よって，わが国では，再非行や非行のエスカレートに関する危険性の評定，すなわち非行のリスク・アセスメントは，臨床的な判断として実務家が長年実践してきたのであるが，近年，保険数理統計的な手法（さまざまな再犯要因の標準化したチェックリスト等を用いて再犯危険性を数値化する手法）を用いた実践に関心が高まっている。

　欧米で発展の著しい保険数理統計的リスク・アセスメントでは，非行少年の再犯を予測する要因を，危険因子（再犯の可能性を高めることに関連する当該少年の特性や境遇）と保護因子（再犯の可能性を低めることに関連する要因）に大別している。さらにこの2区分ごとに，静的因子（非行の頻度・初発年齢や被虐待歴といった過去の出来事等で変えようのないもの）と動的因子（働きかけによって変化させることが可能な特性や境遇）に分けて評定を行っている。

　各因子のいずれも，非行化過程の実証研究（大規模コホートを用いた欧米の縦断的研究）の知見等に基づいて，少年本人の個人特性・家庭・学校・地域・交友関係等の各領域から調査すべき項目が複数選定され，各領域別と合計のスコアが算出される。評価項目としては，予測的妥当性（再犯を予測する精度）のより高いものが選定されるのが基本であるが，近年，働きかけのターゲットとなりうる動的危険因子（犯罪を正当化する態度，不良交友や不十分な社会的スキルなど）が，重視されるようになっている。評価項目を選定し，チェックリストを構成するための理論的背景としては，社会的学習理論が重視され，特定された動的危険因子に対する働きかけにおいても，関連技法（認知行動療法やSST等）が重用されている。

　このようなリスク・アセスメントは，エビデンスに基づく非行少年処遇において大きな役割が期待されている。具体的には，最初のスクリーニングでリスク・アセスメントを行って，働きかける必要性が高くかつ改善更生が期待できる者を抽出し，さらに抽出した対象者について，リスク・アセスメントの結果に基づいて働きかけのターゲットを定めて，動的危険因子を低減させ，動的保護因子を増

進させる働きかけを行う（例えば，怒りの統制が不十分な少年には，攻撃性置換訓練が実施される）。働きかけを行った後で，再度リスク・アセスメントを実施して，働きかけの効果を検証することになる。

こうした一連の手続きは，リスク・マネージメントやケース・マネージメントの手法であり，少年司法に関わる公的・社会的資源を効果的かつ効率的に運用することを意図している。さらに，標準化された（信頼性と妥当性が担保された）リスク・アセスメントを運用することで，評定者による判断のばらつきを減らして公平性を高め，さらに手続きの可視化を行って，一般社会に対する説明責任を果たすことに寄与するものである。

少年司法におけるリスク・アセスメントの活用について，今後検討すべき課題が海外でいくつか指摘されている。まず，近年のリスク・アセスメントのツールでは概ね，働きかけの対象とすべき動的因子を評定項目として重視しているが，そうした因子が本当に働きかけのターゲットとして適当であるかについて，実証的な検討を積み重ねることが必要である。次に，非行の発現に作用する要因やその強度は，発達段階によって変動することが実証研究で明らかとなっており，そのような知見をリスク・アセスメントに反映させるならば，年齢別にツールの評定項目の態様やウェイトを調整することも必要である。

さらに，近年のリスク・アセスメントの発展を支えてきた基礎研究は，少年が非行に至る過程を分析したものが大部分であるが，今後は，少年が非行から立ち直る過程についてより多くの実証研究がなされ，その研究知見がリスク・アセスメントに反映されることで，非行少年の立ち直りに大きく資することが期待される。

以上の検討課題は，わが国で今後，非行のリスク・アセスメントのあり方が検討される上でも重視される必要がある。近年，わが国では，欧米の保険数理統計的なリスク・アセスメントのツール（YLS／CMI や ASSET 等）を参考にして，チェックリストの試案が作成されており，こうした手法の実効性について本格的な検証が行われることを期待したい。

が，審判に向けて自分の問題と向き合い，立ち直りのために自分は何をすべきかを真剣に考えるようになっていくのであり，少年鑑別所ではこうした変化が生じやすいといえる。これは，不良仲間や家族等のしがらみの多い人間関係から離れ，少年鑑別所が有している静かで内省的な雰囲気のなかで，自分の問題をじっくり考える時間を持てることが大きく作用していると考えられる（吉村，2006b）。また，少年たちは，所内において，規則正しい健康的な生活を送っているが，こうした生活を支えているのは観護教官であり，親身になって世話をしてくれる教官たちへの信頼が芽生えるなかで，家族等の身近な大人との関係を見直し，自分を大切に思ってくれる人のアドバイスを受け入れて，周囲に心配をかけない生活を送りたいという気持ちになっていく。こうした変化も，審判後の教育や指導を受け入れる素地となるものである。そもそも 10 代の少年たちは日々成長する存在であり，可塑性も大きいが，収容期間における変化がどの程度生じたかを把握することは，矯正可能性や予後の予測を行う上での大切な手がかりとなるものであり，収容して鑑別を行う意義はこの点にもあるといえる。

　非行を犯して少年鑑別所に収容されることは少年の人生にとって危機場面ではあるが，それだけに，少年鑑別所において生じた内省や洞察は深い意味を持ち，立ち直りのきっかけともなりうるものである。また，「審判」も「鑑別」も少年の更生のために行われるものであり，そうした意味で，鑑別を受けるために収容されたことが，少年にとってプラスの体験となってほしいと願っている。少年鑑別所は少年院とは異なり，非行性を除去するための意図的・系統的な矯正教育を行う施設ではないが，「少年の健全育成」という少年法の理念の下に設置された施設として，少年たちが健全な大人に成長していくために何ができるのかを常に模索しその実現のために努力することが，少年鑑別所の責務である。

7章 非行少年の処遇

1節 少年院における対応

元関東医療少年院長の杉本（2006）は，非行少年や犯罪者の更生に携わる人の条件として，以下の3つを受け入れることが必要であると述べている。

「人は誰でも学んで変わる可能性を持っている」
「人はその信頼する者からのみ学ぶことができる」
「人は誰かに気にかけてもらっており，期待されており，大切に思われているという実感がないと安定していられないものである」

これから紹介する少年院における非行少年の処遇も，これらの条件を踏まえながら実践されているということを理解し，働きかける者の姿勢が対象者の行動変容に大きな影響を与えるということを理解しておくべきであろう。このようなことを前提とした上で，少年院における非行少年に対する対応を紹介する。

❶……少年院とは

(1) ── 基本的な位置づけ

少年院は保護処分を執行する機関で，家庭裁判所により少年院送致の決定をされた非行少年が入院し，健全育成という理念の下で，矯正教育を授けられる場所である。家庭裁判所で決定される保護処分は，保護観察，児童自立支援施設または児童養護施設送致，少年院送致の3種類があり，少年院送致はそのなかでも，原則的に非開放的で，最も強制力の強い収容処分であるといわれている。

少年院は，国（法務省）の施設であり，全国に52庁（分院1庁を含む）あり，

初等，中等，特別，医療の4種類に分けられている。①初等少年院は，心身に著しい故障のない，概ね12歳以上概ね16歳未満の者，②中等少年院は，心身に著しい故障のない，概ね16歳以上20歳未満の者，③特別少年院は，心身に著しい故障はないが，犯罪的傾向の進んだ概ね16歳以上23歳未満の者，④医療少年院は，心身に著しい故障のある，概ね12歳以上26歳未満の者をそれぞれ収容することになっている。少年院送致の決定と同時に少年院の種別も審判によって決められるが，少年をさらにその非行性や問題性に応じて，収容期間や教育内容の異なる処遇課程等に分けて取り扱っている。

　具体的には，表7－1に示されるように，先の4つの種類だけでなく，少年の特性に応じて処遇課程等（「処遇区分」「処遇課程」「処遇課程の細分」を総称して処遇課程等という）を設けている。収容期間でみると，3か月未満の特修短期処遇，6か月未満の一般短期処遇，10か月以上の長期処遇という処遇区分が定められ，そのなかで，さらに細分化され，全体は16に分かれている。このように対象者の特性に応じて分けて取り扱うことを分類処遇というが，少年の非行事実や要保護性に応じて，それぞれの少年に相応しい処遇課程等が少年鑑別所によって選択されて，少年院に送致されることになる。

　このように処遇課程等に分類した上で，原則的には集団生活を中心に処遇を実施する。多くの少年院では20名から30名程度の寮集団を1つの単位として，そのなかで，個々の問題性に応じて，個別的な処遇を展開している。その基本となるのは教育課程であり，施設ごとに学校教育と同様に全体の教育計画である教育課程が編成されている。ただし，少年院においては，学校教育とは異なり，少年は全員が一緒に入院するわけではなく，個別に五月雨式に入院してくることになり，それぞれの処遇課程等に応じて作成された基本的処遇計画（表7－2）を土台として，少年一人ひとりの教育計画である個別的処遇計画を作成する。

　個別的処遇計画は，新入時教育，中間期教育，出院準備教育という3つの教育過程に分けられていて，非行行動を改善し，社会適応力を付与するために，少年の教育の進度に応じて，段階的に働きかけを深化させていくように教育方法や教育内容が設定されている。

表7-1 少年院の処遇区分・処遇課程等とその対象者

処遇区分	処遇課程	処遇課程の細分	対象者
一般短期処遇	短期教科教育課程（SE）	—	義務教育課程の履修を必要とする者，高等学校教育を必要とし，それを受ける意欲が認められる者及び補習教育を必要とする者
	短期生活訓練課程（SG）	—	社会生活に適応するための能力を向上させ，生活設計を具体化させるための指導を必要とする者
特修短期処遇（O）	—	—	一般短期処遇の対象者より非行の傾向が進んでおらず，開放処遇に適する者
長期処遇	生活訓練課程	G1	著しい性格の偏りがあり，反社会的な行動傾向が顕著であるため，治療的な指導及び心身の訓練を特に必要とする者
		G2	外国人で，日本人と異なる処遇を必要とする者
		G3	非行の重大性等により，少年の持つ問題性が極めて複雑，深刻であるため，その矯正と社会復帰を図る上で特別の処遇を必要とする者
	職業能力開発課程	V1	職業能力開発促進法等に定める職業訓練（10か月以上）の履修を必要とする者
		V2	職業能力開発促進法等に定める職業訓練（10か月未満）の履修を必要とする者又は職業上の意識，知識，技能等を高める職業指導を必要とする者
	教科教育課程	E1	義務教育課程の履修を必要とする者のうち，12歳に達した日以後の最初の3月31日が終了した者
		E2	高等学校教育を必要とし，それを受ける意欲が認められる者
		E3	義務教育課程の履修を必要とする者のうち，12歳に達する日以後の最初の3月31日までの間にある者
	特殊教育課程	H1	知的障害者であって専門的医療措置を必要とする心身に著しい故障のない者及び知的障害者に対する処遇に準じた処遇を必要とする者
		H2	情緒的未成熟等により非社会的な形の社会的不適応が著しいため専門的な治療教育を必要とする者
	医療措置課程	P1	身体疾患者
		P2	肢体不自由等の身体障害のある者
		M1	精神病者及び精神病の疑いのある者
		M2	精神病質者及び精神病質の疑いのある者

（法務省法務総合研究所，2005bより。2007年に一般短期処遇および教科教育課程が一部改編されたため修正を加えた）

表7－2　少年院における基本的処遇計画の例

対象者	種別	初等・中等	年齢	17～19	職業能力開発促進法等に定める職業訓練（10か月未満）の履修を必要とする者又は職業上の意識，知識，技能等を高める職業指導を必要とする者（V2）及び「○○少年院職業能力開発課程（情報処理科）運営要綱」に定める者

処遇内容の特色	○ 寮父（教官）と少年との人間的触れ合いを通して，自分を見つめ他人を思いやる気持ちを育てる教育 ○ 勤労の習慣と社会生活に必要な職業知識及び技能を身に付け，有用な職業資格を取得させる教育 ○ 非行にかかわる態度及び行動面の問題性に対する集中的な指導

教育課程	教育目標	○ 社会生活に必要な職業上の知識及び技能を習得・向上させ，責任ある職業生活を送る態度を身に付けさせる。 ○ 自己の問題点を認識させ，自主的に解決する態度を養う。 ○ 他人を思いやる気持ちを養う。			
	教育過程		新入時教育	中間期教育	出院準備教育
	教育期間		概ね1.5か月	概ね7か月	概ね3か月
	教育過程別教育目標		○ 職業に関する自分の考え方を整理させ，勤労の意義を理解させる。 ○ 自己の内面を見つめさせ，非行に至った問題点に気付かせる。	○ 社会生活に必要な職業上の知識及び技能を自主的に習得する姿勢を身に付けさせる。 ○ 自己の問題性を自覚させ，自主的に問題解決に取り組む姿勢を養う。 ○ 他人と協調して課題に取り組む態度を養う。	○ 出院後の具体的な生活設計を立てさせる。 ○ 更に自己を向上させ，責任ある社会人としての生活を送る心構えを身に付けさせる。
	教育内容及び方法	昼間	生活指導	・院内生活の仕方を身に付けさせる指導（講義，個別面接，行動訓練，視聴覚教材の活用） ・自分の内面を見つめさせる指導（日記，作文，個別面接） ・家族関係の調整及び円滑な院生活への導入を図る指導（新入生保護者会）	・非行にかかわる問題性の改善を図る指導（問題群別指導，個別面談） ・自分を見つめ，相手を思いやる気持ちを身に付けさせる指導（内省，内観，集団討議，ロールレタリング） ・社会人としての心構えを育成する指導（進路指導講座） ・被害者への償いの気持ちを深めさせる指導（生命犯への贖罪指導）	・社会人としての心構えの定着を図る指導（社会適応訓練講座（SST），講話，個別面接） ・保護者との関係改善及び円滑な社会生活への導入を図る指導（新一級上生保護者会）
			職業補導	・勤労の意義・必要性を理解させる指導（講義・作文）	・勤労習慣を育成する指導（情報処理，金属加工，事務，土木建築，木材加工） ・職業資格を取得させる指導（第Ⅱ種情報処理，シスアド，パソコン・ワープロ士，危険物乙4，小型建設機械，フォークリフト，クレーン，玉掛，タイヤ空気充てん，ガス・アーク溶接，CAD）	・勤労習慣を定着させる指導（農耕，園芸，整備，クリーニング）
			教科教育	基礎学力を向上させる指導（漢字力・計算力診断テスト，自己計画学習，基礎学力テスト，文部科学省認定漢字検定試験）		
			保健・体育	体力の増進を図り，公正な態度を育成する指導（陸上，水泳，サッカー）		
			特別活動	・自主性・責任感を養う指導（行事，役割活動） ・寮父と心的交流を図る指導（ふれあいの時間） ・技能を高め，情操を豊かにする指導（クラブ活動） ・感動を体験させる指導（院外訓練，奉仕作業）		
		夜間	生活指導	健全なものの考え方を育成する指導（集会，日記，面接，教養講話）		
			教科教育	基礎学力の補修をさせる指導（漢字，計算，資格取得を目指した学習，自己計画学習）		

（法務省法務総合研究所，2005bより）

(2) ── 教育の場としての特殊性

　このような処遇計画を実践する場所としての少年院は矯正施設と呼ばれ，非開放的な環境で，少年を比較的長期間にわたって収容する施設である。そして，そこは構造化された「場」であるといえる。構造化された「場」というのは，少年が移動できる範囲を制限されるなどの物理的な状況だけでなく，日々の生活においても，細かく日課が設定され，さらに，行動面の規制も行われる枠組みが強い場所ということである。この構造化された「場」は，少年を収容するという目的を達成するためだけではなく，枠組みを与えられることで，過剰に活動的であったり，注意が散漫であったり，あるいは，未熟な少年にとって，安定した生活を送ることができるという面もある。

　また，少年院は少年を拘禁する保安施設としての機能も有しているので，その必要性から，少年の動静を詳細に観察している。ただし，その観察は少年を監視するという側面からだけでなく，さまざまな刺激が少年自身にどのような影響を与えているのかという行動面，精神面に対する観察という意味もある（このような観察により，少年自身の心情を理解することを心情把握という）。

　したがって，職員の役割として，少年の行動の意味をどのように理解するのかということが重要になる。面接，作文，日記，描画などのある程度定められた枠組みのなかで記録された情報を得る機会もあるものの，それだけではなく，日常の非定型的な活動を観察するなかで，さまざまな情報を収集し，少年の心情を理解し，その行動の意味を把握することが求められる。

(3) ── 対象者の特殊性

　少年院に入院してくる非行少年は，家庭や学校，児童相談機関，警察，家庭裁判所，保護観察所等々の多くの指導を受け，そこを通って少年院まで来ている。それだけ非行性も進んでおり，指導にも多くの時間と手間がかかる。一方，意外にも純粋で，ナイーブな面を持ち合わせている少年もいて，社会のなかでは硬い鎧に身を包み，自らの内面を大人たちには見せようとしない少年たちも，少年院という特別な場のなかで，その鎧を脱ぎ捨てて，自らの内面を見せたりする瞬間がある。

　そのような少年たちと接していると，彼らの多くは加害者であるにもかかわ

らず，強い被害感を持っていることに気付かされる。藤岡（2001）はその特徴を「自己中心的な思考」や「外罰化」につなげ，物事がうまくいかないときに自分以外のもののせいにする傾向が強いと述べる。本来加害者である少年たちは，自らの行為を反省して，社会に適応するために少年院に入院してくるわけである。しかしながら，被害的で自己中心的な彼らは，自らの行為をきちんと受け止め，それを自らの問題として認識して，解決するための力が十分に備わっていないのも事実である。少年院での処遇は，まずは自らと向き合う力を身に付けさせ，その上で自分の行為を振り返って，反省する姿勢を涵養するという仕組みになっている。

また，しつけが十分ではないというような社会性の未熟さだけでなく，人格的な問題や，虐待経験，発達障害などの問題を抱えている対象者もおり，そのような少年の言動により，職員が行動面や感情面で揺さぶられるような場合もある。したがって，対象者の特殊性を理解した上で，少年に振り回されないように，さまざまな知識と対応策を身に付けるとともに，職員自身が安定して少年と接することも求められる。

❷……少年院における教育の特色

(1) 教育と生活の場としての少年院

少年院で行われる教育活動を矯正教育という。矯正教育は少年院法第4条に規定されていて，その中身は，生活指導，職業補導，教科教育，保健・体育，特別活動の5つの領域に分けられ，非行性を除去し，社会復帰のために社会適応性を付与する働きかけを行っている。そして，矯正教育を実施するために，少年院には先に述べた教育課程が定められ，矯正教育の中核である課業（各施設が定めた一定の時間で行う意図的，計画的な指導）と，課業を補完する課外の生活指導によって成り立っている。課外の生活指導に含まれる日常生活におけるしつけや生活管理などは，少年の健全育成を実現する上で不可欠の活動であり，そのような生活の基盤があってこそ，さまざまな教育活動が効果的に実施できる。つまり，課業だけでなく，非行少年を収容し，24時間にわたって行われる活動全体が矯正教育を構成しているということになる。

この理念の基盤となるのは，日本で非行少年の実践的教育を始めた留岡幸助

である。留岡（1915）は，教育実践の場である北海道家庭学校において非行少年の処遇を行う際に三能主義を掲げていた。それは「よく働き」「よく食べ」「よく眠る」という3要件をきちんと実践し，生活のリズムを確立することが少年の更生，健全育成に大きな効果があるという理念である。

現在の少年院における実践でも，この理念は生かされている。山口（2006）は，少年院を「育て直しの場」として，その規律正しい生活が，少年たちに与える影響について「『教える』部分の下部には『育てる』部分があり，いくら『教える』ことを重点的に実施しても，基盤となっている『育てる』部分を確立しないことには，もろくも崩れてしまう。少年院では，この『育てる』ことを，集団生活を通して行っている」と述べている。

このように生活環境を整えて「育てる」という考えが，矯正教育の実践に内在されている。さらに，そのように少年たちの日々の生活を支える職員が，もう一方で教育的なさまざまな働きかけを行うことが，教育効果として大きい。つまり，この関係性を無視して，少年院における非行少年への対応は語ることができない。少年院の対象者は非行性が進んでおり，その扱いは難しく，更生の道筋を描き出すことは容易ではない。それゆえ，前項「(2) 教育の場としての特殊性」で述べたように，少年院という場が，少年自身の生活に密着した場であることが，職員の働きかけを有効にしている面がある。社会生活であれば，日中は学校または職場に通い，その他の時間は地域や家庭で過ごす少年たちが，少年院に入院することにより，すべての時間を少年院のなかで過ごすわけであり，教育的な働きかけと生活環境が融合していることで，少年に対して効果的な働きかけが生み出されている。

(2) ── 処遇を行う場としての集団

場としての少年院の重要性について述べてきたが，それと同時に職員が働きかけに相応しい場所をどのように形成していくのかも重要である。少年が反社会的，非社会的行動傾向を維持したまま，職員の方に目を向けず，指導や教育を受け入れない状況を施設では「荒れる」というが，「荒れた」場では，どんな働きかけも意味をなさない。いわゆる更生的風土があってこその処遇が少年院での根本となる。

前項「(3) 対象者の特殊性」で述べたように，少年院の対象者は，被害感も強く，信頼関係が築きにくい。そして，不良文化を内面化しているため，通常の働きかけでは，職員の指導を受け入れることが難しいケースが多い。そのような状況においては，少年を取り巻く環境そのものを変化させることも重要であり，少年たちが入院前に生活していた環境とは異なる価値観のなかで生活させることが，少年たちの本質的な変化の端緒となる。

　つまり，少年院における非行少年の処遇は，個々の少年の改善・更生による立ち直りを目標としているが，そのための更生的風土をどのように作るのかという点にも力が注がれてきた。したがって，少年院においては，個々の少年の変化や言動に対する観察も注意深く行われるものの，それと同様に集団の状況についても観察し，働きかけを実践している。それはグループワークのように集団の作用を用いて個々の変容を促すだけではなく，集団の状態を査定しながら，その状態に応じて，集団そのものの変容を促すということである。そのような働きかけを日々積み重ねることで，少年が教育を受けるにふさわしい更生的風土が形成される。少年院における少年たちの変化のモデルとして，良質な集団のなかに少年を入れ込むことで，集団の自浄作用により，その集団に所属する少年自身もよい方向に変化していくという考え方があり，更生的風土はその役割を担っている。

(3) ── 処遇における臨床心理学的な視点

　少年院という場についての概略を説明してきたが，そのなかで臨床心理学的な視点がどのように活用されているのかについても若干説明したい。

　先に述べたように少年院においては少年の動静面の情報も考慮した上で，さまざまな働きかけが行われる。したがって，少年院という場は，日常的な少年の動きから少年を理解し（アセスメント），それをさまざまな働きかけ（トリートメント）につなげていくという円環的な構造になっている。つまり，少年の行動観察をしたり，心情把握をしたりすることが，少年の指導や教育などの処遇と密接に関わっているということになる。そのために，臨床心理学的な知見や解釈仮説を活用する職員も多い。

　具体的には，少年と職員との関係において，転移・逆転移について念頭に置

くことも求められる。少年院の対象者は家族関係が複雑で問題を抱えている場合が多く，職員に対して陰性転移を引き起こし，不信，疑惑，敵意，反抗などがみられる。このような対象者に対して，長谷川（2000）はブリーフセラピー的な視点からアプローチした事例を紹介している。それは，少年と職員が座る椅子を交換することによって，関係性に変化が生まれ，それまで指導に拒否的であった少年が態度を変化させたケースである。本事例は少年と職員の関係性の理解およびその後の働きかけの両面に臨床心理学的な知見が生かされている。

また，熊谷（2007）は，少年院の面会場面で少年と保護者が協働で貼り絵を作成する家族協同課題「ファミリー・フラッグ（家族を応援する旗）」を用いて家族間の交流を促した事例を挙げている。協働で貼り絵を作成するなかで，非言語的な部分も含めた家族間のコミュニケーションに着目して，家族の成員の硬直した関係性を変化させるための働きかけを実施した例である。この事例も職員の側から家族関係を改善するために指導的に働きかけるということではなく，家族間の関係性に注目し，それを変化させるという臨床心理学的な視点に立った働きかけであるといえる。

更生的風土の構築などの集団に対する働きかけは，集団を重視するだけで，個人対個人の働きかけを重視する心理臨床と異なっているということではない。更生的風土を構築するために，主として集会活動や役割活動が活用されるが，それらの前提として，個々の少年の理解の上に集団に対する働きかけがあり，少年一人ひとりの個別性を無視して働きかけを行うことはできない。そして，そのような働きかけを行うためには，対人関係に関する心理学的な知見も必要であり，そのような知識とともに，職員が24時間少年たちと接して，個々の少年を十分理解し，その変化を把握できるからこそ，少年同士の関係も含めた複雑な相互作用のなかで集団的な働きかけが可能なのである。

また，少年院自体はかなり構造化された施設ではあるものの，少年院での働きかけは，いわゆる臨床心理的に構造的な形で実施できるものばかりではない。日常的に生活を指導したり，少年の出院に影響する成績評価を行ったりする職員が，少年の働きかけに関わるわけで，ある種の利害関係があるなかでの働きかけになる。そういう意味では，一般の臨床心理的な働きかけとはかなり異なった状態である。しかしながら，そのような特別な関係を作ってより深い部分ま

で関わらなければ促せない変化もあり，そのようなことを前提にして行われる少年院での臨床心理学的な働きかけは有用であると考える。

❸……少年院における処遇技法とその実施

(1)── 非行少年への働きかけのレベル

　次に具体的な矯正教育の働きかけの枠組みであるが，一般には，変化を促す働きかけのレベルとして3つの段階があるといえる。ここでは，この3つの段階を，①知識のレベル，②スキルのレベル，③実存のレベル，と名づけることにする。この3つの段階が少年院では以下のように実践され，機能している。

　「知識のレベル」は，非行行動がどのような問題を生じさせるのかという，知識の問題にアプローチするということである。多くの少年は，自らの行動が及ぼす効果や結果についての知識が不足していたり，誤った知識を持ったまま行動したりしている。例えば，窃盗をした場合に，その結果として被害者がどのように感じるのか，あるいは，自らがどのような不利益をこうむるのか。また，薬物非行の場合，薬物を使用することによる薬害の知識が乏しい場合などが考えられる。このようなレベルに対応するために，適正な知識を付与することが求められる。少年院においては，非行問題を類型化した問題行動別指導も含めて，さまざまな方法で非行の問題に対する知識の付与を教育の一環として実施している。

　実際に，こちら側が驚くほど，非行行動に関する知識のない少年もおり，交友関係のなかで交わされる不正確な情報をそのまま鵜呑みしている少年も数多く存在する。そのような少年が，具体的な例を示しながら正確な知識を付与するだけで変化する場合もある。そういう意味では，正確な情報を少年たちが受け止められる形で伝えることが重要である。

　次に「スキルのレベル」である。これは非行行動のマイナス面の知識があったとしても，その知識を活用できるスキルやコミュニケーション能力がなければ，結局，問題を回避することができないので，それらを涵養するということである。例えば，SST（ソーシャル・スキルズ・トレーニング）によって，不良交友の誘いを断るためのスキルを身に付けたり，家族との関係を改善するためのコミュニケーション能力を涵養したりする方法がとられている。

「実存のレベル」は，知識もスキルもあるが，「自分はそのような生き方を選ぶ」と考えている者に対する働きかけである。反社会的な集団に所属している少年などにみられるケースで，その集団に対する強い帰属意識を持っており，自分が生きる道はこれしかないと考えていて，自らの非行のマイナス面も理解し，コミュニケーション等の能力もあるが，非行から離脱しないと考え，あるいは，離脱する方法を見通せない者である。これらの対象者への働きかけが一番難しいと考えられる。

少年院では，個々の少年の状況も踏まえながら，個別的な働きかけや集団的な働きかけを多用しアプローチすることが多い。これらは，少年の内面に積極的に，深く働きかける手法である。その内容として，個別的な働きかけであれば，ロールレタリングや内観，内省指導，集団的な働きかけであれば集会指導，グループワークなどがある。これらの働きかけを通して，自らの価値観や考え方と向き合わせ，少年の変化を促していく。少年院におけるこれらの実践の詳細については，保木ら（2006）を参照されたい。

さらに，働きかけのスタイルとして，基本的には対象者である少年と職員との一対一の働きかけである個別指導と，複数の少年を対象とする集団指導に大きく分けることができる。これらの働きかけを処遇技法ともいい，具体的には，カウンセリングの知見も加味された面接指導や，グループワークの知見を加味された集会活動などとして実施されている。そして，特に「スキルのレベル」と「実存のレベル」に働きかける処遇技法は，対象者の認知や価値観を変容させるための方法であり，例えば認知行動療法的な手法を用いるなど，臨床心理学的な知見や実践が生かされることが多い。

(2) 少年院で実施されている処遇技法

① 個別指導

個別指導として実践されている処遇技法は，面接指導，ロールレタリング，内観，内省指導，日記指導，作文指導などである。面接指導や日記指導，作文指導はほとんどの少年院で実践され，少年自身の自己開示によって変化を促すための手法として定着している。そして，これらの指導は教育的な指導法から発展してきたもの，心理的な分野から発展してきたものなど，その出自はさま

ざまであるが，少年院において非行少年への指導として独自に発展してきたものである。

例えば，ロールレタリングは役割交換書簡法とも呼ばれ，少年院の実践から生み出された手法で，対象者が一人二役で手紙をやりとりするなかで自己理解を深めていくというものである。

② 集団指導

集団指導として実践されている処遇技法は，集会指導，SST，問題群別指導，グループワークなどがある。複数の少年を一度に処遇する集団指導は，職員側の指導力，力量も大きく問われる。職員と少年の関係だけでなく，少年同士の関係も複雑に絡み合うので，その全体を見通しながら指導していくことが求められる。特に，非行少年には，単独場面と集団場面で行動の変化に差が大きい者もいて，他の少年と一緒になることで，心情が大きく変化し，突発的な言動が表面化する場合もあるので，そのような点に留意しながら指導していく必要がある。

一方，そのように相互作用による少年の心情の変化が大きいことにより，少年の行動面，認知面への影響も大きくなる。したがって，個別指導では変化が少ない少年でも集団指導で大きく揺さぶられるし，また，対職員の関係性だけでなく，対少年の関係性も作用することで，より深い影響を受けたり，よりスピーディーに変化が促されたりするという側面もある。

(3) 複数の処遇技法を応用した指導

さらに，上述の処遇技法を複数組み合わせて，より応用的に使用する場合もある。例えば，「被害者の視点を取り入れた教育」（自分の非行行為やそれが他人に及ぼした影響について反省し，被害者の苦痛や心情に対する理解を深めさせるための教育）を参考にすれば，表7－3にあるように，教育方法として，個別指導，集団指導のどちらも取り入れられ，それらの処遇技法が互いに有機的に結びつくような計画が立てられる。これは「被害者の視点を取り入れた教育」に限らず，それぞれの少年の問題性に応じて，特にその少年の問題性が根深ければ根深いほど，複数の処遇技法を組み合わせながら，少年に働きかけていく必要性が高まる。

表7－3　少年院における被害者の視点を取り入れた教育の概要

大目標	中目標	小目標	教育内容	教育方法	新入時教育	中間期教育(前期)	中間期教育(後期)	出院準備教育
課題を正面から受けとめるための下地を作る。	(省略)							
罪障感を高め、謝罪の決意を固めさせる。	非行事実を認識させる。	自己の非行を客観的に振り返らせ、問題点を整理させる。	非行時の自分の行動をありのままに振り返らせる。	課題作文、面接、「私のしたこと」作成				
			非行時の自分の感情をありのままに振り返らせる。					
			途中で止めることができたはずのチャンスを考えさせる。					
		非行が及ぼした影響を理解させる。	非行によって自分が失ったものを考えさせる。	課題作文、面接、非行別グループ指導				
			非行によって周囲の人の人生がどうなったか考えさせる。					
	被害者感情を理解させる。	被害者の立場から、非行をとらえさせる。	一般的な犯罪被害者の感情を理解させる。	課題作文、面接、読書指導、(被害者手記)、非行別グループ指導、VTR視聴				
			被害者と自分との関係を整理させる。	課題作文、面接、非行別グループ指導				
			被害者の感情を理解させる。	非行別グループ指導、「謝罪の手紙」作成、役割交換書簡法、面会・通信、読書指導（被害者手記）				
			社会感情を理解させる。	課題作文、面接、VTR視聴、非行別グループ指導、「謝罪の手紙」作成、事件に関する新聞・ニュースの視聴				
	償いを具体化させる。	責任を自覚し、再犯防止を考えさせる。	同じ過ちを繰り返さない決意を固めさせる。	課題作文、面接、SST、出院準備講座				
		誠実な損害回復の方法を具体化させる。	被害者への思いを言葉で表現させる。	面接、日記、面会・通信、「謝罪の手紙」作成、個人教誨、役割交換書簡法、月命日の供養				
			謝罪行動と被害弁償の計画を立てさせる。	面会・通信、SST、個人教誨、月命日の供養				

（法務省法務総合研究所，2005bより）

また，進路指導講座や社会適応訓練講座など，少年院を出た後に社会に適応するための講座もある。それらは，職業や社会人としての知識を身に付けるための講義，実践的な力をつけるためのSST，適正な職業観や継続して仕事を続けていくための忍耐力などを涵養するための面接，作文指導など，個別指導と集団指導を組み合わせて実施されている。そして，これらの指導は，少年院の中心的な教育活動で，資格取得などを含む働きかけである職業補導とも密接な関係がある。

　具体的な働きかけの方法として家族関係を例に挙げると，家族とのロール・レタリングや内観などの個別指導を実施するとともに，家族も参加する行事などによって家族との交流を深めるなどの働きかけも行われる。さらに，少年自身の家族観の変化を把握するために家族画や系統図を活用し，それを働きかけにフィードバックする手法がとられたりもする。工藤・熊谷（2002）は家族について「仲がよく，問題がない」と話す少年でも，家族画では家族の誰かを描かなかったり，家族全員がばらばらに活動している場面を描くことがある例を取り上げ，そのような状況を把握し，働きかけに生かすことが重要であると指摘している。

(4) ── 処遇技法を実施する上での留意事項

　処遇技法を用いる実施者側の問題として，藤岡（2003）は技術的な面に偏ることの危険性と対象者の動機付けの問題を指摘している。処遇技法を使用する際には，使用の目的，効果を指導者側が十分に理解しておかなければならない。その前提として，少年を理解した上で，少年のどのような側面に対して働きかける技法なのかを理解する必要がある。知識付与的な働きかけによって変化が促されるものなのか，実存のレベルに働きかけなければならないような，本人が自覚するだけでは行動変容が難しい問題なのかという点についても，着目する必要がある。

　さらに，動機付けの問題を考えると，少年院の少年たちは働きかけに対する動機付けも低く，職員に対する不信感も強い者が多いので，この点に留意する必要がある。動機付けの問題への対応としては，生活環境を整えるために直接少年たちと接している職員が少年たちを指導することで，効果的な働きかけを

促すようにしている。したがって，少年院においては，個別担任制，寮担任制などの少年と職員の関係を密接にするためのシステムを採用しており，日常的に関わり合うなかで，少年と担任職員のラポールが形成され，その関係を前提として，種々の働きかけが実施されることになる。

❹……おわりに

少年院における少年と職員の関係，教育の場としての意味を中心に非行少年への対応を紹介してきたが，最後に少年院出身者の声を取り上げたい。少年院における主役は何といっても少年たちであり，彼らが少年院でどのように考え，どのように社会復帰したのかが何よりも大事なことである。

ここでは，少年院出院者による少年院の思い出のなかで語られた一節を取り上げることとしたい。「今回少年院の生活を思い返して感じたことは，職業訓練，集会などさまざまなカリキュラムがあったけど，結局，すべて先生との関わりだった，といってもおかしくないぐらい，先生との体当たりの関わりが大きな部分を占めている」「少年院に入る者にとって，どれだけ心のある少年院の先生との出会いがあるかが大きいのだと思う」(才門，2007)。これは，本節の最初で取り上げた杉本の言葉と相通ずる。最初に述べたように，さまざまな教育方法や手法が少年院のなかで実践されているものの，少年と職員とのどのような関係性のなかで，それが実践されるかが，適正な手法の選択と同様に重要なことであろう。

column ⑪
SST（ソーシャル・スキルズ・トレーニング）

　SSTとは，Social Skills Trainingの略であり，社会的スキルを学習する訓練プログラムの総称である。社会的スキルの定義は研究者によってさまざまであるが，例えば，何か困ったときに他者に援助を求めるなどの，対人場面において何らかの目的を達成するために用いられるものである。SSTを実施する際には，「社会的スキルというのは，周りの人とうまくやっていったり，社会生活のなかで問題にぶつかったときに解決していくのに必要なやり方のことです」といった説明をして，「コミュニケーションのスキル」「問題解決のスキル」「怒りの感情等をコントロールするスキル」等を例として挙げるとわかりやすいであろう。

　SSTには多様な方法があるが，例としてロールプレイを用いたプログラムを紹介する。まず練習課題を決め（就労に関する課題であれば，「遅刻したことを謝る」「わからないことを教えてもらう」等），練習する人が普段やっているやり方や行動を再現するためのロールプレイを行い，その後で，もっと良くするにはどうすればよいかを全員で考えて，見本になるようなモデルのロールプレイを他の人が提示し，このモデルのよい点を取り入れて練習のロールプレイを行うという流れで進めていく。モデルを見て学ぶという点は社会的学習理論の「モデリング」を取り入れたものであり，「モデリング」「行動リハーサル（ロールプレイ）」「フィードバック」といった行動療法の技法が学習を進める一連の手順を構成している。また，プログラム全体をとおして「よい点をほめる」という社会的強化がふんだんに用いられる。最後に，練習したスキルの維持・般化のために，実生活でスキルを使用するよう宿題を設定して終了する。

　SSTは認知行動療法として位置づけられている。認知行動療法では，行動や情緒のみが治療標的ではなく，それらに影響を及ぼす予測や判断，信念や価値観といった認知的要因の変容を重視している。ゆえに，SSTの目的も，単なる社交技術や社会的な場面でのマニュアル化された行動様式を身に付けることではなく，対人場面や社会的な場面で効果的に振る舞える自分を実感し評価することによって，低い自己評価や周囲に対する不信感等の認知の歪みを是正することにあり，この点が非行少年への適用においても重要なポイントである。

　現在，少年院等ではSSTが積極的に活用されているが，これは，非行少年たちの多くに社会的スキルの問題がみられるからである。社会的スキルは，成長の過程において，親などの身近な者の行動をモデリングしながら自然に獲得していくものであるが，非行少年たちの場合，家庭環境の劣悪さやモデルとなる親自身

のスキルの不足等により，適切な社会的スキルを獲得できずにいたり，不適切なスキルを身に付けてしまっていることがある。粗暴な言動や不良っぽさを誇示することで自己主張する態度も，自分の気持ちを相手に受け入れられるような仕方で伝えることができないという社会的スキルの不足によるものである。また，少年たちの生活史をみると，学校生活での級友や教師とのトラブル，職場適応の失敗，家族とのいさかい等，生活の崩れや不快な感情を引き起こす出来事が非行の誘因となっていることがわかる。SSTによってコミュニケーションや問題解決のスキルを獲得し，社会適応力が向上すれば，生活の崩れの契機となる失敗・挫折体験が減り，不快な出来事やストレス状況を避けられるようになり，非行防止に役立つことになる。さらに，非行を繰り返している非行性が進んだ少年たちの場合，自尊感情の低下が目立ち，「どうせ何をやってもうまくいかない」「だれからも受け入れてもらえない」といった無力感や疎外感が健全な生活への意欲を阻害しているので，自尊感情の向上は非行からの立ち直りに不可欠である。SSTによって社会的スキルが身に付き，日常生活の具体的な場面で成功体験を積み重ねていければ，「やればできる，認めてもらえる」という認知の変容が生じ，自尊感情が徐々に高まっていく。自尊感情の高まりは，単に非行をしないというだけではなく，社会的に認められる形で自己実現を図ろうとする，よりよい社会適応を目指す姿勢を生み出していく。これこそが，認知行動療法であるSSTを非行少年に適用する意義である。

　わが国でのSSTの導入は精神保健福祉の分野を中心に進められたが，非行・犯罪を扱う矯正教育や更生保護の分野への導入も早く，少年院では1990年代の半ばから全国的に導入され，現在では刑務所や更生保護施設で成人犯罪者にも実施されるようになっている。また，学校教育においても児童・生徒の社会的スキルの発達を促すために実施される等，SSTはさまざまな領域で幅広い対象者に実施されている。こうした他の領域での実践から得られた知見を積極的に取り入れていくことが，非行・犯罪臨床でのSSTのさらなる発展につながるものと期待される。

2節 少年刑務所における対応

❶……少年刑務所とは

　少年院は保護処分としての矯正教育の場，刑務所は刑罰執行のための場であり，保護処分と刑罰とでは明らかに法律的立場は異なる。少年院は健全育成の視点から，非行のある少年に対して社会生活に適応させるための矯正教育を行っているのに対し，刑務所は犯罪行為に対する自己の責任を問うことを通して，人格の改善についての働きかけを行っている。ここでは，人格の発達途上にある未成年者に対して，刑務所でどのような働きかけがなされているのか，筆者の勤務する川越少年刑務所を例に紹介する。

　少年法56条には，「懲役または禁固の言い渡しを受けた少年に対しては，少年刑務所または刑務所の特に区画した場所でその刑を執行する」旨が規定されている。では，少年刑務所というのは少年受刑者だけを処遇する，少年院とも成人の刑務所とも違う特別の施設なのだろうか。

　少年刑務所という名称の刑事施設（刑務所，少年刑務所，拘置所の総称）は現在全国に8施設ある（函館，盛岡，川越，松本，水戸，奈良，姫路，佐賀）。少年受刑者の数が少ないために，少年刑務所は，少年受刑者のほか26歳未満の青年受刑者をも収容しており，被収容者のほとんどが青年受刑者となっているため，実情は青少年刑務所といえる。少年刑務所においては，青少年受刑者の特性を考慮し，職業訓練，教科指導，改善指導の充実が図られている。そのため，受刑者個々の必要性に対応した処遇として職業訓練や改善指導上の必要性が認められた場合には，例外的に26歳以上の受刑者も収容する。したがって，現状に即して表現するとすれば，少年刑務所は少年に特化した刑事施設ではなく，少年受刑者の特性に配慮した処遇を行うことができる刑事施設といえる。

　収容対象者は，施設収容歴や反社会性集団との関係，犯行の態様や習癖等犯罪傾向の進度により，A（犯罪傾向が進んでいない），B（犯罪傾向が進んでいる）の2系列に分類され，施設もそれに対応した2系列がある。ちなみに川越少年刑務所はA系列の施設である。また，犯罪傾向の進度の如何にかかわらず，

未成年の女子は栃木刑務所で刑罰を執行されている。

❷……少年新受刑者の収容状況と特徴

　故意の犯罪によって人を死亡させる行為は，自己の目的を実現するため人の生命を奪うという点で，反社会性，反倫理性の高い行為である。このような重大な罪を犯した場合には少年であっても刑事処分の対象となるという原則を明示することが，少年の規範意識を育て，健全な成長を図る上で重要であると考えられることから，①故意の犯罪行為により被害者を死亡させた事件であること，②少年が犯行時16歳以上であること，の要件を満たす場合には原則として検察官送致がなされる。2006年に検察官送致となった少年は4493人，そのうち公判請求がなされた者は365人である（法務省法務総合研究所，2007）。

　このうち実際に刑務所で処遇を受けることとなる少年の数はさらに少ない。新受刑者のうち，入所時に20歳未満であった者（入所時には20歳以上になっていたが，刑の言い渡しのときには20歳以下であった者を含む。以下「少年受刑者」という）は，1966年には1000人を超えていたが，その後は減少傾向を示し，1988年以降100人未満で推移し，2006年には52人（前年比29人減）で，女子は5人であった。なお，2001年から2006年までは，入所時に16歳未満であった者はいない。

　なお，2006年末に川越少年刑務所に収容されている20歳未満の受刑者は10名であり，罪種は，強盗6名，殺人2名，窃盗と強姦が各1名であった。

❸……少年受刑者処遇の枠組みの変遷

(1)── 監獄法時代の法令上の規定

　少年受刑者の処遇について，明治時代から100年にわたり続いていた監獄法令には，18歳未満の少年受刑者については，成人受刑者と居室を別にして処遇すること（分離処遇），作業の選定について配慮すること，教育を実施すること，20歳未満の受刑者に対しては面会の度数や発信回数に配慮することなどが規定され，犯罪傾向の進んだ成人受刑者から悪影響を受けることを避け，適切な教育を施すことによって改善更生が図られる可能性が高いとされて，成人の受刑者とは異なる取り扱い，配慮がなされてきた。特に，18歳未満の少

年受刑者は実数が少ないこともあり，個別の配慮が中心であった。

(2) ── 2001年改正少年法による少年受刑者処遇

　2001年に少年法が改正されると，少年受刑者の処遇をよりいっそう充実させ，円滑な改善更生・社会復帰を図るという観点から法務省矯正局長名の通達が発出され，少年受刑者処遇の基本理念として「処遇の個別化」と「処遇内容・方法の多様化」が掲げられた。少年でありながら重大な罪を犯し，刑事処分が選択されているという少年受刑者の個々の問題性は大きく，複雑で多様であると考えられたため，改善更生のための効果的な処遇を行うにあたっては，一人ひとりの問題性を十分見極める必要があるとされ，就業時間中の教育活動の実施，義務教育年齢受刑者に対する教科教育の重点的実施，職業訓練の積極的実施などが示された。これらのうち，個別的処遇計画の作成，個別担任制の実施，成績評価の実施，個別面接や日記指導，各種処遇技法の導入などは，少年院における矯正教育の成果を少年受刑者処遇に活用しようというものである。

　川越少年刑務所ではこの通達を踏まえて，少年受刑者のみが就業する工場を設置し，午前中を教育時間として確保するほか，保護者会の実施など少年受刑者処遇体制の充実に努めた。少年受刑者の個別担任としては，教育部の教官や分類審議室の心理技官があたるが，個別担任に任せきりにせず少年受刑者の生活全般を支えるために，処遇・教育・分類の各部の職員が協力して少年受刑者処遇班を構成し，目標達成に向けた意図的・計画的な処遇とその検証が可能となるように努めた。おりしも収容人員が急激に増加する時期にあたり，他の工場に比べて少人数からなる少年受刑者のみの工場で，しかも，午前中に手厚く教育を行う体制を開始した当初は，教育的な処遇に対して積極的であるといわれている当所であっても，同じ受刑者なのに少年だけが特別扱いされてよいのか，という批判もあったようであるが，法改正の趣旨や処遇上の必要性についての理解を求め，現在に至っている。

(3) ── 刑事収容施設および被収容者の処遇に関する法律のもとでの少年受刑者処遇

　2006年5月24日，監獄法のうち，受刑者の処遇に関する部分が改正されて，

「刑事施設及び受刑者の処遇に関する法律」(以下「受刑者処遇法」と表記する)が施行され，2007年6月1日に同法を改正して未決拘禁者をも含めた「刑事収容施設及び被収容者等の処遇に関する法律」が施行された。この法律(以下「刑事収容施設法」と表記する)は，受刑者の人権を尊重しつつ，受刑者一人ひとりの必要性に応じた処遇を行うことを目的としている。矯正処遇の内容も，作業だけではなく，教科指導や改善指導が法律に規定され，日中の矯正処遇の時間帯のなかで実施することができるようになった。全国的にも改善指導を効果的に実施するために，少年院で培った矯正教育のノウハウや教育学，心理学，社会学等の専門的知識を活用することができるよう，少年院からの職員の異動があった。また，性犯罪再犯防止指導の実施のために，教官・技官の増員も行われた。専門的知識を有する職員が不足していることから，少年施設からの処遇援助の体制の充実も図られている。

　少年受刑者処遇についてみると，監獄法下では，18歳未満もしくは20歳未満の受刑者に対する処遇上の配慮について，先に述べたような規定があったが，刑事収容施設法においては，少年受刑者であることを理由とした処遇上の配慮についての規定はない。これは，刑事収容施設法の処遇の目的が，「その者の資質及び環境に応じ，その自覚に訴え，改善更生の意欲の喚起及び社会生活に適応する能力の育成を旨として行う」と規定され，少年受刑者にはこの規定に基づいて発達上の特性や本人の問題性，教育的必要性を考慮した処遇要領(少年受刑者処遇要領)を個別に定めて実施することになったためである。また，少年受刑者処遇の充実のために，個別担任制をとること，作業種目に関する配慮や教科教育の実施など矯正処遇実施上の配慮をすること，家族との関係の維持および改善に努めること，義務教育年齢にある被収容者に対して学習機会を付与することとされている。

❹……成人受刑者に対する処遇

　先にも述べたように，少年刑務所はあくまでも刑務所であり，その目的や処遇の内容は成人に対するものと基本的に変わるものではない。少年受刑者の発達段階や問題性，教育上の必要性等に配慮して，成人受刑者プラスアルファの処遇が行われているといえる。そこで，川越少年刑務所における少年受刑者処

遇を理解するためにも成人受刑者の処遇に対する理解は欠かせないものと思われる。ここでは当所における成人受刑者処遇の概観を述べることとしたい。

(1) ── 川越少年刑務所の概要

　川越少年刑務所は1902年に埼玉県監獄所川越支署を幼年監として，幼年囚を収容する施設として設置され，翌年から「川越児童保護学校」の標札を掲げ犯罪者の処遇を行ってきた歴史を持つ。基本的に26歳未満の，犯罪傾向の進んでいない刑期8年未満の男子受刑者を収容する少年刑務所であり，年齢，犯罪傾向等，被収容者の特性にふさわしい教育的処遇を実施し，受刑者の改善更生の意欲の喚起と社会生活に適応する能力の育成に努めている。そのほかにも東京矯正管区管内の調査センター，総合職業訓練施設，性犯罪再犯防止指導の推進基幹施設としての役割を果たしている。

　調査センターとしては，東京矯正管区管内で刑が確定した受刑者のうち，受刑歴のない26歳未満の男子を収容して，約2か月をかけて精密に調査し，それぞれの受刑者にふさわしい処遇要領を定めているほか，性犯罪再犯防止指導のため，特に調査が必要な受刑者も収容して適切な指導を受講させるためのアセスメントを実施している。

(2) ── 処遇の構造

　施設側の働きかけのスタンスによって，受刑者に対する処遇をいくつかの側面に分けて考えると，表7−4のようになる。このうち，施設側の積極的，意図的計画的な働きかけの部分が，作業，改善指導，教科指導等であり，特にこの3者はまとめて矯正処遇と呼ばれている。監獄法の時代には，受刑者の義務

表7−4　受刑者処遇の内容と施設の関わり方

施設側の意図的計画的な働きかけ	刑執行開始時の指導 矯正処遇（作業，改善指導，教科指導） 釈放前の指導
受刑者の希望による活動	余暇活動の援助
受刑生活の保障	規律秩序の維持，基本的生活の維持管理

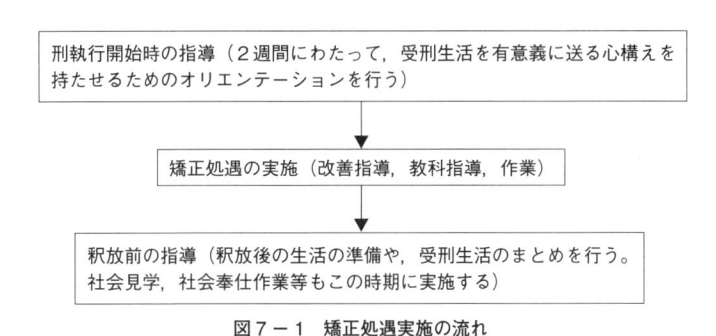

```
┌─────────────────────────────────────────────────────┐
│ 刑執行開始時の指導（2週間にわたって，受刑生活を有意義に送る心構えを │
│ 持たせるためのオリエンテーションを行う）                        │
└─────────────────────────────────────────────────────┘
                          ↓
┌─────────────────────────────────────────────────────┐
│ 矯正処遇の実施（改善指導，教科指導，作業）                      │
└─────────────────────────────────────────────────────┘
                          ↓
┌─────────────────────────────────────────────────────┐
│ 釈放前の指導（釈放後の生活の準備や，受刑生活のまとめを行う。     │
│ 社会見学，社会奉仕作業等もこの時期に実施する）                 │
└─────────────────────────────────────────────────────┘
```

図7-1　矯正処遇実施の流れ

は作業のみと考えられていたが，刑事収容施設法下では，刑執行開始時および釈放前の指導とともに，矯正処遇が受刑者の義務として位置付けられている。特に矯正処遇の内容については，一人ひとりの受刑者に対し，受刑者処遇要領（少年受刑者については，少年受刑者処遇要領）として，その目的や方法を定めた上で実施することとされた。

受刑者の入所から出所までの矯正処遇の流れは図7-1のとおりである。

ここで矯正処遇の内容について説明する。

① **改善指導**

刑事収容施設法においては，受刑者に対して，犯罪の責任を自覚させ，健康な心身を培わせ，ならびに社会生活に適応するのに必要な知識および生活態度を習得させるのに必要な指導を，改善指導として行うことと規定している。特に，麻薬，覚せい剤その他の薬物に対する依存があること，暴力団員であること，その他法務省令で定める事情を有することにより改善更生および円滑な社会復帰に支障が認められる受刑者に対しては，その事情の改善に資するよう特に配慮して，受刑者の抱える事情に対応した類型を定め，ふさわしい処遇プログラムを実施することとなった。現状では，その他の事情として，薬物に対する依存のある者（薬物依存離脱指導を実施），人の生命または心身に重大な被害をもたらす罪を犯し，被害者に対する謝罪や賠償についての意識が低いこと（被害者の視点を取り入れた教育を実施），性に関わる犯罪の要因となる認知の偏り，自己統制力の不足等があること（性犯罪再犯防止指導を実施），交通事犯を犯し，遵法精神や交通安全に関する意識が低いこと（交通安全指導を実施），

職場に適応するための行動様式，態度等が身に付いておらず，対人関係の結び方に問題があるため，仕事が長続きしないこと（就労支援指導を実施）を指定して，特別改善指導を実施している。

　a. 薬物依存離脱指導

　薬物依存離脱指導は，麻薬，覚せい剤その他薬物に対する依存がある者を10名以内の小集団に編成し，当所職員がファシリテーターとなって行うグループワーク（集団討議等の活動）および民間自助グループによるミーティングを主な内容として行っている。目標としては，薬物の害悪と依存性を正しく理解させること，薬物依存に至った自らが抱える問題性を理解させること，再び薬物を乱用しないための具体的な方法を考えさせることが挙げられ，1回50分のグループワークを12回程度行っている。

　b. 性犯罪者再犯防止指導

　受刑者処遇法の施行によって，受刑者に対し，その者に必要な矯正処遇の受講を義務付けることが可能になったため，性犯罪者処遇プログラムについても同法において定められる改善指導の類型の1つとして位置付け，必要性が認められる受刑者に受講を義務付けることとなった。

　法務省矯正局は，2006年3月に性犯罪者処遇プログラム研究会報告書を発出し，性犯罪者処遇プログラムの概要について説明しているので，以下これに基づいて説明する。

　性犯罪者処遇プログラムについては，新たに刑が確定した全受刑者を対象として性犯罪者処遇プログラム受講要否を判定するためのスクリーニングを実施し，受講の必要性が認められる候補者に対しては，心理技官による詳細な性犯罪者調査を実施した上で処遇計画を策定し，必要なプログラムを受講させることとなった。認知行動療法を基礎とし，リラプス・プリベンション（再発防止）技法等を活用したものとし，受講の必要性が認められる対象者に対しては，受刑生活を開始して間もなくの時期にオリエンテーションを実施し，その後対象者の再犯リスクや処遇ニーズに応じた週2回8か月（高密度）から，週1回3.5か月（低密度）のプログラム本科を受講させる。さらに，釈放前にメンテナンスプログラムを受講させ，プログラムで学んだ知識やスキルを復習させるとともに，社会生活への円滑な導入を図る。表7－5に，矯正施設における性犯罪

表7−5 性犯罪再犯防止指導プログラムの構造

科目	セッション数	高密度	中密度	低密度
オリエンテーション	1～2	必修	必修	必修
第1科 自己統制	26 (12)	必修	必修	必修（凝縮版）
第2科 認知の歪みと変容方法	11	必修	選択	−
第3科 対人関係と親密性	9	必修	選択	−
第4科 感情統制	8	必修	選択	−
第5科 共感と被害者理解	10	必修	選択	−
小計	65～66	65～66	35～38	13～14
メンテナンス	4～	必修	必修	必修
合計	69～	69～	39～	17～

各セッションは標準100分，週1～2セッションを実施する．
高密度：8か月（週2回の場合）～16か月（週1回の場合）
中密度：4か月（最短，週2回の場合）～14か月（最長，週1回の場合）
低密度：3.5か月（週1回の場合）

者処遇プログラムの全体構造を掲げる．

　本科は，受講者の処遇計画に合ったプログラム実施施設において，8名程度の受講者および各回2名程度の指導者によって構成するグループワークを中心として実施する．各科目のメンバーは固定とする．各回の時間は，100分を基本とする．ただし，集中力に限界があると予想されたり，能力の低いものが多く通常よりも時間がかかることが予想されるグループについては，各回80～120分の間で設定する．

　当所は，性犯罪者調査実施施設として，性犯罪者処遇プログラムの受講が必要と判定された対象者について，心理技官による専門的調査を実施の上，処遇計画を策定している．このような性犯罪者調査実施施設は全国に8施設（各矯正管区に対応）ある．

　プログラムは，推進基幹施設，重点実施施設，一般実施施設として指定された施設において，それぞれの処遇区分およびプログラムの実施体制に応じた対象者を受け入れて実施している．川越少年刑務所および奈良少年刑務所は，性犯罪者再犯防止指導の推進基幹施設として指定されている．

　性犯罪者再犯防止指導においては，矯正施設の職員に加えて，民間において幅広い臨床経験を積み，認知行動療法等の素養のある臨床心理士と業務契約を

結び，職員と民間臨床心理士が協働して受刑者への働きかけを行っていくこととされている。

c. 被害者の視点を取り入れた教育

被害者の視点を取り入れた教育は，人の生命または心身に重大な被害をもたらす罪を犯し，被害者に対する謝罪や賠償の意識が乏しいと認められる対象者に対して実施する。目標として，自らの犯した罪の大きさを理解させること，被害者およびその遺族等の心情を認識させること，被害者およびその遺族等に誠意を持って対応するための方法を考えさせることを掲げている。原則として，当所職員をファシリテーターとし，必要に応じてゲストスピーカー等も交えながら，対象者による10名程度の小集団を編成してのグループワークを実施しているが，必要に応じて，視聴覚教材，個別面接などを加えている。なお，実施にあたっては，受刑者を含む当該事件関係者のプライバシー保護に十分配慮するようにしている。

d. 交通安全指導

交通安全指導は，自動車等の運転により罪を犯し，遵法精神や交通安全に対する意識が乏しい対象者に実施している。目標としては，自らの犯した交通違反や事故の原因等をみつめ，その罪の大きさを理解させること，遵法精神や責任観念，人命尊重の精神等を身に付けさせること，被害者およびその遺族等の心情を深く認識し，誠意を持って対応するための具体的方法を考えさせること，交通違反や交通事故を惹起しないための考え方や態度・行動について学び，それらを実現させるための具体的な方法について考えさせるとともに，再犯しない決意を固めさせることが挙げられる。指導の内容・方法としては，視聴覚教材等を積極的に活用した当所職員や部外講師による講義を4回程度行うことを基本としている。それに加えて，被害者の生命心身に重大な結果をもたらすような事犯の場合には，重点指導として，被害者の視点を取り入れた教育も実施する。この際には，できる限り交通関係受刑者のみからなる集団を編成することに努め，交通安全指導の内容と関連させつつ指導を行い，自己の犯罪についての洞察が深まるように配慮している。交通事犯者のみを集めたグループワークは，2007年度に開始したばかりである。従来は，殺人や傷害致死の事犯者のなかに，一人だけ業務上過失致死の事犯者が入って，被害者の視点を取り入

れた教育のグループワークを実施するようなことが多かったが，被害者との関係性や犯罪実行の意図などの面で差があるためか，交通事犯者は自己の問題性に気付きにくく，深まりが浅いように思われた。同じような問題性を持つ者を集めてグループワークを行うことによって，自分の問題として考えることができるようになり，他の受刑者に対してもごまかしはきかないこと，また，職員も交通事犯者に特有の心理機制に焦点を当てながら洞察を深めさせていくことができるようになったことなどから，事故はたまたまではなく起こるべくして起こったことに気付くなど，自己の問題性により真剣に向き合うことが可能となっているように思われる。

e. 就労支援指導

就労支援指導は，職場に適応するための行動様式，態度等を身に付けさせること，職場で直面するであろう具体的な場面への対応の仕方を考えさせることを目的とし，職業訓練受講者に対して実施している。指導方法としては，集団を編成しての，ソーシャル・スキルズ・トレーニング（SST），講義，視聴覚教材の活用等である。週1回50分，12回程度の指導を行う。

特別改善指導の受講者には受講日誌やワークブックを記載するように指導がなされ，受講者自身が理解を深めるとともに，指導者がその理解の程度を把握することができるようにしている。

② **教科指導**

また，受刑者処遇法では，矯正処遇の内容の1つとして教科指導を規定している。当所では，社会生活の基礎となる学力を欠くことにより，改善更生および円滑な社会復帰に支障があり，学校教育の内容に準ずる内容の指導を必要とするとされた者に対して，補習教科指導として，週1回3か月程度，外部講師による補習教科指導を行っている。「漢字を使って手紙が書けるようになりたい」「新聞が読めるようになりたい」など，受講者はそれぞれの目標をもって熱心に取り組んでいる。また，高等学校卒業程度の学力を持たせることが円滑な社会復帰に特に資すると認められる者に対しては，高等学校卒業程度認定試験の指導を，特別教科指導として実施している。

③ **作業**

作業は懲役受刑者の刑罰の内容であり，矯正処遇において大きな部分を占め

ているものである。作業には生産作業，職業訓練，自営作業があり，それぞれの受刑者の資質，刑期，罪種，共犯者の状況，社会復帰後の生活設計等を勘案して科されている。先に述べたように，当所は職業訓練施設としての役割を果たしており，15種目の職業訓練を実施している。

　総合職業訓練を重点的に実施する刑務所として「初雁技能訓練所」という名称も持っており，全国の刑務所から応募してきた，職業訓練の必要性・適性がある受刑者に対して，理容科，クリーニング科，電気工事科，自動車整備科，数値制御機械科，ホームヘルパー科など多種目の職業訓練を実施している。専門的な知識技能を習得させるとともに各種資格・免許を取得させ，出所後の就職に役立たせている。

❺……川越少年刑務所における少年受刑者処遇の枠組み

(1) ── 対象者と処遇期間

　川越少年刑務所における，いわゆる少年受刑者処遇は，成人受刑者と異なる教育的な面を重視した処遇が必要とされる，刑執行開始時20歳未満の受刑者に対して実施している。基本的には20歳に達するまでの期間であるが，20歳に達するまでの期間が3年に満たない者については3年間実施することとしている。

(2) ── 処遇の特色

　当所の少年受刑者処遇の特色として基本的処遇計画に掲げているものは以下のとおりである。

- ・少年受刑者に必要な職業知識および基礎学力から高等教育までの教科指導等を積極的に行って，社会的ニーズの高い職業資格・免許等の取得を図る教育。
- ・本件犯罪事実を問題にした直接的な働きかけ（処遇類型別指導等）によって，本件の重大性および社会的影響の大きさに直面化させて，罪障感の覚せいを図る教育。
- ・職員との人間的な感情の交流を通じて，他人を思いやる気持（共感性）を育み，自己の改善を図る教育。

表7－6　川越少年刑務所における少年受刑者処遇の目標と方法

	導入期	展開期	総括期
目標	○ 所内ルールを理解させる。 ○ 受刑意欲を喚起させて，受刑目標を立てさせる。 ○ 所内での基本的な生活方法を理解させる。	○ 自己の犯罪性にかかる問題点の発見に努めさせる。 ○ 非行の重大性および被害者等に対する責任を認識させる。 ○ 健全な勤労習慣を身に付けさせて，職業資格，免許等の資格取得に努めさせる。	○ 自己の問題性の改善に進んで取り組ませるとともに被害者への贖罪意識を明確化させる。 ○ 少年期を総括させて，展開期において残された課題に進んで取り組ませる。 ○ 今後の受刑生活への意欲的な心構えを確立させる。 ○ 現実的な社会復帰に向けた生活設計等を明確化させ，社会の一員としての心構えを確立させる。
方法	個別面接，課題作文（自分史の作成など），ホームルームなど	個別面接，課題作文，ホームルーム，ロールレタリング，作業，職業訓練など	個別面接，課題作文，ホームルーム，ロールレタリング，作業，職業訓練，保護者会など

(3) 処遇の体制と内容

少年受刑者に対しては，「処遇の個別化」と「処遇内容・方法の多様化」を2本柱とする基本理念に基づいた処遇を行ってきた。刑事収容施設法のもとでの当所の処遇体制と処遇内容は以下のとおりである。

① 少年受刑者処遇要領に基づく指導

少年受刑者処遇要領に基づいて，矯正処遇目標の設定を行い，それに応じた処遇内容，方法を導入期，展開期，総括期の各期ごとに定めて処遇を実施している。各期の基本的な処遇目標，方法は表7－6のとおりである。

② 個別担任制による指導

少年受刑者には教育担当職員，分類担当職員等のなかから個別担任を指名し，個別面接や日誌指導などを継続して行っている。

③ 少年工場における処遇

刑執行開始時20歳未満であった受刑者に対しては，心身の発達状況や資質に応じたきめ細かな処遇を実施するため，一定期間成人受刑者と分離して処遇を実施している。作業は園芸および陶芸とし，もっぱら少年受刑者の処遇のために設けられた工場（少年工場）で実施している。

④ 少年受刑者日課表による指導

平日の午前中には，作業以外の矯正処遇による教育的な働きかけを行うため，

7章　非行少年の処遇

表7-7　少年受刑者標準日課表

時刻 \ 曜日	月曜日	火曜日	水曜日	木曜日	金曜日
6:40	起床				
6:45	点検				
6:50	身辺整理・洗面				
7:00	朝食				
7:40	出房				
7:50	朝礼・安全指導・始業				
9:00 ＊9:00〜9:15 （15分間休息） 10:40	一般改善指導 ・ホームルーム 　作業安全 　週間目標 　個人目標 ・課題作文 ・意見発表	教科指導 ・補習教科指導 　小学校コース 　中学校コース ・特別教科指導 　高等学校卒業 　程度認定試験 　学習	一般改善指導 ・課題作文 ・ロールレタリング ・処遇類型別指導 ・家族問題に関する指導 ・友人関係に関する指導	一般改善指導 ・教科指導 ・絵画 ・読書 ・音楽 ・書道 ・希望者に対する宗教行事 ・被害者供養会	一般改善指導 ・社会常識 ・就職 ・社会での出来事 ・進路指導 ・外部講話
	体育				
12:00	昼食・休憩				
12:40	園芸訓練・作業				
14:40	休息				
14:55	園芸訓練・作業				
	入浴			入浴	
16:30	点検				
17:00	夕食				
17:30	日記指導・クラブ活動				
18:15	自由時間 TV視聴 自主学習				
21:00	就寝				

　少年工場の就業者については，少年受刑者標準日課表（表7－7）による指導を行っている。

❻……川越少年刑務所における少年受刑者処遇の実際

　具体的な処遇事例を通して，当所における少年受刑者の処遇について紹介していく（なお，紹介した事例は，プライバシー保護のため，一部事実に変更を

加えてあることをお断りしておく）。

　Aは地元の暴走族に属していたが，そこから抜けたいという被害者に対して，集団で暴行し，死に至らしめたという事件で入所した（本件は傷害致死，事件時17歳，懲役5年以上10年以下）。

(1) ── 目標設定

　Aは，幼少時に父母が離婚し，母親の手で育てられた。家庭内の葛藤も大きく，幼少時から十分な養育がなされないできたことから，本件犯罪や自分の問題を受け止め，見詰めさせるためには，親との関係や自分の生い立ちについてきちんと振り返らせる必要があった。そこで次のような目標を設定した。

　ア　自己の犯罪の重大性を認識させ，被害者やその遺族の立場で本件を受け止めさせる。
　イ　生い立ちや家族に対する気持ちを整理させ，これからの家族のあり方について考えさせる。
　ウ　職業的技術を習得し，堅実に生活する姿勢を身に付けさせる。

(2) ── 処遇経過

　刑執行開始時の指導を終えた後，園芸訓練に編入となったが，感情統制がうまくできず些細なことで馬鹿にされたと言っていらいらしたり，不良顕示的な言動をとったりするため対人関係がうまくいかず，少年工場の他の少年とのトラブルを繰り返すことが多かった。工場担当の職員や個別担任の職員の指導，助言にも従わず，なかなか処遇にのらない状況であった。

　そこで，個別担任の職員が個別面接や日記指導などにより，粘り強く個別の働きかけを続ける一方で，工場の担当者が作業内容を工夫し，できたらほめることを繰り返していくことにより，前向きな生活ができるようになった。ある程度個別担任との信頼関係が結べたところで，課題として「自分史」と「ロールレタリング」を行い，自分を客観的に表現するとともに，今まで気付かなかった自分の感情に気付かせるようにした。Aは，自分史を作成し，生まれてから今までの自分の生活や行動，家族との生活歴をきめ細かく振り返ることによって，自分のこだわりや誤解，これまで気付かなかった人への思いやふたをして

きた自分の感情に気付いたようだった。また，事件についても詳しく書くことで，交友関係の問題や自分の非行の原因，問題点についても考えることができた。

　ロールレタリング（自分と他人との役割交換を行って手紙を書くこと）では，母親とのロールレタリングから始めて，実父，被害者，遺族宛に実施した。はじめは，事件により母親に迷惑をかけたことを謝罪する，気を遣った内容であったが，個別面接を併用して母親に対する気持ちを丁寧に振り返らせ，軋轢や葛藤を解きほぐしていくことによって，今まで伝えられなかった思いや将来の生活設計，被害者に対する思い等の記述がみられるようになった。保護者会の意見発表では，母親に対する思いを皆の前で堂々と述べ，その後の面会や信書で出所後の生活や今後の慰謝について具体的に話し合うことができるようになってきている。また，被害者や遺族に宛てたロールレタリングについて，本人は，「書く前は自分なりに事件や被害者のことについて考えていたつもりなので，何とか書けるだろうと思っていたが，いざ書いてみると難しかった。1年目と3年たって少年工場を出る直前と2回書いたけれど，実際は出さない手紙だと思って書いているので書けるけど，それでも2回目は重かった」と述べている。

　20歳になって少年工場から職業訓練工場に移り，他の成人の対象者とともに特別改善指導も実施した。被害者の視点を取り入れた教育のグループワークを実施したが，そのなかで，母親による不適切な養育の経験や自分の事件について語ることができた。寂しさや恨みなどこれまで目をそらしていた否定的な感情を受け止めることができ，被害者や家族の気持ちを推し量ることができるようになった。事件について，はじめは「捕まるとは思っていなかった」と言い，「暴走族の上下関係のなかで，リンチはよくあることであり，自分も被害者だったのに，どうして今自分は刑務所のなかにいるんだ？」と，事件の重大さを受け止めることができなかった少年であったが，処遇が進み，内省が深まるにつれて，被害者に対して自分がしたことの意味がわかってきたものと思われた。

　Aは，少年工場にいる間にボイラーの資格をとれたことをとても喜び，自分でも「やればできる」という自信が付いたといい，現在は自動車整備の職業訓練を受講している。

❼……まとめに代えて

「首席,加害者の彼らが自分から被害者の手記を手にするようにしないと。自分から読もうとする心の動きがあるかどうか,お仕着せで読んでもだめなんですよ。そこまで持っていくのが担任としての勝負です」。少年受刑者を担任しているベテラン教官の言葉である。少年刑務所には,刑事施設であるために少年院との目的の違いやさまざまな制約があり,集中的・集約的に少年に働きかけていた少年院の教官としての目で見ると,物足りなさを覚えることもある。しかし,少年たちに,自分の犯罪の責任を自覚させるための時間は十分にある。その時間を味方に付け,手を拱いて見ているのではなく,粘り強く働きかけて,少年の成長を促し,適切なときを見計らって働きかけを行えるように,少年の更生に必要なことについて考えながら,より充実した処遇を目指していきたい。

3節 保護観察所における対応

❶……保護観察とは

保護観察とは,犯罪をした者や非行のある少年に対し,通常の社会生活のなかで指導・援助を行うことにより,その改善更生と再犯防止を図るものである。刑事施設や少年院に収容して行う「施設内処遇」との対比で,「社会内処遇」とも呼ばれる。

保護観察の主な対象は,①家庭裁判所において保護観察の決定を受けた少年,②少年院に送致された後,地方更生保護委員会の許可決定により,少年院を仮退院した者,③実刑(懲役刑・禁錮刑)となった後,地方更生保護委員会の許可決定により,刑事施設を仮釈放となった者,④裁判所において保護観察付き執行猶予の判決を受け,その判決が確定した者の4つに分けることができる。このうち,少年の保護観察の大部分は,①の保護観察処分少年および②の

7章2節は,筆者が川越少年刑務所在職時に執筆したものである。

少年院仮退院者に対するものであるため，本節においては，この2つについて述べる。なお，新たに保護観察の対象となる者の総数は年間約5万人（2009年）であるが，そのうち約6割を少年が占めている。

❷……保護観察の概要

欧米において保護観察といえば，有給の常勤職員である保護観察官の直接処遇が主であるが，日本の保護観察は，国の常勤職員である保護観察官約900人（管理職員を除く）と民間篤志家である保護司約5万人が，「官民協働」で行っているところに最大の特色がある（図7-2参照）。

(1) — 保護観察官とは

保護観察官は，心理学，教育学，社会学その他の専門的知識に基づき，保護観察等の事務に従事する法務省職員である。通常，国家公務員試験に合格し保護観察所等に採用された者が，事務官として一定期間働いた後に，保護観察官に補職されている。新任の保護観察官は，集中的な研修（集合研修＋実務訓練）を受けて，保護観察等に関する基礎的な知識と技術を身に付け，その後さまざ

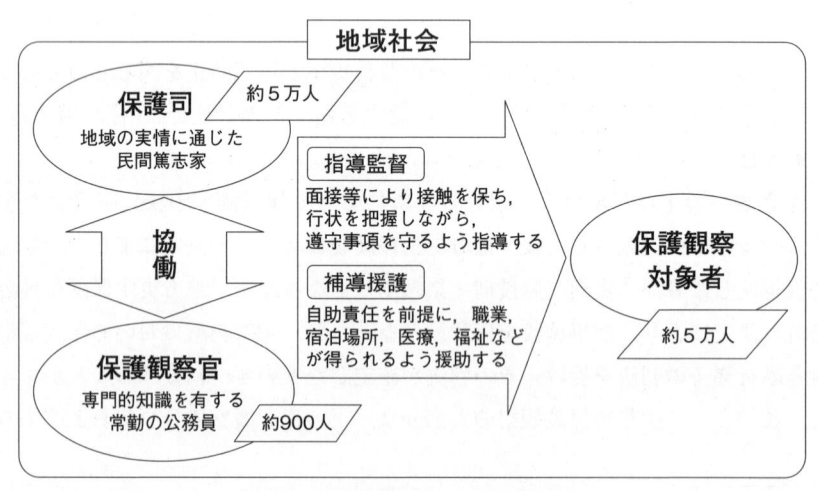

```
┌─────────────────── 地域社会 ───────────────────┐
│                                                   │
│  ╭─────────╮  ╱約5万人                            │
│  │  保護司  │                                      │
│  │地域の実情に通じた│                              │
│  │  民間篤志家  │                                  │
│  ╰─────────╯  ┌─指導監督─┐                       │
│      ▽        │面接等により接触を保ち，│           │
│     協        │行状を把握しながら，    │ ╭─────╮  │
│     働        │遵守事項を守るよう指導する│ │保護観察│ │
│     △        └─────────┘             │ │対象者 │ │
│               ┌─補導援護─┐            ╰─────╯  │
│  ╭─────────╮  │自助責任を前提に，職業，│ ╱約5万人 │
│  │ 保護観察官 │ │宿泊場所，医療，福祉など│         │
│  │専門的知識を有する│ │が得られるよう援助する│      │
│  │ 常勤の公務員 │ └─────────┘                  │
│  ╰─────────╯ ╱約900人                           │
└───────────────────────────────────────────────┘
```

図7-2　保護観察における協働態勢

まな実務経験を積みながら，社会内処遇の専門家となっていく。

(2) 保護司とは

　保護司は，身分上は非常勤の国家公務員であるが，給与の支給されない民間篤志家であり，社会的信望を有すること，熱意と活動力を有することなどの条件を備えた者のなかから，法務大臣が委嘱する。現在，その男女比は約3：1，平均年齢は63歳である。職業は，主婦や無職者（退職者等）が一番多く，次いで，会社員・会社役員，宗教家，商業・サービス業従事者であり，実に多様な人々が保護司になっている。また，地域において，保護司以外のボランティア（自治会関係，社会福祉関係，少年補導関係，消防関係等）を兼ねている人も多い。

(3) 保護観察の担当

　保護観察官は，一定の地域を包括的に担当しており，原則として，そこに居住する保護観察対象者すべてを受け持つ。また，通常，対象となった少年と同一地域に居住する保護司が担当となり，身近な所で少年の指導や援助にあたる。

(4) 保護観察官と保護司の役割分担

　保護観察官は，保護観察のスタート時に，少年やその保護者に対し面接を行い，保護観察に関する詳細な説明や少年に関する多角的な調査を行った上で，今後の保護観察実施計画を立てる。その後は担当となった保護司が，毎月数回少年と面接し，生活状況を把握するとともに，実施計画に沿った指導や援助を行い，月ごとの経過を書面で保護観察所へ報告する。保護観察官は，その経過報告に基づき，少年や保護者との面接，関係機関との調整，実施計画の見直し等を随時行う。保護司を付けずに，少年を直接担当することもあり，その場合には，保護観察官が毎月数回少年に会い，さまざまな働きかけを実施する。

(5) 保護観察における指導監督

　保護観察の実施方法は，「指導監督」と「補導援護」に大別される。
　保護観察における指導監督の方法は多彩であるが，基本は，面接等により接触を保ち，その行状を把握しながら，少年が約束＝遵守事項を守るよう働きか

けることである。遵守事項には，保護観察になった少年すべてに課される「一般遵守事項」と，それぞれの少年の問題性等に応じて設定される「特別遵守事項」とがある。一般遵守事項には，再犯・再非行をしないよう健全な生活態度を保持すること，保護観察官および保護司による指導監督を誠実に受けること，届出をした住居に住むこと，転居や7日以上の旅行をするときは，前もって保護観察所長の許可を受けることなどがあり，特別遵守事項には，例えば，仕事をすること，学校に通うこと，共犯者との交際を絶つこと，暴力団事務所に出入りしないこと，深夜にはいかいしないことなどがある。この遵守事項が，後述するように保護観察の枠組みの基本となる。

(6) —— 保護観察における補導援護（援助）

　保護観察における補導援護（援助）の方法も多様であり，①健全な社会生活を営むために必要な助言を行うこと，②宿泊場所を得ることやそこに帰住することを助けること，③医療や療養を受けることを助けること，④職業を補導し就職を助けること，⑤生活環境を改善し調整することなどがある。

❸……保護観察という枠組みの心理的な意味：保護観察処遇の前提として

　非行少年のなかには，自分でもどうしようもなく，心や身体の暴走を止められない状況に陥ってしまう者も多い。そのため非行少年に対する「枠組み」を持った指導は欠かせないものであり，特に社会内処遇においては，施設内処遇のような空間的な枠組みがない分，心理的な枠組みをどう形成し維持するかが重要になる。この保護観察の枠組みの基本となるのが，先に述べた遵守事項である。

　健全な生活態度を保持する，一定の住居に住む，仕事をする，学校に通う，不良交友をしない，保護観察官や保護司と毎月面接する，そういった約束事の1つ1つを行動の拠り所とし，守り続けることによって，少年の実生活は安定したものとなっていく。

　特に，毎月定期的に保護司のもとを訪問し，あるいは保護司の家庭訪問を受けて面接するという枠組みは，少年にとって行動的にも心理的にも大きな意味を持つ。約束の日時を守る，生活の状況を報告する，気になっていることを相

談する，今後の計画や自分が大切にすべきことを確認するといったことを定期的に繰り返すことによって，少年の生活や心にリズムができてくるからである。

また，遵守事項を守り，安定した状態が続けば，保護観察は早く終了（保護観察の解除等）し，逆に，遵守事項に違反し，再非行に至った場合等には，少年院に収容される可能性が高くなる。つまり，保護観察中の心構えや行動によって，少年のその後の処遇は大きく違ってくるのである。保護観察においては，この遵守事項を基本とした枠組みの大切さをいかに少年に意識させるかが非常に重要である。

❹……保護観察処遇の実際その1：保護観察の担い手という観点から

保護観察処遇の実際について，まずはじめに，その担い手である「保護観察官」と「保護司」という2つの観点からみてみたい。

(1) 保護観察官による処遇

保護観察官は，社会内処遇の専門家・プロとしての立場から，主に次のような処遇活動を行う。

① 調査・アセスメント・処遇実施計画策定

保護観察の当初において，保護観察官は，家庭裁判所や少年鑑別所等において作成された関係記録を精査し，少年や保護者と面接して，非行の動機・原因，生育歴・処分歴，事件を起こしたときの生活状況，家族関係，交友関係，地域環境，少年の性格，精神状態，嗜癖など，さまざまな点について調査する。そして，処遇のターゲットとなる少年の問題や少年の立ち直りに活用できる資源を明らかにし，社会内処遇を行っていく上での計画を立てる。

筆者は，保護観察官当時，この初回面接において，バウムテストや人物画法など比較的短時間でできる描画テストを用いたり，認知傾向を探ることに焦点を当てた質問を行ったりして，少年の心理状況のアセスメントに役立てていた。

② ケース管理（ケースマネジメント）

1人の保護観察官は，例えば，常時100件前後の保護観察プラス100件前後の生活環境調整（矯正施設に入っている者の帰住先の調査・調整）を，約80人の保護司とともに担当している。そこで求められるのは，多数のケースを把

握し，全体を見渡しながら適切な管理を行う力である。

　まず保護観察官は，少年ごとの担当保護司を選ぶにあたって，少年やその保護者とのマッチングを考慮しなければならず，そのためには，地域の保護司の状況（少年の近隣にどのような保護司がいるか）をよく知っている必要がある。また，毎月の保護司からの報告書に基づき，後に紹介する薬物乱用少年や無職少年の事例のように介入すべきケースを適切に選び取り，面接を行うための呼出しや家庭訪問など必要な働きかけを迅速に行うことが，その大切な役割である。

　③ **指導・援助**

　多くのケースを抱えるなかで，保護観察官は，必要に応じて少年に直接指導や援助を行う。そして，そのベースとなるのは，教育，ケースワーク，カウンセリング，心理療法などの多様な理論と技法である。

　　a. 指導・援助の前提としての「関係作り」

　指導や援助の始まりには少年との「関係作り」があり，そのためにはまず「聴く」ことが重要であると感じる。少年たちのなかには，大人からきちんと話を聴いてもらった経験や，大人に率直に話をした経験の少ない者が多い。その心情を丁寧に汲み取ることによって，「この人は，ほかの大人とちょっと違うかも」という感覚が少年のなかに生まれ，それが関係形成のきっかけになる。また，「ともに動く」ことも大切であり，常にフットワークを良くして，一緒に仕事を見つけに行ったり，福祉や病院に付き添ったり，場合によっては迷惑をかけた先への謝罪に同伴したりするなかで，関係ができていく。

　　b. 指導における「対決」

　受容や共感が大切である一方で，「自ら処遇的関与を望んでいない対象者には受容的・共感的に接するだけでは足りず，ときには対象者の意思に反した働きかけも必要であり，〈対決〉場面があり得ることは自明である」（生島，2007）。保護観察官は，遵守事項に違反する行為や再非行につながりそうな生活の乱れが少年にみられた場合，それを見逃さず，確実にそして厳しく注意指導する責任を負っている。

　筆者の経験からすると，この「対決」のギリギリの所では，「裸の自分」が試されるように思う。そして，その際には，「生身の人間として少年に出会う」

ことを大切にする実存主義的アプローチの考え方が役に立つ。

　c. 少年の内省を促すための指導・援助

　犯罪学者であるサイクスとマッツア（Sykes & Matza, 1957）は，その「非行中和の技術」論において，少年が非行を中和する（なかったことにする，正当化する）ための技術を身に付けることによって，より容易に非行へと走れるようになると説く。中和の技術には，「責任の否定」「加害の否定」「被害者の否定」などがあるが，保護観察の実務において出会う少年たちのなかにも，これを身に付けてしまっている者が多いと感じる。そして，その一番の問題点は，少年が「非行について反省した上で，更生に向けて第一歩を踏み出すこと」を妨げてしまうことである。この中和の技術の問題を面接において扱い，事件を起こしたことに関する自己責任や被害者の痛みを実感できるよう指導し援助することが，保護観察官の重要な役割であると考える。

　d. 援助のためのネットワーク構築

　実際的な援助という点で，保護観察官には，地域にネットワークを築き，それをコーディネートしていく力が求められる。社会内処遇において重要なのは，さまざまな社会資源をどのように本人の改善更生に結びつけていくかということであり，協力雇用主などの民間ボランティア，福祉，医療，ハローワーク，NPO等の関係機関・団体との連携を確保し，推進することが，少年へのよりよい援助のために必要となってくる。

　e. 家族（親）に対する援助

　保護観察処遇における家族療法の先駆者である生島(1993)は，非行臨床に「求められるものは，家族を心理的に支え，応援しながら家族の持てる力を引き出す《家族を手立てとして援助する》アプローチである」と述べている。

　少年の行動に無関心であったり，少年の問題行動を他人のせいにする親が多いことは事実だが，少年の非行に苦しみ，悩んでいる親が多いことも，また事実である。特に，実務上よく出会うのは，「孤立し疲れきっている母親」である。そのため，保護観察においては，少年を支える家族が疲れ果ててしまわないように援助するという視点が重要である。また，保護観察所における実践としては，自助グループ形式の家族援助である「家族教室」等が行われている。

④ 危機介入（不良措置）

　社会内処遇では持ちこたえられず，このままでは再非行に走ってしまう危険性が高い場合，保護観察官は適時に危機介入を行い，少年の身柄を確保し質問調査を実施するなどして，少年院への収容を求めるための措置等をとる必要がある。

　保護観察官は，少年を社会内で改善更生させるよう最大限努力するとともに，施設内処遇への切替えの必要性について適切に判断し，少年の非行性の深化を防ぎ，なおかつ非行から社会を守るという視点をいつも持っていなければならない。

(2) ── 保護司による処遇

　わが国においては，民間篤志家である保護司を抜きに保護観察処遇を語ることはできない。保護観察官が少年と一定の距離を保ちつつ，専門性を発揮しながら処遇を行っているのに対し，保護司は同じ地域社会の一員として少年に寄り添いながら，その地域性や民間性を生かして処遇にあたっている。保護司による処遇活動の実情について，筆者も参加した「保護司の活動実態と意識に関する調査」（法務省法務総合研究所，2005a。保護司3000人を対象とした質問紙調査で，回答率75.3％）の結果をもとにみてみたい。

① 保護司の処遇の場

　保護司の主な処遇の場は，保護司の自宅である。保護観察対象者との面接形態について尋ねたところ，78％の保護司が，対象者を自宅に呼んで面接を行う「来訪面接」を中心としていた。また，自宅内の面接場所として，居間，客間，応接室，ダイニングキッチンなどが挙げられている。

② 処遇を行う曜日と時間帯

　保護司が面接を行う曜日は，平日に限らず土日・祝日にも及ぶ（土日・祝日に面接を行うことが多いと答えた保護司は25％）。また，面接を行う時間帯は，午後6時台〜9時台が最も多い（53％）。休みの日や夕方・夜間の時間帯を使って対象者と面接を行うのは，その就労や就学に配慮しているため，または保護司自らも仕事を持っているためと考えられる。

③ 面接の際に心がけていること

　保護司が面接の際に心がけていることは，対象者の話をよく聴く（82％），和やかな雰囲気を作る（80％），対象者のよい点をほめる（49％），対象者の問題点に気付かせる（36％）などであり，保護司が面接において受容と共感を大切にし，対象者との関係形成に配慮しながら保護観察にあたっていることがわかる。

④ 保護司の気持ち

　保護司になったときの気持ちについて尋ねると，少しでも社会の役に立ちたい（83％），少しでも犯罪者や非行少年の更生に役立ちたい（80％），務まるだろうかと心配である（68％），自分自身が成長したい（47％）というものが多い。また，保護司を続けてきて感じることは，保護司活動を通じて人の輪が広がっている（74％），犯罪者や非行少年と接することは特に怖いことではない（67％），対象者の更生に役立っているという充実感がある（67％），社会の役に立っているという充実感がある（58％）というものである。質問紙の自由回答欄には，家族の協力があればこそできる仕事であること，対象者とともに悩み苦しむことで自分も成長できたこと，対象者の更生した姿が保護司としての一番の喜びであること，逆に対象者の再犯や再非行が一番つらいことであることなどが記されている。

　保護司は，処遇活動によって報酬を得，生計を立てるプロではないが，その処遇はいわば「地域の生活者による処遇」として，非行少年の改善更生に大きな役割を果たしてきた。

　実際，昼夜を分かたず少年を自宅に，つまり最もプライベートな居住空間に迎え入れ，地域の一員として遇することは，温かい家庭モデルの提示，だんらんのなかでのコミュニケーションの賦活，疎外感からの回復などさまざまな効用を少年にもたらす。また，保護司のあり方は「あまり得することもないはずなのに，自分に関わってくれる人がいる」という驚きを少年に与える。事実，少年たちと話をしていると，「保護司さんだけは裏切れないと思った」という言葉をよく聞くのである。

❺……保護観察処遇の実際その２：保護観察対象少年の類型という観点から

　保護観察処遇は，実社会のダイナミズムのなかで行われるため，①少年が種々の誘惑に直接さらされる，②家族関係や友人関係の影響を強く受ける，③就労や就学の重要性が特に高いなどの特徴を有しているが，それらの特徴が顕著に現れる代表的な類型として，薬物乱用少年，暴走族少年，無職少年がある。以下に，この３類型の問題点と処遇の実際について述べたい。事例は，複数のものを組み合わせるなど適宜加工してある。

(1) ── 薬物乱用少年

　薬物乱用少年の特徴としては，薬物をめぐる不良交友，不規則で不摂生な生活，家族との不和・葛藤（またはイネイブラー（本人の責任を肩代わりしたり，問題行動の後始末をしたりする存在）としての家族）などが挙げられる。そこで保護観察においては，交友関係をはじめとする生活実態をよく把握するとともに，生活習慣や就労に関する指導・助言，家族関係の調整，薬害に関する教育，関係機関・団体（精神保健福祉センター，保健所，医療機関，民間の自助グループ等）との連携といったことに重点を置いた処遇を行っている。

　筆者が担当したシンナー乱用の少女は，保護観察の原因となる事件当時，非常に「荒れた」状態であった。シンナー乱用の問題を中心に，両親（特に父親）との葛藤，不純異性交遊，シンナー購入資金を作るための恐喝や窃盗など，さまざまな問題を抱えていた。筆者は，ベテランの女性保護司と二人三脚で彼女の保護観察処遇にあたることとした。

　保護観察開始当初は少し落ち着いていた彼女だが，父親との大喧嘩をきっかけに家を飛び出し，友人の家を転々とするなど不安定な状態に陥った。シンナーの使用も不安視されたため，事情を聴くために呼び出したところ，彼女はアルバイト先で知り合ったという新しい交際相手を連れてきた。後で個別に話をしてみると彼は思いのほか（といっては失礼だが）しっかりした人で，彼女の更生のために力になりたいという。

　彼女との面接を進めるなかで，筆者は保護観察の枠組みを彼女に再確認し，このままだと社会内での更生は難しいと判断せざるをえなくなることを伝えた。

また，シンナーの使用について厳しく確認したところ，彼女は，「正直言って吸いたいと思うが，何とか我慢している」という。そこで，筆者と彼女は，「すぐに家に戻ること」とともに，「まず3日間シンナーを我慢すること」「3日後に確認の電話をよこすこと」「毎日簡単な日記（シンナーを吸わなかったか，シンナーを吸いたいと思わなかったか，思ったとすればどんなときか）をつけること」を約束した。3日後，約束どおり彼女から電話が来て，「我慢できた」とのこと。そこで，今度はどのくらい我慢できるか話し合って，「1週間シンナーを我慢すること」を約束した。面接を行う際には，日記を持参させ，シンナーを吸いたくなるときの雰囲気，気分，考え方などについて，細かく話し合った。そうしているうちに，シンナーを吸わないために注意すべきことが，互いに共有されるようになっていった。

　そういった筆者の働きかけと並行して，女性保護司は，彼女のみならず，両親の話にもよく耳を傾け，彼女の家族からの信頼を得ていった。保護司のさりげない助言に，両親の頑なだった彼女への態度が少しずつ和らいできた。彼女も次第に心を開き，保護司に多くのことを語るようになった。仕事に就き，彼氏との交際も順調で，安定した日々が長く続いて，彼女の表情が，以前と見違えるほど明るく穏やかになったとき，保護観察は所定の期間よりも早く終了した。

　以上は，薬物乱用少年に対する処遇が比較的うまくいった例であるが，そのなかで筆者が用いたのは行動療法や認知行動療法の技法（「シェーピング」＝一定の目標行動に至るまでの行動を順次遂行させて強化し，最終的に目標行動を獲得させることや，「リラプス・プリベンション」＝再発につながる出来事や状況を特定し，それらに対処する方法を具体的に習得させること）であり，こうした方法は実際の保護観察場面において随所に取り入れられている。しかし，何といっても彼女の場合は，彼氏や保護司との出会いが大きかった。この例のように，少年が更生していく過程で大切なのは，本人のものの見方や態度に変化をもたらすような，新たな出会いではないかと感じることが多い。

(2) ── 暴走族少年

　暴走族は，グループ内の結束が固い上に，「ケツ持ち」と呼ばれる暴力団と

つながっている場合が多く，一度入り込むとなかなか離脱することが難しい。また，心理的にも，暴走族に属する少年にとって，集団で行動しているときの一体感や高揚感は，家庭や学校では得られない承認欲求を満たしてくれたり，疎外感や劣等感を紛らわしてくれたりすることが多く，そこが唯一の「居場所」となってしまっている。そのため保護観察においては，交友関係に常に注意を払うとともに，暴走族に代わる居場所をいかに確保するかということが重要なテーマとなる。

　筆者が担当した少年は，暴走族仲間との窃盗および共同危険行為により保護観察となった。1か月近い観護措置（少年鑑別所への収容）のなかで，彼は色々と考えるところがあったらしく，筆者との最初の面接の際に，「もう暴走族とは一切関わらない。これからやり直す」と決意を表明した。

　決意どおり，彼は土木関係の仕事に就くと，懸命に働きだした。保護司のもとへ毎月きちんと訪れて生活状況を報告し，筆者が定期駐在（保護観察官が担当地域に定期的に出向くこと）で面接した際にも，「昔の仲間とは完全に切れたし，悪いことをしたいとも思わない」とよい表情を見せた。母親も「人が変わったようだ」と保護司に話し，喜んでいた。筆者は，彼が暴走族以外の居場所を見つけつつあると評価していた。

　しかし，保護観察が始まって約10か月後。彼が再び共同危険行為に参加して逮捕されたという連絡が入った。少年鑑別所に会いに行ったとき，彼は涙を見せながらこう言った。「それまでは気をつけて避けてきたのに，事件の2週間ほど前に街でばったり暴走族仲間と顔を合わせてしまい，誘いを断れなかった。暴力団もバックについているから，断ってひどい目に遭うのではないかと怖かった。ズルズル付き合ううちに，また仲間と一緒にいるのが楽しくなって……」。

　順調にいっていると安心していたケースが，いつの間にか元に戻ってしまう。保護観察の仕事をしていると，特に不良交友を絶つことの難しさを思い知らされ，反省させられることが多い。この再非行化のメカニズムを断ち切るためには，不良集団に代わる居場所が本物になるまで，粘り強く指導・援助とアセスメントを重ねていくことが必要なのである。

(3) ── 無職少年

　社会内処遇で重要なのは，日常の核となるものの存在，規則正しい生活を形づくるものの存在であると思う。犯罪学者のハーシ（Hirschi, 1969）は，少年を非行から遠ざけるものの1つとして「忙殺（インボルブメント）」，つまり日常の諸活動に巻き込まれて時間がないことを挙げているが，実務的にも，少年が就学や就労を継続して「ヒマがない」ほど，非行から遠ざかっていくと感じる。

　特に就労については，再非行に至る者の比率が高い無職少年に対し，どのように指導や支援を行っていくかということが，保護観察における重要なテーマである。

　筆者の担当した少年は，中学卒業後，無為徒食の生活を送るうちに，仲間と窃盗および傷害事件を起こし，少年院送致となった。少年院を仮退院後，彼は父親のつてで鉄筋工として働いたが，しばらくすると「仕事がつらい」「朝起きられない」と休むようになった。父親に聞くと，仕事先の同僚に少年院に入っていたことが知られ，居づらくなったのではないかという。その後，彼は，保護司の度重なる指導にもかかわらず，アルバイトを短期間で辞めることを繰り返し，不安定な生活を送っていた。筆者も何度か彼に面接し，就労の大切さについて指導・助言したり，一緒にハローワークへ行ったりしたが，彼の生活はなかなか改まらなかった。

　しかし，ある仕事との出会いが，彼を変えていく。それは，保護司に言われてしぶしぶ行ってみた塗装の仕事であった。協力雇用主である親方は，事情を知った上で，暖かく彼を迎え入れ，厳しく仕事を教えてくれた。

　定期駐在先にペンキだらけの作業着で現れる彼の姿は，とても誇らしげで，以前より一回り大きくなったように見えた。「最初はイヤイヤ行っていたけど，今は仕事に行くのが楽しい。いつか親方みたいに自分も独立してやってみたい」と彼は希望を語った。

　仕事を始めて約8か月後，彼の保護観察は所定の期間よりも早く終了した。

❻……保護観察処遇の新たな潮流

　薬物乱用少年に対する認知行動療法の活用について前述したが，英国，カナダ等においては，早くから認知行動療法を取り入れた犯罪者処遇が活発である。

そして，近年，日本においてもこの流れが強まりつつある。2004年に奈良県で起こった女児誘拐殺人事件を1つの契機として，2006年から，刑務所受刑者や成人の保護観察対象者に対し性犯罪者処遇プログラムが実施されることとなったが，同プログラムのベースになっているのが，認知行動療法なのである。

筆者は以前に，成人累犯者の認知傾向（特にイラショナル・ビリーフ）について調査したことがあり，そこに共通するものとして，自己責任の回避の傾向を見出した（押切，1999）が，非行少年についても，非行の進んだ少年ほど，自らの非行化の責任を，自分以外の要因（例えば家庭，学校，友人）に求める傾向があるという研究結果がある（小林，1989）。

こういった認知傾向に働きかけるという点で，認知行動療法は優れており，今後さらに，非行少年の認知傾向に関する研究やその処遇に有効な認知行動療法の開発を進めることが求められている。

性犯罪者に対する処遇プログラムだけでなく，暴力事犯者に対するアンガーマネージメント，対人関係に困難を抱える者に対する生活技能訓練（SST）など，保護観察処遇においては，ますます積極的に認知行動療法が取り入れられていく可能性が高い。そして，保護観察官にとっても，認知行動療法の理論や技法を身に付けることが，非常に重要になっていくであろう。

❼……おわりに

保護観察所における対応を概観してきたが，現在，保護観察を中心とする更生保護制度は変革のまっただなかにある。

相次ぐ重大再犯事件を契機として，更生保護が機能していないのではないかという批判が高まり，国民の期待に応えうる制度等について検討するために「更生保護のあり方を考える有識者会議」が立ち上げられ，2006年6月にその報告書がまとめられた。報告書における提言は，今後の更生保護の進むべき道を示すものであり，これを踏まえて法制度，組織，運用などあらゆる面で改革が急ピッチに進められている。

なかでも，更生保護を支えてきた2つの法律である「犯罪者予防更生法」と「執行猶予者保護観察法」とを統合した「更生保護法」が，第166国会で成立（2007年6月）し，保護観察における遵守事項の整理・充実，専門的処遇の強化など，

さまざまな点で保護観察が充実強化されることとなった。また，同国会で成立（2007年5月）した少年法等の一部改正法が同年11月に施行され，保護観察対象少年に対する指導をいっそう効果的にするための措置（遵守事項に違反した保護観察処分少年に対する警告等）が新たに設けられた。

　少年に対する保護観察所の対応は，今後の変革のなかでいっそうの充実強化が図られていくことであろう。しかし，保護観察において根本的に重要なのは，愛（人とのつながり）と仕事（やるべきことがある）を支援し少年の更生を図るとともに，再非行から社会を守ることであるということ，そして，制度を運用する人（保護観察官と保護司）の力こそが大切であるということは，いつまでも変わらないであろう。

　7章3節は私見に基づくものであり，文責はすべて筆者個人にある。

8章 少年非行対策におけるエビデンスの活用

❶……はじめに

　少年非行対策の効果を調べた研究として最も知られているのは，アメリカで行われた，ケンブリッジ・サマービル研究（McCord, 1978）であろう。70年も前に行われた少年非行対策の研究である。

　この研究で調べたのは，家族カウンセリング，学習支援，心身の医療的ケア，サマーキャンプなどのプログラムの効果である。非行少年たちは，「くじ」によって，このプログラムを受ける非行少年（実験群）と，受けない非行少年（統制群）に分けられた。それぞれの群の行く末を比較することで，プログラムの効果をとらえようという研究である。

　プログラムは，1939年から5年間にわたって実施された。研究者たちは，30年以上も非行少年たちを追跡し，実験群と統制群について，1975・76年の状況を比較した。プログラムから30年後，実験群の3分の2は，「プログラムは自分に有用だった」と答えていた。しかし，その結果は，予期せざるものだった。犯罪行動，死亡，疾患，職業的地位，職業満足といったいずれの指標においても，プログラムを受けた「実験群」のほうが劣っていたのである。

　少年非行対策の効果評価を行うことで，非行少年本人だけでなく，過去・未来の被害者，そして，対策のコストを担う社会にとって，有益な少年非行対策がはじめて可能となる。

　少年非行対策は，「有効だろう」という思い込みや「役に立っている」という印象に基づいて行われてはならない。ケンブリッジ・サマービル研究は，プログラムを受けた当人が「受けてよかった」と評価する少年非行対策でさえ，無効どころか，有害であることを示している。

❷……エビデンスの産出

(1) ── エビデンスとは

　エビデンスという言葉がある。例えば,「エビデンスに基づく医療」とは,さまざまな治療法の有効性を効果研究によって吟味し,その「吟味した結果」に基づいて,最善の医療を提供しようという考え方である。つまり,エビデンスとは,効果研究による,有効性についての判断結果である。ケンブリッジ・サマービル研究の教訓は,少年非行対策もまた,思い込みや印象ではなく,エビデンスに基づくべきだということである。

　さて,本章のために,もう少し厳密にエビデンスを定義しよう。

　まず,「なんらかの人為的介入を原因とし,なんらかのアウトカムを結果とする」因果命題を考えよう。要は,人為的介入が,アウトカムに対して,(正なり負なりの)影響を与えるという予想である。

　エビデンスとは,この因果命題の真偽についての,効果研究による吟味を経た「判断結果」である。つまり,少年非行対策に関するエビデンスとは,効果研究の結果として得られる,「〇〇(例えば,メンタリング)という少年非行対策が,△△(例えば,非行行動)というアウトカムに対して(正ないし負の)影響を与える」という因果命題の真偽についての判断結果である。簡単にいえば,「〇〇は,有効／無効／有害である」という判断結果である。

　因果命題に関するエビデンスは,人為的介入を行った場合と,行わなかった場合とで,アウトカムに差が生じるかどうかを知ることで得られる。要は,比較によって得られる。

　しかし,ここで問題がある。深夜徘徊に対する取締りの効果について考えてみよう。取締りの効果を知るには,取締りを行った場合と行わなかった場合を比較して,深夜徘徊の程度に差が生じるかどうかを知るというのが一番シンプルな考え方である。

　そこで,ある特定の時点に,ある特定の場所で,深夜徘徊の取締りを行ったとしよう。この取締りを行った場合と比較すべき,深夜徘徊の取締りを行わなかった場合とは,どの時点の,どの場所の出来事になるのだろうか。時点が違っても,場所が違っても,適切な比較になるようには思われない。しかし,ある

特定の時点に，ある特定の場所で，夜間徘徊の取締りを行ってしまえば，同じ時点に，同じ場所で，夜間徘徊の取締りを行わなかった場合というのは，実現不可能である。つまり，よく考えると，「夜間徘徊の取締りを行った場合」の比較対照である，「夜間徘徊の取締りを行わなかった場合」というのは，実在しない。比較対照のもつべきこの性質を「反事実性」という。

効果研究とは，この「反事実性」にいかに近づくかという工夫であるといってもよい。

(2) ── エビデンスの質：4つの妥当性

エビデンスの質，すなわち，因果命題に関する判断結果の質は，4つの妥当性で表される。内的妥当性，統計的結論妥当性，構成概念妥当性，外的妥当性である。つまり，エビデンス産出とは，これら4つの妥当性を上げる試みである。

① 内的妥当性

内的妥当性とは，その研究が，介入とアウトカムの間の因果関係をどれだけ明確にしているかをいう。内的妥当性は，どれだけ良質の「比較対照」を確保したかによって決まってくる。

現実に入手可能な，最良の比較対照を与えるデザインは，ランダム化比較試験（randomized controlled trials: RCTs）である。それは，介入を受ける場合と，介入を受けない場合のいずれかに，対象単位（例えば，地点）をランダムに割り付けるデザインである。この場合，介入を行う場合に割り付けられた対象単位の集まりを実験群，行わない場合に割り付けられた対象単位の集まりを統制群という。夜間徘徊の取締りの例でいうと，ランダムに割り付けるとは，100か所の地点があったとして，それぞれの地点について取締りを行うかどうかを，「くじ引き」で決めるということである。取締りを行うことになった地点が実験群，行わないことになった地点が統制群となる。

このデザインでは，比較対照となるのは，ランダムに割り付けられた統制群である。統制群を構成している対象単位（例えば，地点）は，実験群を構成している対象単位と同一ではない（取締りの例でいえば，実験群と統制群は異なる地点から構成されている）から，反事実性が実現されているわけではない。しかし，ランダム化比較試験では，それぞれの地点がどちらの群に入るか

は，偶然によってのみ決まるため，実験群と統制群は「平均的には等質」である。この「平均的には等質」という性質を用いることで反事実性に肉迫し，内的妥当性を確保するのがランダム化比較試験の妙味である。

このデザインは，新薬の治験など，自然科学の分野で広く用いられている，おなじみのデザインである。つまり，こうした方法論は，自然科学であろうと，社会科学であろうと変わりはない。

ランダム化比較試験よりも内的妥当性に劣るデザインとしては，比較対照として介入を受ける前の実験群の状態を用いる時系列デザインや，ランダムに割り付けられたのではない（つまり，実験群と平均的には等質でない）統制群を用いる非等質比較デザインがある。

時系列デザインは，同じ対象単位について，介入を受ける前と，介入を受けた後の「変化」をみようというデザインである。時系列デザインでは，変化が生じたとしても，介入以外の要因によって生じている可能性を排除できず，よって介入がなかった場合に，実験群と統制群が同一であることを保証できない。つまり，ランダム化比較試験よりも内的妥当性が劣る。

非等質比較デザインでは，実験群と統制群の非等質性（要は，違い）の表れであるさまざまな変数（共変数）を測定して，その影響を統計分析において考慮する必要がある。非等質比較デザインにおいては，通常，共変数はあらかじめ知られておらず，よって，それらの影響をすべて取り除くことはできない。つまり，ランダム化比較試験より内的妥当性が劣る。

② **統計的結論妥当性**

今日は晴れるといいなというあなたの願いは実際の天気に対しては効果がないだろう。しかし，効果がないからといって，あなたがこの願いを抱いた日と，抱かなかった日で，晴れている時間の長さが同じというわけではない。なぜなら，毎日の天気は気まぐれ，つまり，偶然によって左右されているからである。だから，例えば，この願いを抱いた日のほうが，抱かなかった日よりも2時間，晴れ間が長かったとしても，それは，あなたの願いのせいではない。

統計的結論妥当性とは，介入を行った場合と，行わなかった場合の違いが，偶然によって生じたのではなく，介入によって生じたのだといえる程度である。偶然の影響を小さくするには2つの方法がある。1つはサンプル数を増やす（検

定力を上げる）という方法で，もう1つは尺度の信頼性を上げるという方法である。

サンプルとは，その研究に参加する対象単位の集まりのことである。天気の例でいえば，サンプル数を増やすとは，あなたが晴れるように願う日（実験群）と，願わない日（統制群）の，それぞれの日数を増やすということである。この場合は，あなたの願いに効果はないはずなので，日数を増やしていくうちに，実験群と統制群の，晴れ間の長さの差は徐々に小さくなっていくだろう。つまり，偶然の要素が取り除かれていくうちに，あなたの願いには効果がないことが徐々に明らかになっていくわけだ。

尺度の信頼性を上げるとは，人為的介入やアウトカムを測定している，ものさしの精度を上げるということである。上の例でいえば，晴れ間の長さを時間単位で測定するのではなく，分単位で測定するということである。つまり，測定の時点でまぎれこんでくる，偶然の要素を小さくしようというのである。

③ 構成概念妥当性

効果研究における構成概念とは，「人為的介入」と「アウトカム」のことである。この2つはいずれも抽象概念であるから，何らかの具体化を通じて，実際に測定できる対象となる。この具体化の作業のことを「操作化」という。少年非行対策における効果研究では，人為的介入とは少年非行対策，アウトカムとは非行であるので，少年非行対策や非行行動が操作化の対象となる。

ある少年非行対策，例えば，「地域における非行防止対策」を操作化してみよう。「地域における非行防止対策」を忠実に操作化したものは，「学校と警察の連携」だろうか，「地域の大人による声かけ運動」だろうか，あるいは，「放課後の居場所作り」だろうか。さらには，「放課後の居場所作り」といっても，例えば，どの程度の頻度で行われている活動をもって，操作化したらよいのだろうか。

こうした問いに答えるには，「地域における非行防止対策」という構成概念が明確であることが必要である。つまり，構成概念がはっきりしていなければ，操作化は難しい。

同様に，非行についても，どのように操作化すればよいだろうか。例えば，「中学生の非行」を操作化してみよう。それは，「学校における問題行動の回数」

だろうか，（特定の心理尺度を用いた）「攻撃性」だろうか，あるいは，「警察による補導回数」だろうか。

以上，構成概念妥当性とは，構成概念を忠実に表現した操作化が行われている程度である。構成概念妥当性が高くなければ，効果研究は，意図した構成概念間の因果関係についての吟味を行っていないことになる。つまり，構成概念妥当性が低ければ，その効果研究の結果は，構成概念のレベル（上記の例でいえば，「非行」という抽象化されたレベル）では解釈できないことになる。

④ 外的妥当性

外的妥当性とは，エビデンスの一般化可能性，つまり，特定の研究から得られたエビデンスが，その他の「とき，ところ，ひと」などに当てはまる程度をいう。例えば，関東地方の10か所の少年院における研究から得られたエビデンスは，全国の少年院に一般化可能であるとはいいにくい。しかし，全国から無作為に選ばれた10か所の少年院における研究から得られたエビデンスであれば，全国の少年院に一般化可能であろう。つまり，外的妥当性を担保するには，効果研究の対象となるサンプルが，母集団を代表していることが必要である。

しかし，ほとんどの効果研究のサンプルは，無作為抽出のような手続きを経て選ばれておらず，よって，得られたエビデンスの，他の時点，他の場所，他の対象者への一般化可能性は，保証されていないことが多い。外的妥当性の乏しさは，エビデンスに基づく少年非行対策を普及させる上での困難となる。

(3) ── 3つの妥当性の向上：二次研究によるエビデンスの産出

因果命題を吟味してエビデンスを得る1つ1つの研究を一次研究という。いわゆる効果研究のことである。何らかの共通の因果命題に関する複数の一次研究（例えば，認知行動療法の効果に関する一連の一次研究）を概観する研究を二次研究という。一次研究を概観していくにあたっては，研究者の主観を避けなくてはならない。例えば，研究者が認知行動療法に好意的だからといって，それが効果的であるという結果を見出した一次研究ばかりを研究者が主観的に重視するといったことがあってはならない。

そこで1980年代に開発されたのが，メタ・アナリシスという統計手法を用いた，系統的レビューという二次研究の手法である。この手法が確立したこと

によって研究者の主観の影響を小さくすることが可能となり，二次研究によって複数の一次研究の生み出したエビデンスを統合し，エビデンスを産出することが可能となった。

さて，二次研究（系統的レビュー）を用いれば，さきほどの4つの妥当性のうち，統計的結論妥当性，構成概念妥当性，外的妥当性を向上させることができる。まず，二次研究は複数の一次研究を統合する研究なので，1つ1つの一次研究のサンプル数を超えて，サンプル数を大きくすることを可能とするから，統計的結論妥当性を上げることになる。少年非行対策の効果研究においては，一次研究の多くが十分なサンプル数を確保していないので，大きな進歩である。

ついで，二次研究は，複数の一次研究に共通する構成概念を抽出することになるので，より本質的な構成概念を取り扱うことが可能となるから，構成概念妥当性を上げることになる。例えば，認知行動療法の効果に関する二次研究は，個々の一次研究がそれぞれ異なる実施形態で行われた認知行動療法の効果を吟味している場合，それらの一次研究を統合することにより，実施形態にこだわらない「いわゆる」認知行動療法の効果，いわば認知行動療法のエッセンスの効果を抽出することを可能とする。

さらに，二次研究は，時点，場所，対象者などさまざまな点において異なる条件で行われた一次研究を統合することによって，条件にこだわらない効果を吟味するので，外的妥当性を上げることになる。

二次研究の最大の課題は，一次研究をもれなく対象にできるかである。二次研究を行う際に，一次研究がもれなく集められていなければ，偏った結論を導く可能性が高くなる。そこで，二次研究にバイアスがかかるのを防ぐために，新薬の治験のように，企画時点ですべての一次研究を登録してもらい，一次研究を行った結果，対策の効果が（有効ではなく）無効あるいは有害であっても，その知見を公表するという仕組みを作っておく必要がある。

このように，系統的レビューによる二次研究は，3つの妥当性を向上することにより，質の高いエビデンスを産出する。そこで，系統的レビューを積極的に行って，エビデンスを社会に積極的に提供しようというプロジェクトが行われるようになった。

そのうち，少年非行対策に関わるエビデンスを産出しているのは，社

会政策(教育,刑事司法,社会福祉)分野において系統的レビューを行い,エビデンスを提供・更新していこうという国際的プロジェクトである,キャンベル共同計画である。現在,同計画のウェブサイト(http://www.campbellcollaboration.org/)に行くと,例えば,「スケアード・ストレート」の処遇効果に関する系統的レビュー(Petrosino, et al., 2003)をみることができる。なお,同計画の成果を訳出した日本語サイト(http://fuji.u-shizuoka-ken.ac.jp/~campbell/index.html)もある。

❸……今後の方向性:エビデンスの活用

エビデンスは,研究の成果として意義があるわけではない。実務に活用されてこそ意義がある。そこで,現在は,産出されたエビデンスをいかに実際の対策に活用するか,つまり技術移転の方法ということに関心が移っている。1つは,モデルとなる対策を厳密に定義してそれを移転しようという方法,もう1つは,モデルとなる対策を確定せずに有効な対策の本質を移転しようという方法である。その2つについてみてみよう。

(1) ── 技術移転の方法1:モデルプログラムの移転

アメリカ合衆国では,有効とされる少年非行対策を,モデルプログラムとしてリストアップし,ウェブを通じて提供する活動をしているプロジェクトがいくつかある(表8-1。津富,2004, 2005を参照)。

例えば,Blueprints for Violence Prevention で紹介されているのは,妊婦や母親に対する支援プログラム(Nurse-Family Partnership; The Incredible Years: Parent, Teacher and Child Training Series),学校等における薬物乱用防止教育(Midwestern Prevention Project; Life Skills Training; Project Towards No Drug Abuse),情緒的・社会的コンピテンシー訓練(Promoting Alternative THinking Strategies),いじめ防止プログラム(Olweus Bullying Prevention Program),非行少年に対するメンタリング(Big Brothers Big Sisters of America),機能的家族療法(Functional Family Therapy; Multisystemic Therapy),多次元治療里親養護(Multidimensional Treatment Foster Care)などである。

表8−1　少年非行対策に関するモデルプログラムを提供している代表的なプロジェクト

サイト名 URL
Blueprints for Violence Prevention *http://www.colorado.edu/cspv/blueprints/*
OJJDP Model Programs Guide *http://www.dsgonline.com/mpg2.5/mpg_index.htm*
SAMHSA Model Programs *http://modelprograms.samhsa.gov/*
Proven and Promising Programs *http://www.promisingpractices.net/*
Social Programs That Work *http://www.evidencebasedprograms.org/*

　しかし，これらのリストに掲げられたモデルプログラムであっても，必ずしも堅固なエビデンスによって支えられているわけではない。例えば，ガンディら（Gandhi et al., 2006）は，学校における薬物乱用防止教育について，これらのリストに掲載されたモデルプログラムの一次研究を丁寧に吟味し，その多くが方法論に問題があることを指摘している。つまり，こうしたリストに掲げられた対策であっても，必ずしも良質のエビデンスによって支えられているわけではない。

　よって，エビデンスを活用する側は，こうしたリストに安易に頼ることなく，原著（一次研究）をしっかり読むことが求められているといってもよい。効果研究（一次研究や二次研究）をしっかり読む技術を「批判的吟味」という。批判的吟味は，通常，研究論文の部分ごとに，あらかじめ確認すべき一連のチェックポイント（問い）を用意し，それらの問いに答えることにより，論文の質を吟味する技術である。例えば，「サンプルサイズは十分か」「測定は妥当性と信頼性があるか」「統計的有意性は吟味されているか」といった問いである（批判的吟味の手法は，Crombie（1996）が簡潔にまとめている）。批判的吟味は，おすすめ商品として陳列されているモデルプログラムを，今一度，慎重な消費者として買い物するための技術といってもよい。

　しかも，最近の二次研究は，開発者自身が評価に関わった一次研究ほど，見出される効果値が大きいという知見を示している（Petrosino & Soydan, 2005.

表8−2 評価チームが介入の計画と実施に与えた影響と「介入終了後の最初の効果」の関連

評価チームの影響	N	効果値
高 い	59	0.40
中程度	69	0.03
低 い	152	0.02

(Petrosino & Soydan, 2005 の Table 2)

表8−2)。技術移転とは，エビデンスに基づいた対策を利用したいという新たな実施者のもとで，そのプログラムを実施することだから，この二次研究の知見は，モデルプログラムに掲げられた介入が有効であったとしても，普及の過程でその有効性が失われてしまうこと，すなわち，技術移転が難しいことを示している。

例えば，表8−1のリストのすべてにおいてモデルプログラムとして推奨されている，マルチシステミック・セラピー（MST）という非行少年のためのプログラムがある。MSTは，非行少年をさまざまなシステム（個人システム，家族システム，家族外システム（友人，学校，近隣）など）に位置づけて理解し，複数のシステムを組み合わせて，本人に働きかけていくプログラムである。非行要因は複数のシステムにわたって存在していることから，MSTは複数のシステム，特にそれぞれの強みに関連づけることによって，変化を引き起こすことを狙いとしている。このMSTは，開発者のもとで行われた当初の一次研究では有効であったが，開発者の手を離れて行われた，カナダにおける大規模追試で無効となり，この追試を含めて二次研究を行ったところ，すべての一次研究を統合した結果は無効となった。図8−1は，その経過を示したものである。「合計」の効果値のオッズ比は「1」を含んでおり，無効である。この例も，モデルプログラムの移転が困難であることを示している。

そこで，移転されたプログラムが本来のプログラムどおり忠実に行われているかどうかをチェックする尺度（fidelity scale）を作り，この忠実度の尺度に従って技術移転の過程をコントロールすることにより，実施の質が下がるのを防ぐアプローチが行われていた。しかし，バーウィックら（Barwick, et al., 2005）は，忠実な移転を強調するアプローチは，移転先の実務家の自発性を損なうために，技術移転の障害になっていると指摘している。むしろ，技術移転

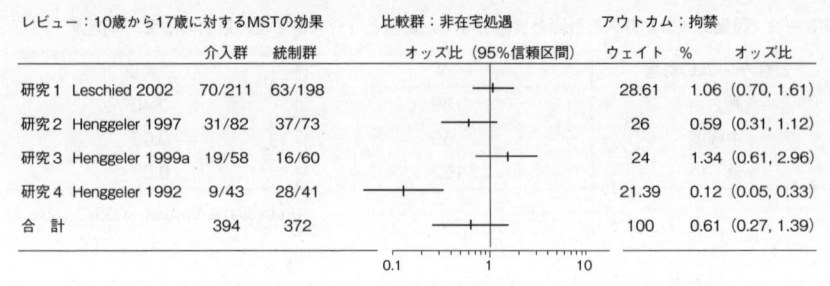

レビュー：10歳から17歳に対するMSTの効果			比較群：非在宅処遇	アウトカム：拘禁		
	介入群	統制群	オッズ比（95%信頼区間）	ウェイト	%	オッズ比
研究1 Leschied 2002	70/211	63/198		28.61	1.06	(0.70, 1.61)
研究2 Henggeler 1997	31/82	37/73		26	0.59	(0.31, 1.12)
研究3 Henggeler 1999a	19/58	16/60		24	1.34	(0.61, 2.96)
研究4 Henggeler 1992	9/43	28/41		21.39	0.12	(0.05, 0.33)
合　計	394	372		100	0.61	(0.27, 1.39)

図8－1　マルチシステミック・セラピーに関するメタ・アナリシスの結果

(Littel, et al., 2005 より)

にあたっては，プログラムの可変性を高め，移転先の工夫の余地を残すべきだというのである。そこで，技術移転の方法2をみよう。

(2)── 技術移転の方法2：メタ回帰分析の知見の移転

　ハウエルとリプシー（Howell & Lipsey, 2004）は，モデルプログラムを移転するアプローチを融通がきかないと批判して，もう1つの技術移転の方法を提案している。

　それは，メタ回帰分析の知見を利用する方法である。メタ回帰分析は，系統的レビューの中核的手法であるメタ・アナリシスを発展させた統計分析の手法で，一次研究の効果値を統合することではなく，一次研究の特徴（独立変数）で一次研究の効果値（従属変数）の分散を説明することを目的とする。対策の特徴に関する変数（どのような対策を，誰に対し，どのように用いているか）を独立変数とするメタ回帰分析を行えば，対策の特徴が効果値に与える影響の大きさを知ることができる。

　ハウエルとリプシーは，メタ回帰分析の知見を用いて，非行少年の更生プログラムの効果値が，①主たるサービス，②従たるサービス，③サービスの実施（密度，期間など），④対象者という，4つの独立変数によって予測できることを示した。つまり，再犯率を下げるには，現状のプログラムをこの4つの観点で構成し直し，効果値を上げていけばよい。

　表8－3に，その例を示した。メタ回帰分析の結果に従って，プログラムの要素を追加していけば，再犯率が下がることが示されている。

表8−3 推奨されるプログラムの特質の増加に沿った再犯率の改善

審判命令によるプログラム	
条件	再犯率
プログラムに参加していない少年の再犯率（統制群の追跡6ヵ月後の値）	.40
平均的なプログラムに参加している少年の再犯率	.34
優れた主たるサービスを受けた少年の再犯率 　優れた主たるサービスの例：親の訓練・カウンセリング，対人関係訓練，個人別学習支援，（審判命令として）家族カウンセリング，個人別学習支援，メンタリング	.32
優れた主たるサービスと最良の従たるサービスを受けた少年の再犯率 　最良の従たるサービスの例：行動マネジメント，ライフ・スキル，密接な監督，認知行動療法	.28
優れた主たるサービスと最良の従たるサービスを，最良の実施条件（実施期間および接触日数）で受けた少年の再犯率 　最良の実施条件の例：15週間以上にわたって31日間以上のプログラム提供	.24
優れた主たるサービスと最良の従たるサービスを，最良の実施条件（実施期間および接触日数）で，対象者適性（リスクおよび年齢）がマッチした少年が受けたときの再犯率 　対象者適性の例：ハイリスクの年少の少年	.21

(Howell & Lipsey, 2004 の Table 1 を改変)

　モデルプログラムを確定して技術移転を行うアプローチが絵画の精密な模写にたとえられるなら，メタ回帰分析の知見の移転は，「絵画というもの」に共通する美の本質的要素の移転にたとえられる。

　メタ回帰分析の知見の移転によるアプローチのほうが，移転先の実務家の創意工夫を許すことはいうまでもない。ハウエルとリプシーの提案するアプローチは，モデルプログラムの移転を重視するアプローチの有力な対案であると考えられる。

❹……おわりに

　D.A.R.E.（Drug Abuse Resistance Education）という薬物乱用防止プログラムがある。これは，プログラム指導者としての研修を受けた警察官が小学校に赴き，指導するプログラムである。制服を着た本物の警察官が「薬物の怖さ」を伝えることから人気を博したこのプログラムは，アメリカのほとんどの学区で用いられることとなった。しかしながら，1990年代半ばには，D.A.R.E. についての評価研究が蓄積され，D.A.R.E. は薬物乱用を防止しないことがほぼ

明らかとなった。その結果，D.A.R.E.はモデルプログラムのリストから外れ，D.A.R.E.を用いる地域は激減することとなった。

さて，わが国では，警察，学校，児童福祉などの実務家や，国会議員や内閣府や各省庁の行政官など政策立案者が，科学的知見を参照することはあまりない。この状況を変えていくための1つの手段は，海外で確立された科学的知見を日本語で提供することである。そのための試みの1つが，筆者が行っているキャンベル共同計画日本語サイト（http://fuji-u-shizuoka.ac.jp/~campbell/index.html）である。

少年非行対策の根拠は，「専門家」の意見でもなく，政策決定者の政治的判断でもなく，市民の主張でもない。適正な科学的手続きを経て得られた，エビデンスのみである。

=================================【引用・参考文献】=================================

● 1 章

土井隆義　2003　〈非行少年〉の消滅　信山社
浜井浩一　2007　少年非行の変化と格差社会—雇用の喪失と非行の高齢化—　青少年問題　626　36-41.
法務省法務総合研究所　2007　平成 19 年版犯罪白書　佐伯出版
河合幹雄　2004　安全神話崩壊のパラドックス　岩波書店
警察庁　2007　平成 19 年版警察白書　ぎょうせい
警察庁生活安全局少年課　2005　平成 16 年中における少年の補導及び保護の概況
警察庁生活安全局少年課　2007　平成 18 年中における少年の補導及び保護の概況
小林寿一　2003　我が国の地域社会における非行統制機能について　犯罪社会学研究　28 号　39-54.
小林寿一・鈴木護　2001　地域社会における非行防止活動の効果に関する実証的検討—地域レベルの分析—　科学警察研究所報告防犯少年編　41 巻 1・2 合併号　28-38.
守山正・後藤弘子（編）　2005　ビギナーズ少年法　成文堂
Snyder, H. N.　2006　*Juvenile Arrests 2004.* Washington, D.C.: U.S. Department of Justice, Office of Juvenile Justice and Crime Prevention.
田中法昌　2006　犯罪情勢の変化とその原因　警察学論集　59 巻 11 号　115-147.
東京都福祉保健局　2005　東京の児童相談所における非行相談と児童自立支援施設の現状—子どもの健全育成と立ち直り支援の取組—

● 2 章

Agnew, R.　2006　*Pressured into Crime: An overview of general strain theory.* Los Angeles: Roxbury.
Anderson, C. A., Gentile, D., & Buckley, K. E.　2007　*Violent video game effects on children and adolescents.* New York: Oxford University Press.
Bandura, A.　1977　*Social learning theory.* Englewood Cliffs, NJ: Prentice-Hall Inc.（原野広太郎（監訳）　1979　社会的学習理論　金子書房）
Becker, H. S.　1963　*Outsiders: Studies in the sociology of deviance.* London: Free Press of Glencoe.（村上直之（訳）　1978　アウトサイダーズ—ラベリング論とはなにか—　新泉社）
Caspi, A., McClay J., Moffitt, T. E., Mill, J., Martin, J., Craig, I. W., Taylor, A., & Poulton, R.　2002　Role of genotype in cycle of violence in maltreated children. *Science*, 297, 851-854.
Cloward, R. A., & Ohlin, L. E.　1960　*Delinquency and Opportunity: A Theory of Delinquent Gangs.* New York: Free Press.
Cohen, A. K.　1955　*Delinquent Boys: The Culture of the Gang.* New York: Free Press.
Cummings, E. M., Davies, P. T., & Campbell, S. B.　2000　*Developmental psychopathology and family precess.* New York: Guilford.（菅原ますみ（監訳）　2006　精神発達病理学—子どもの精神病理の発達と家族関係—　ミネルヴァ書房）
DeMatteo, D., & Marczyk, G.　2005　Risk factors, protective factors, and the prevention of antisocial behavior among juveniles, In Heilbrun, K. et al. (Ed.), *Juvenile delinquency.* New York: Oxford University Press. Pp.19-44.
Department of Health and Human Services　2001　*Youth violence: A report of the surgeon general.* Rockville, MD: Author.

Giordano, P. C., Cernkovich, S. A., & Rudolph, J. L. 2002 Gender, crime, and desistance: Toward a theory of cognitive transformation. *American Journal of Sociology*, 107, 990-1064.

Gottfredson, M. R., & Hirschi, T. 1990 *A general theory of crime*. Stanford: Stanford University Press.（松本忠久（訳） 1996 犯罪の基礎理論 文憲堂）

Hirschi, T. 1969 *Causes of delinquency*. Berkley: University of California Press.（森田洋司・清水新二（監訳） 1995 犯罪の原因 文化書房博文社）

Hirschi, T. 1989 Exploring alternatives to integrated theory. In Messner, S. F., Krohn, M. D., & Liska, A. E. (Eds.), *Theoretical integration in the study of deviance and crime: Problems and prospects*. Albany: State University of New York Press.

小林寿一 1999 地域社会と少年非行の関連 青少年問題 46巻12号 46-51.

Laub, J. H., & Sampson, R. J. 2003 *Shared beginnings, divergent lives: Dlinquent boys to age 70*. Cambridge: Harvard University Press.

Maruna, S. 2001 *Making good: How ex-convicts reform and rebuild their lives*. Washington, DC: American Psychological Association.

Matsueda, R. L. 1992 Reflected appraisals, parental labeling, and delinquency: Specifying a symbolic interactionist theory. *American Journal of Sociology*, 97, 1577-1611.

Merton, R. K. 1957 *Social theory and social structure*. Glencoe, IL: Free Press.（森東吾ほか（訳） 1961 社会理論と社会構造 みすず書房）

Moffitt, T. E. 1993 Life-course-persistent and adolescence-limited antisocial behavior: A developmental taxonomy. *Psychological Review*, 100, 674-701.

Moffitt, T. E. 2006 Life-course persistent versus adolescence-limited antisocial behavior. In Cicchetti, D., & Cohen, D. (Eds.), *Developmental Psychopathology*. 2nd Edition. New York: Wiley.

Moffitt, T. E., & Caspi, A. 2001 Childhood predictors differentiate life-course persistent and adolescence-limited antisocial pathways among males and females. *Development and Psychopathology*, 13, 355-375.

麦島文夫 1999 非行原因に関する総合的調査 青少年問題 46巻7号 34-39.

Nagin, D., & Land, K. C. 1993 Age, criminal careers, and population heterogeneity: Specification and estimation of a nonparametric, mixed poisson model. *Criminology*, 31, 327-362.

奥村雄介・野村俊明 2006 非行精神医学―問題行動への実践的アプローチ― 医学書院

Patterson, G. R., DeBaryshe, B. D., & Ramsey, E. 1989 A developmental perspective on antisocial behavior. *American Psychologist*, 44, 329-335.

Reckless, W. C., Dinitz, S., & Murray, E. 1956 Self concept as an insulator against delinquency. *American Sociological Review*, 21, 744-746.

Sampson, R. J., & Laub, J. H. 1993 *Crime in the making: Pathways and turning points through life*. Cambridge: Harvard University Press.

総務庁青少年対策本部 1999 非行原因に関する総合的研究調査（第3回）

菅原ますみ 2001 子どもの問題行動はどうやって発達していくか―生後15年間の追跡研究から― 科学 71巻6号 694-698.

菅原ますみ 2004 前方向視的研究からみた小児期の行動異常のリスクファクター―発達精神病理学的研究から― 精神保健研究 50号 7-15.

菅原ますみ・北村俊則・戸田まり・島悟・佐藤達哉・向井隆代 1999 子どもの問題行動の発達―Externalizingな問題傾向に関する生後11年間の縦断研究から― 発達心理学研究 10巻1号 32-45.

Sutherland, E. H. & Cressy, D. R. 1956 *Principles of criminology*. Philadelphia: Lippincott.（平野龍一・所一彦（訳） 1964 犯罪の原因 有信堂）

米川茂信　1995　学歴アノミーと少年非行　学文社

●3章

Cornell, D. G.　1990　Prior adjustment of violent juvenile offenders. *Law and Human Behavior*, 14, 569-577.

Cornell, D. G., Benedek, E. P., & Benedek, D. M.　1987　Juvenile homicide: Prior adjustment and a proposed typology. *American Journal of Orthopsychiatry*, 57, 383-393.

Greco, C. M., & Cornell, D. G.　1992　Rorschach object relations of adolescents who committed homicide. *Journal of Personality Assessment*, 59, 574-583.

Hardwick, P. J., & Rowton-Lee, M. A.　1996　Adolescent homicide: towards assessment of risk. *Journal of Adolescence*, 19, 263-276.

Heide, K. M.　1992　*Why kids kill parents: Child abuse and adolescent homicide.* Thousand Oaks, CA: Sage.

科学警察研究所少年研究室　2004　少年の凶悪・粗暴な非行の背景及び前兆に関する研究報告書

加門博子・小林寿一・宮寺貴之　2005　「人を死に至らしめる犯罪」を起こした少年の背景および前兆的行動に関する分析　科学警察研究所報告犯罪行動科学編　42巻1号　59-68.

警察庁生活安全局少年課・科学警察研究所防犯少年部　2000　最近の少年による特異・凶悪事件の前兆等に関する緊急調査報告書

小林寿一　2006　殺人願望あるいは快感追求を動機とする凶悪犯・粗暴犯少年の特徴　科学警察研究所報告犯罪行動科学編　43巻1号　54-62.

宮寺貴之・小林寿一・岡邊健　2006　粗暴傾向を有する少年相談事例における保護者面接─保護者の態度変容のための効果的な働きかけについて─　科学警察研究所報告犯罪行動科学編　43巻1号　1-16.

Myers, W. C., Scott, K., Burgess, A. W., & Burgess, A. G.　1995　Psychopathology, biopsychosocial factors, crime characteristics, and classification of 25 homicidal youths. *Journal of the American Academy of Child and Adolescent Psychiatry*, 34, 1483-1489.

岡邊健・小林寿一・宮寺貴之　2003　粗暴傾向の少年相談事例に関する研究（1）─ケースの背景要因について─　犯罪心理学研究　41巻特別号　6-7.

Shumaker, D. M., & Prinz, R. J.　2000　Children who murder: A review. *Clinical Child and Family Psychology Review*, 3, 97-115.

●4章

Bandura, A.　1977　*Social learning theory.* Englewood Cliffs, New Jersey: Prentice-Hall Inc.（原野広太郎（監訳）　1979　社会的学習理論　金子書房）

Bolger, K. E., & Patterson, C. J.　2003　Sequelae of child maltreatment: Vulnerability and resilience. In Luthar, S. S.（Ed.）, *Resilience and vulnerability.* Cambridge: Cambridge University Press. Pp.156-181.

Boney-McCoy, S., & Finkelhor, D.　1995　Psychosocial sequelae of violent victimization in a national youth sample. *Journal of Consulting and Clinical Psychology*, 63, 726-736.

Brookmeyer, K. A., Henrich, C. C., & Schwab-Stone, M.　2005　Adolescents who witness community violence: Can parent support and prosocial cognitions protect them from committing violence? *Child Development*, 76, 917-929.

Caspi, A., Lynam, D., Moffitt, T. E. & Silva, P. A.　1993　Unraveling girls' delinquency: biological, dispositional, and contextual contributions to adolescent misbehavior. *Developmental Psychology*, 19(1), 19-30.

Caspi, A., & Moffit, T. E. 1991 Individual differences are accentuated during Periods of social change: the sample case of girls at puberty. *Journal of Personality and Social Psychology*, 61(1), 157-168.
Cloward, R. A., & Ohlin, L. E. 1960 *Delinquency and Opportunity: A Theory of Delinquent Gangs*. New York: Free Press.
Cohen, A. K. 1955 *Delinquent Boys: The Culture of the Gang*. New York: Free Press.
Cuevas, C. A., Finkelhor, D., Turner, H. A., & Ormrod, R. K. 2007 Juvenile delinquency and victimization: A theoretical typology. *Journal of Interpersonal Violence*, 22, 1581-1602.
Curtis, G. C. 1963 Violence breeds violence-Perhaps? *American Journal of Psychiatry*, 120, 386-387.
Delsol, C., & Margolin, G. 2004 The role of family-of-origin violence in men's marital violence perpetration. *Clinical Psychology Review*, 24, 99-122.
Dodge, K. A., Bates, J. E., & Pettit, G. S. 1990 Mechanisms in the cycle of violence. *Science*, 250, 1678-1683.
土井隆義　2003　〈非行少年〉の消滅　信山社
Egley, Jr., A., & Ritz, C. E. 2006 *Highlights of the 2004 National Youth Gang Survey*. Washington, DC: U.S. Department of Justice, Office of Juvenile Justice and Delinquency Prevention.
Esbensen, F., Winfree, Jr., L. T., He, N., & Taylor, T. J. 2001 Youth gangs and definitional issues: When is a gang a gang, and why does it matter? *Crime and Delinquency*, 47, 105-130.
Finkelhor, D., & Kendall-Tackett, K. 1997 A developmental perspective on the childhood impact of crime, abuse, and violent victimization. In Cicchetti, D., & Toth, L. (Eds.), *Developmental perspectives on trauma: Theory, research, and intervention*. New York: University of Rochester Press. Pp.1-32.
Ford, J. D., Chapman, J., Mack, M., & Pearson, G. 2006 Pathways from traumatic child victimization to delinquency: Implications for juvenile and permanency court proceedings and decisions. *Juvenile and Family Court Journal*, 13-26.
藤岡淳子　2001　非行少年の加害と被害―非行心理臨床の現場から―　誠信書房
Gorman-Smith, D., Henry, D. B., & Tolan, P. H. 2004 Exposure to community violence and violence perpetration: The protective effects of family functioning. *Journal of Clinical Child and Adolescent Psychology*, 33, 439-449.
Haapasalo, J., & Pokela, E. 1999 Child-rearing and child abuse antecedents of criminality. *Aggression and Violent Behavior*, 4, 107-127.
Hamilton, C. E., Falshaw, L., & Browne, K. D. 2002 The link between recurrent maltreatment and offending behaviour. *International Journal of Offender Therapy and Comparative Criminology*, 46, 75-94.
橋本和明　2004　虐待と非行臨床　創元社
日野林俊彦　2007　青年と発達加速　南徹弘（編）　発達心理学　朝倉書店
Hill, K. G., Howell, J. C., Hawkins, J. D., & Battin-Pearson, S. R. 1999 Childhood Risk Factors for Adolescent Gang Membership: Results from the Seattle Social Development Project. *Journal of Research in Crime and Delinquency*, 36, 300-322.
星野周弘　1975　非行集団　日本犯罪社会学会（編）　犯罪社会学　有斐閣　Pp.72-81.
法務省大臣官房司法法制部司法法制課　2007a　第108矯正統計年報II―平成18年―　法務省大臣官房司法法制部司法法制課
法務省大臣官房司法法制部司法法制課　2007b　第47保護統計年報―平成18年―　法務省大臣官房司法法制部司法法制課
法務省法務総合研究所　2001　法務総合研究所研究部報告11―児童虐待に関する研究―（第1報告）

法務総合研究所
法務省法務総合研究所　2005　平成17年版犯罪白書　国立印刷局
法務省法務総合研究所　2006　平成18年版犯罪白書　国立印刷局
法務省法務総合研究所　2007　平成19年版犯罪白書　佐伯出版
警察庁　1998　平成10年版警察白書　大蔵省印刷局
警察庁　2004　平成16年版警察白書　ぎょうせい
警察庁生活安全局少年課　2004　青少年の意識・行動と携帯電話に関する調査研究報告書
警察庁生活安全局少年課　2007　平成18年中における少年の補導及び保護の概況
Kempe, C. H., Silverman, F. N., Steele, B. F., Droegmuller, W., & Silver, H. K. 1962 The battered child syndrome. *Journal of the American Medical Association,* 181, 17-24.
Kilpatrick, D. G., Saunders, B. E., & Smith, D. W. 2003 *Youth victimization: Prevalence and implications.* Research in brief. National Institute of Justice, U.S. Department of Justice.
Kliewer, W., Leport, S. J., Oskin, D., & Johnson, P. D. 1998 The role of social and cognitive processes in children's adjustment to community violence. *Journal of Consulting and Clinical Psychology,* 66, 199-209.
小林寿一　2003　我が国の地域社会における非行統制機能について　犯罪社会学研究　28号　39-54.
小林寿一　2004　出会い系サイトに関わる青少年の犯罪被害を防止するために　青少年問題　51巻11号　28-33.
小林寿一・鈴木護　2001　地域社会における非行防止活動の効果に関する実証的検討—地域レベルの分析—　科学警察研究所報告防犯少年編　41巻1・2合併号　28-38.
小林寿一・鈴木護　2005　地域社会が中学生の非行に及ぼす影響について　科学警察研究所報告犯罪行動科学編　42巻1号　1-13.
Lauritsen, J. L., Sampson, R. J., & Laub, J. H. 1991 The link between offending and victimization among adolescents. *Criminology,* 29, 265-292.
Obeidallah, D., Brennan, R. T., Brooks-Gunn, J., & Earls, F. 2004 Links between pubertal timing and neighborhood contexts: Implications for girls' violent behaviors. *Journal of American Academy of Child and Adolescent Psychiatry,* 43(12), 1460-1468.
岡邊健・小林寿一　2006　非行集団に加入する少年の特性について　犯罪心理学研究　44巻特別号　10-11.
Schwab-Stone, M. E., Ayers, T. S., Kasprow, W., Voyce, C., Barone, C., Shriver, T., & Weissberg, R. P. 1995 No safe haven: A study of violence exposure in an urban community. *Journal of the American Academy of Child and Adolescent Psychiatry,* 34, 1343-1352.
Schwartz, D., & Proctor, L. J. 2000 Community violence exposure and children's social adjustment in the school peer group: The mediating roles of emotion regulation and social cognition. *Journal of Consulting and Clinical Psychology,* 68, 670-683.
Scudder, R. G., Blount, W. R., Heide, K. M., & Silverman, I. J. 1993 Important links between child abuse, neglect, and delinquency. *International Journal of Offender Therapy and Comparative Criminology,* 37, 315-323.
Shaffer, J. N., & Ruback, R. B. 2002 *Violent victimization as a risk factor for violent offending among juveniles.* Juvenile Justice Bulletin, Washington, DC: U.S. Department of Justice, Office of Justice Programs, Office of Juvenile Justice and Delinquency Prevention.
社会安全研究財団　2007　出会い系サイトに関する調査報告書　社会安全研究財団
Smith, C., & Thornberry, T. P. 1995 The relationship between childhood maltreatment and adolescent involvement in delinquency. *Criminology,* 33, 451-481.

Snyder, H. N., & Sickmund, M. 1999 *Juvenile Offenders and Victims: 1999 National Report*. Washington, DC: U.S. Department of Justice, Office of Juvenile Justice and Delinquency Prevention.

田村雅幸　1995　非行集団　星野周弘・米川茂信・荒木伸怡・澤登俊雄・西村春夫（編）　犯罪・非行事典　大成出版社　Pp.249-252.

Thornberry, T. P., Krohn, M. D., Lizotte, A. J., & Chard-Wierschem, D. 1993 The Role of Juvenile Gangs in Facilitating Delinquent Behavior. *Journal of Research in Crime and Delinquency*, 30, 55-87.

Widom, C. S. 1989 The cycle of violence. *Science*, 244, 160-166.

Widom, C. S., & Maxfield, M. G. 2001 An update on the "cycle of violence". Research in brief. U.S. Department of Justice, Office of Justice Program, National Institute of Justice.

●5章

Caplan, G. 1964 *Principles of preventive psychiatry*. New York: Basic Books.（新福尚武（監訳）1970　予防精神医学　朝倉書店）

石橋昭良　2006a　キレない子を育てる家庭―非行防止の視点から―　児童心理　60巻13号　101-106.

石橋昭良　2006b　警察における非行臨床　現代のエスプリ　462号　107-116.

神田橋條治　1984　精神科診断面接のコツ　岩崎学術出版社

神田橋條治　1990　精神療法面接のコツ　岩崎学術出版社

小林寿一　1999　地域社会における非行防止活動の現状と課題―最近の実証的研究から―　日本更生保護協会（編）　更生保護の課題と展望―更生保護制度施行50周年記念論文集―　307-328.

小林寿一　2003　我が国の地域社会における非行統制機能について　犯罪社会学研究　28号　39-54.

小林寿一　2007　これからの地域社会における警察の役割―少年非行の防止を中心に―　菊田幸一・西村春夫・宮澤節生（編）　社会のなかの刑事司法と犯罪者　日本評論社　Pp.233-243.

内閣府　2007　平成19年版青少年白書　時事画報社

●6章

土居健郎　1977　方法としての面接　医学書院

Erikson, E. H. 1963 *Childhood and Society (2nd ed.)*. New York: Norton & Company.（仁科弥生（訳）1977　幼児期と社会Ⅰ　みすず書房）

藤川浩　2005　司法臨床におけるバウム技法の活用　山中康裕・皆藤章・角野善宏（編）　バウムの心理臨床　創元社　Pp.299-309.

廣井亮一　2007　司法臨床の方法　金剛出版

法務省法務総合研究所　2005　平成17年版犯罪白書　国立印刷局

法務省法務総合研究所　2007　平成19年版犯罪白書　国立印刷局

市村彰英　2006　家庭裁判所の役割機能と家庭裁判所調査官　現代のエスプリ　461号　130-140.

井上公大　1980　非行臨床―実践のための基礎理論―　創元社

石毛博　2004　収容鑑別の実際　犬塚石夫・松本良枝・進藤眸（編）　矯正心理学―犯罪・非行からの回復を目指す心理学―　下巻　実践編　東京法令出版　Pp.63-86.

伊藤直文　1990　家庭裁判所における調査官面接の特質　調研紀要　58号

桑原尚佐　2007　軽微な非行への初期的介入―保護的措置を中心に―　生島浩（編）　犯罪心理臨床　金剛出版　Pp.24-37.

竹内友二・唐澤仁・鈴木憲治・山田英治・帶刀晴天　2006　少年事件における保護的措置について

―再非行防止の観点から―　　家庭裁判月報　58巻10号　115.
吉村雅世　1998　非行少年の社会的スキルとSST　最新精神医学　3巻4号　349-356.
吉村雅世　2002　少年鑑別所　こころの科学　102号　103-104.
吉村雅世　2006a　少年鑑別所に〈子ども〉が入所したら　臨床心理学　6巻4号　487-491.
吉村雅世　2006b　場の力　罪と罰　44巻1号　59-61.

● 7章

藤岡淳子　2001　非行少年の加害と被害―非行心理臨床の現場から―　誠信書房
藤岡淳子　2003　様々な処遇技法を使いこなす　更生保護　54巻11号　6-11.
長谷川啓三　2000　ブリーフセラピー入門　刑政　111巻10号　矯正協会　72-77.
Hirschi, T. 1969 *Causes of Delinquency*. Berkeley: University of California Press. (森田洋司・清水新二（監訳）1995　非行の原因―家庭・学校・社会へのつながりを求めて―　文化書房博文社)
法務省法務総合研究所　2004　平成16年版犯罪白書　国立印刷局
法務省法務総合研究所　2005a　保護司の活動実態と意識に関する調査
法務省法務総合研究所　2005b　平成17年版犯罪白書　国立印刷局
法務省法務総合研究所　2006　平成18年版犯罪白書　国立印刷局
法務省法務総合研究所　2007　平成19年版犯罪白書　佐伯出版
法務省矯正局　2006　性犯罪者処遇プログラム研究会報告書
金子陽子　2007a　川越少年刑務所における関係機関との連携について　罪と罰　44巻2号　24-31.
金子陽子　2007b　重大な非行を犯した少年に対する対応　生島浩・村松励（編）　犯罪心理臨床　金剛出版
小林寿一　1989　非行の原因帰属に関する研究―1. 非行少年の自己及び一般の非行に対する責任帰属―　科学警察研究所報告防犯少年編　30巻2号　51-67.
國分康孝（監修）・押切久遠（著）　2001　クラスでできる非行予防エクササイズ　図書文化
工藤弘人・熊谷康之　2003　家族問題融和的アプローチの試み―少年院在院者の処遇を通して―　犯罪心理学研究　40号　178-179.
熊谷康之　2007　家族関係とアセスメント　犯罪心理学研究　44号特別号　197-198.
宮川義博　2005　少年刑務所における処遇の実情―改正少年法下の取組として―　家庭裁判月報　57巻4号
留岡幸助　1915　人道　123号　2-4（留岡幸助（編）1983　人道　第六巻　大正四・五年（復刻版）不二出版）
押切久遠　1999　犯罪を繰り返す人々のイラショナル・ビリーフ　國分康孝（編）　論理療法の理論と実際　誠信書房
押切久遠　2005　「保護司の活動実態と意識に関する調査」の結果から　犯罪と非行　145号　75-104.
才門辰史　2007　出院生からのメッセージ―僕の少年院―　刑政　118巻2号　106-114.
生島浩　1993　非行少年への対応と援助　金剛出版
生島浩　2007　保護観察の技法　更生保護　58巻4号　6-11.
Sykes, G. M., & Matza, D. 1957 Techniques of Neutralization: A Theory of Delinquency. *American Sociological Review*, 22, 664-670.
杉本研士　2006　頭上の異界　講談社
山口孝志　2006　少年院における矯正教育の実情　法律のひろば　59巻1号　30-37.
保木正和・林和治・梅村謙・宮本史郎（編）　2006　矯正教育の方法と展開―現場からの実践理論―　矯正協会

●8章

Barwick, M. A., Boydell, K. M., Stasiulis, E., Ferguson, H. B., Blase, K., & Fixsen, D. 2005 *Knowledge transfer and evidence-based practice in children's mental health.* Toronto: Children's Mental Health, Ontario.

Crombie, I. K. 1996 *The Pocket Guide to Critical Appraisal: A Handbook for Health Care Professionals.* London: The BMJ Publishing.（津富宏（訳） 2007 医療専門職のための研究論文の読み方—批判的吟味がわかるポケットガイド— 金剛出版）

Gandhi, A. G., Murphy-Graham, E., Petrosino, A., Chrismer, S. S., & Weiss, C. H. In press The Devil is in the details: Examining the Evidence for "Proven" School-Based Drug Abuse Prevention Programs. *Evaluation Review.*

Howell, J. C., & Lipsey, M. W. 2004 A practical approach to evaluating and improving juvenile justice programs. *Juvenile and Family Court Journal*, 55(1), 35-48.

Littell, J. H., Popa, M., & Forsythe, B. 2005 Multisystemic Therapy for social, emotional, and behavioral problems in youth aged 10-17. Campbell Collaboration.（http://www.campbellcollaboration.org/ から入手可能）

McCord, J. 1978 A thirty-year follow-up of treatment effects, *American Psychologist*, 33, 284-289.

Petrosino, A., Petrosino, T., & Buehler, J. 2003 'Scared Straight' and Other Juvenile Awareness Programs for Preventing Juvenile Delinquency, Update I. Campbell Collaboration.（http://www.campbellcollaboration.org/ から入手可能）.

Petrosino, A. & Soydan, H. 2005 The impact of program developers as evaluators on criminal recidivism: Results from meta-analyses of experimental and quasi-experimental research. *Journal of Experimental Criminology*, 1, 435-450.

津富宏 2004 少年非行対策の改善に向けて 青少年問題 51巻7号 10-15.

津富宏 2005 実務家が，青少年の暴力予防プログラムの効果に関するエビデンスを入手する—ウェブを通じたレビュー成果の提供— 保健医療科学 54巻2号 127-134.

●事項索引

【あ行】

愛着（アタッチメント） 38
アセスメント 215

一次研究 231
一次予防 116
逸脱行動 64
一般遵守事項 214
意図的行動観察 173
イネイブラー 220
居場所づくり 83, 118, 131
医療少年院 180

疫学 41
SST 141, 188, 194, 205, 224
エビデンス 227
FBI 19
MAOA 44
援助交際 96
エンパワーメント 121

横断的調査研究 21, 105
親の養育態度 24, 29

【か行】

快感追求 53
改善指導 201
ガイダンス 136
外的妥当性 231
街頭補導 131
街頭補導活動 118
カウンセリング 136, 216
学業達成へのプレッシャー 92
学業不振 24, 29, 93
学習障害 33
家族（親）に対する援助 217
家族教室 217
学校適応 24, 29
家庭・親子関係 22, 29
家庭裁判所 148
家庭裁判所調査官 148
川越少年刑務所 196

環境浄化活動 95, 118
環境調査 155
環境美化活動 25, 99, 128
監獄法 197
観護措置 164
鑑別 165
鑑別面接 167

危機介入 218
危険因子 26, 41, 77, 176
技術移転 233
基本的処遇計画 180
虐待回避型非行 110
ギャング 30, 76
キャンベル共同計画 233
凶悪・粗暴な非行 52
教育課程 180
教育過程 182
教科教育 184
教科指導 205
矯正教育 184
協力雇用主 223
緊張理論 35

ぐ犯 11
ぐ犯少年 2
グループワーク 162, 186, 190, 202

警察統計 8, 18, 85
警察白書 18
刑事収容施設法 199
刑事責任年齢 2
継続補導 131, 139
系統的レビュー 231
ケースマネジメント 215
ケースワーク 136, 152, 216
言語による技法 141
検察官送致 197
ケンブリッジ・サマービル研究 226

行為障害 31
効果研究 227
構成概念妥当性 230

更生的風土　185
更生保護法　224
構造化された「場」　183
構造方程式モデリング　71, 82, 122
交通安全指導　204
行動遺伝学　43
行動観察　172
広汎性発達障害　32
個人特性　28
個別指導　189
個別担任制　193, 207
個別的処遇計画　180
個別方式の心理検査　171
孤立経験　56

【さ行】

作業　205
作文指導　189
殺人願望　53
サポートチーム　143
参加民主主義的リーダーシップ　120
三次予防　117

事案のアセスメント　138
事案の見立て　138
シェーピング　221
時系列デザイン　229
試験観察　151, 157
自己統制力　38
思春期発達　87
自傷行為　58
自然体験活動　25, 99
実存主義的アプローチ　217
実存のレベル　188
疾病予防モデル　116
指導・援助　216
指導監督　213
児童虐待　104
児童自立支援施設　7
児童相談所　6
児童福祉法　5
自分史　209
社会参加活動　95, 118, 131
社会調査　151
社会的学習理論　37, 108, 176, 194

社会的緊張　36
社会的情報処理モデル　109
社会的スキル　175, 194
社会的統制理論　38
社会的犯罪予防　118
社会的反作用理論　39
社会的ボンド　38
社会的模倣　46
社会内処遇　211, 213
集団指導　190
縦断的調査研究　25, 106
集団へのコミットメント　82
集団方式の心理検査　170
修復的司法　146
住民ボランティア　119
就労支援指導　205
生涯継続反社会性タイプ　45
状況的犯罪予防　118
小舎夫婦制　7
少年院　179
少年鑑別所　164
少年警察活動規則　132
少年警察ボランティア　119
少年刑法犯　8
少年刑務所　196
少年サポートセンター　131
少年事件手続き　2
少年受刑者処遇　197
少年相談　131
少年相談事例　63
少年相談専門職員　131
少年による殺人　60
少年非行の定義　2
少年非行の動向　8
少年法　2
処遇課程　180
処遇技法　189
職業補導　184
触法少年　2
女子非行　85
初潮　88
初等少年院　180
初発型非行　13
心情把握　183
身体化　103

信念（ビリーフ）　38
審判　150
審判出席　156
心理検査（心理テスト）　154, 170

スキルのレベル　188
ストーリーを読む　168

生活指導　184
成熟ギャップ　46, 89
青少年保護育成条例　85
生存者コーピング　109
性的逸脱型非行　111
青年期限定反社会性タイプ　45
性犯罪者再犯防止指導　202
性犯罪者処遇プログラム　202, 224
生物学的要因　40
説明理論　35
全件送致主義　3
前兆的行動　57

粗暴傾向　63
粗暴行為　64
粗暴性改善　67

【た行】

大学進学率　92
ダニーディン健康と発達に関する学際的縦断研
　　究　43, 89

地域活動　95, 99
地域社会　24, 30
地域社会の解体　30
地域に対する統制感　121
地域の非行防止活動　117
知識のレベル　188
注意欠陥多動性障害（ADHD）　28, 32
中等少年院　180
直接的被害　102

出会い系サイト　96
出会い系サイト規制法　97
D.A.R.E.　237
DSM-IV　31
TV暴力への接触　28

統計的結論妥当性　229
投資（コミットメント）　38
統制不全／外在化型問題行動　41
統制理論　37
動的危険因子　176
動物虐待　57, 59
特別遵守事項　214
特別少年院　180
トラウマ　109

【な行】

内観　189
内省指導　189
内的妥当性　228
内的統制　38

二次研究　231
二次予防　116
日記指導　189
認知行動療法　189, 194, 202, 221, 223
認知的転換　47

【は行】

背景要因　54
発達加速現象　88
発達課題　141, 154, 175
発達障害　32
発達精神病理学　41
発達的犯罪予防　118
発達的プロセス　40
発達犯罪学　40
発達類型論　44
話を聴くスキル　170
刃物の携帯・収集・使用　57, 59
犯行準備行動　58
犯行のほのめかし　58
犯行類似行動　58
犯罪少年　2
犯罪白書　18

PTSD　103
被害経験　55
被害者コーピング　109
被害者の視点を取り入れた教育（講習）　162,
　　190, 204

被害少年　132
被害と加害の双方向性　106
引きこもり　56
被虐待経験　66, 104
非言語による技法　141
非行関連要因　21
非行原因に関する総合的調査研究　21
非行自己申告調査　14, 93
非行集団　73
非行集団からの離脱　80
非行集団抵抗教育訓練　84
非行集団への加入　77
非行少年への働きかけのレベル　188
非行少年率　12
非行中和の技術　217
非行のリスク・アセスメント　176
非行副次文化論　37, 76
非行防止の分類　116
非行理解の方法　159
否定的愛着感　48
非等質比較デザイン　229
人を死に至らしめる犯罪　52
批判的吟味　234

不安・悩み・苦しみの表現　58
ブリーフセラピー　141, 187
不良行為　3, 11, 131
不良行為少年　132
文化学習理論　36
分化的機会構造論　37, 76
分化的接触理論　36

米国保健福祉省調査報告書　25

忙殺（インボルブメント）　38, 223
暴走族　75, 221
報道・書籍等の影響　56
暴力粗暴型非行　111
暴力的ビデオゲーム　29
暴力の連鎖　101
暴力への曝露　102
保護因子　26, 41, 112, 176
保護観察　211
保護観察官　212
保護司　213

保護的措置　161
補導委託先　157
補導援護　214
本人の性格　22

【ま行】
マルチシステミック・セラピー　235

民間篤志家　157, 213, 218

無職少年　223

メタ・アナリシス　26, 231
メタ回帰分析　236
面接　136
面接技術　136
面接指導　189
面接調査　152

目撃（間接的被害）　102
モデルプログラム　233

【や行】
薬物依存型非行　111
薬物依存離脱指導　202

友人関係　24, 30

よい自己概念　38
要保護少年　132
要保護性　151
予測的妥当性　25, 176

【ら行】
ライフコース犯罪学　40
ラベリング理論　39
ランダム化比較試験　228

リスクテイキング　22
リスク・マネージメント　177
リラプス・プリベンション　202, 221
理論的統合　40

ロールレタリング　190, 210
ロチェスター青少年発達研究　78

● 人名索引

【あ行】

アグニュー（Agnew, R.）　36
アンダーソン（Anderson, C. A.）　29

ウィドム（Widom, C. S.）　104

エスベンセン（Esbensen, F.）　73
エリクソン（Erikson, E. H.）　175

オーリン（Ohlin, L. E.）　37, 76
岡邊　健　52, 82
奥村雄介　31, 33
押切久遠　224

【か行】

カーティス（Curtis, G. C.）　102
カスピ（Caspi, A.）　44, 90, 91
カミングス（Cummings, E. M.）　41
河合幹雄　14
神田橋條治　136
ガンディ（Gandhi, A. G.）　234

キャプラン（Caplan, G.）　116
キューバス（Cuevas, C.）　107
キルパトリック（Kilpatrick, D. G.）　106

工藤弘人　192
熊谷康之　187, 192
グリュック夫妻（Glueck, S. & E.）　47
クロワード（Cloward, R. A.）　37, 76
クロンビー（Crombie, I. K.）　234

ケンプ（Kempe, C. H.）　102

コーエン（Cohen, A. K.）　37, 76
コーネル（Cornell, D. G.）　60
ゴットフレッドソン（Gottfredson, M. R.）　38
小林寿一　14, 24, 52, 82, 93, 96, 119, 121, 124, 224

【さ行】

サイクス（Sykes, G. M.）　217
才門辰史　193

サザーランド（Sutherland, E. H.）　36
サンプソン（Sampson, R. J.）　47

シェイファー（Shaffer, J. N.）　107
ジオルダーノ（Giordano, P. C.）　47
シュウォーツ（Schwartz, D.）　110
シュワブ＝ストーン（Schwab-Stone, M. E.）　105
生島　浩　216, 217

菅原ますみ　41, 48
杉本研士　179
鈴木　護　14, 93
スミス（Smith, C.）　105

ソーンベリー（Thornberry, T. P.）　78, 105

【た行】

田中法昌　14
田村雅幸　73

津富　宏　233

土井隆義　14, 76
土居健郎　168
ドッジ（Dodge, K. A.）　109
留岡幸助　184

【な行】

ナーギン（Nagin, D.）　46

野村俊明　31, 33

【は行】

バーウィック（Barwick, M. A.）　235
ハーシ（Hirschi, T.）　38, 40, 223
ハードウィック（Hardwick, P. J.）　60
ハイディ（Heide, K. M.）　61
ハウエル（Howell, J. C.）　236
橋本和明　110
長谷川啓三　187
パターソン（Patterson, G. R.）　42
浜井浩一　14

人名索引　251

ハミルトン（Hamilton, C. E.）　104
バンデューラ（Bandura, A.）　37, 108

日野林俊彦　88
ヒル（Hill, K. G.）　77

フォード（Ford, J. D.）　109
藤岡淳子　111, 192
ブルックマイヤー（Brookmeyer, K. A.）　106
プロクター（Proctor, L. J.）　110

ベッカー（Becker, H. S.）　39
ペトロジーノ（Petrosino, A.）　234

星野周弘　73

【ま行】

マートン（Merton, R. K.）　35
マイヤーズ（Myers, W. C.）　61
マツエダ（Matsueda, R. L.）　39
マッコード（McCord, J.）　226
マッツア（Matza, D.）　217
マルーナ（Maruna, S.）　47
宮寺貴之　52

麦島文夫　21

モフィット（Moffitt, T. E.）　44, 89

【や行】

山口孝志　185

吉村雅世　165, 175
米川茂信　36

【ら行】

ラウブ（Laub, J. H.）　47
ランド（Land, K. C.）　46

リプシー（Lipsey, M. W.）　236

ルーバック（Ruback, R. B.）　107

レックリス（Reckless, W. C.）　38

ロートン・リー（Rowton-Lee, M. A.）　60

◉編者紹介

小林 寿一（こばやし・じゅいち）
1960 年　福井県に生まれる
1984 年　東京大学文学部心理学専修課程卒業
2000 年　アリゾナ大学大学院心理学研究科博士課程（法，心理学と政策）修了
現　在　科学警察研究所犯罪行動科学部少年研究室長（Ph.D.）
主　著　ビギナーズ少年法（共著）　成文堂　2005 年
　　　　日常生活の犯罪学（共訳）　日本評論社　2005 年
　　　　コミュニティ心理学ハンドブック（共著）　東京大学出版会　2007 年
　　　　社会のなかの刑事司法と犯罪者（共著）　日本評論社　2007 年

◉執筆者一覧（執筆順）

小林寿一（科学警察研究所犯罪行動科学部少年研究室長）
　1 章，2 章，3 章，4 章 - 2，5 章 - 1，コラム①～⑥，⑨，⑩

岡邊　健（科学警察研究所犯罪行動科学部少年研究室研究員）
　4 章 - 1，コラム⑧

宮寺貴之（科学警察研究所犯罪行動科学部少年研究室主任研究官）
　4 章 - 3，コラム⑦

石橋昭良（文教大学人間科学部准教授）
　5 章 - 2

藤川　浩（長崎家庭裁判所次席家庭裁判所調査官）
　6 章 - 1

吉村雅世（新潟少年鑑別所長）
　6 章 - 2，コラム⑪

工藤弘人（法務省矯正研修所庶務課長）
　7 章 - 1

金子陽子（榛名女子学園長）
　7 章 - 2

押切久遠（法務省保護局総務課補佐官）
　7 章 - 3

津富　宏（静岡県立大学国際関係学部准教授）
　8 章

少年非行の行動科学
−学際的アプローチと実践への応用−

| 2008年4月30日　初版第1刷発行 | 定価はカバーに表示 |
| 2010年12月20日　初版第2刷発行 | してあります。 |

　　　　　編著者　小　林　寿　一
　　　　　発行所　㈱北大路書房

〒603-8303　京都市北区紫野十二坊町12-8
　　　　　電　話　(075)431-0361㈹
　　　　　ＦＡＸ　(075)431-9393
　　　　　振　替　01050-4-2083

©2008　　制作／見聞社　　印刷・製本／創栄図書印刷㈱
検印省略　落丁・乱丁本はお取り替えいたします。
ISBN978-4-7628-2604-7　　　Printed in Japan